此书得到"云南大学双一流世界史学科建设经费"和"云南大学区域国别历史与文化研究创新团队经费"的支持

英国与殖民时期的马来亚和缅甸

许洁明 王云裳 ◎ 著

云南大学世界史研究序列丛书

中国社会科学出版社

图书在版编目（CIP）数据

英国与殖民时期的马来亚和缅甸/许洁明，王云裳著. — 北京：中国社会科学出版社，2024.3
（云南大学世界史研究序列丛书）
ISBN 978-7-5227-3109-4

Ⅰ. ①英…　Ⅱ. ①许…②王…　Ⅲ. ①英国—殖民统治—历史—研究—马来亚 ②英国—殖民统治—历史—研究—缅甸
Ⅳ. ①K338.4 ②K337.4

中国国家版本馆 CIP 数据核字（2024）第 043804 号

出 版 人	赵剑英
责任编辑	张　湉
责任校对	姜志菊
责任印制	李寡寡

出　　版	中国社会科学出版社
社　　址	北京鼓楼西大街甲 158 号
邮　　编	100720
网　　址	http://www.csspw.cn
发 行 部	010-84083685
门 市 部	010-84029450
经　　销	新华书店及其他书店

印　　刷	北京君升印刷有限公司
装　　订	廊坊市广阳区广增装订厂
版　　次	2024 年 3 月第 1 版
印　　次	2024 年 3 月第 1 次印刷

开　　本	710×1000　1/16
印　　张	17.25
字　　数	285 千字
定　　价	98.00 元

凡购买中国社会科学出版社图书，如有质量问题请与本社营销中心联系调换
电话：010-84083683
版权所有　侵权必究

总　序

习近平总书记说过：当今世界正经历百年未有之大变局，和平与发展仍然是时代主题，同时不稳定性和不确定性更加突出，人类面临许多共同挑战；我们要具备战略眼光，树立全球视野；我们要从各种乱象中看清实质，从历史的维度中把握规律。[①]时至今日，人类如何借鉴过去、思考当下、把握未来，更加迫切地摆在了我们的面前。历史学承载着过去、现在和未来，承载着人类的记忆和民族的希望。在社会进步和发展顺利的时候，需要总结历史；在遭遇挑战、充满变数的时刻，更需要了解历史，我们不仅需要了解我们民族和国家的历史，也需要了解世界其他国家和地区的历史。

云南大学世界史学科开始于20世纪40年代末，在20世纪50-90年代，在云南大学历史系和西南亚研究所中聚集的一批从国外学成归国的老先生，如纳忠、杨兆钧、张家麟、武希辕、李德家、施子愉等，和众多国内培养的著名专家和学者，如方德昭、邹启宇、赵瑞芳、吴继德、左文华、唐敏、黎家斌、徐康明等，共同奠定了云南大学世界史学科的基础。1981年，云南大学世界史获得了地区国别史的硕士授予权，2000年，云南大学世界史学科获得博士授予权，肖宪教授、贺圣达教授、刘鸿武教授、杨曼苏教授、徐康明教授、吕昭义教授、许洁明教授、何平教授、赵伯乐教授、李杰教授、李晨阳教授等人先后成为云南大学世界史的博士生导师。在长期的发展过程中，云南大学世界史薪火相传，在东南亚史、南亚史、西亚中东和非洲史、阿拉伯史等研究领域形成了特色和优势。近年来，云南大学世界史也注重加强欧

---

① 综合引用习近平总书记在"2019年3月26日在中法全球治理论坛闭幕式上的讲话"；"2018年8月27日在推进'一带一路'建设工作5周年座谈会上的讲话"；"2019年4月26日在会见联合国秘书长古特雷斯时的讲话"。

美史的研究，并取得了初步的成效。2017年，云南大学成为了首批"双一流"建设高校之一，为云南大学世界史在人才引进、人才培养和学科建设方面提供了极大的支持。

回顾过去，我们倍感自豪，但展望未来，我们倍感责任重大。当前，国内高校的世界史学科建设飞速发展，一日千里，云南大学世界史更应当尊重学科发展规律，加快学科建设和学位点建设。出版"云南大学世界史研究序列丛书"，就是要集中推进云南大学世界史研究成果，增进和学术界的交流合作，进一步昌明学术、造就学者、发展学科、培养人才。

历史学的研究需要求真、求新、求变，云南大学世界史学科的发展则需要冷静、坚守和执着。"为天地立心，为生民立命，为往圣继绝学，为万世开太平"，这是中国传统知识分子的使命与担当。希望我们每一位世界史研究者都能够不忘使命与担当，遵循学术发展规律和问题导向，紧跟时代步伐，回应社会关切，继承和发扬老一辈的科学探索精神和优良传统，潜心学术，立身、立业、立言，多出精品力作，共同推动云南大学世界史学科发展，共同为发展和繁荣我国历史学科做出新的贡献。

钱金飞

2022年7月

目 录

绪 论 ··· 1
从马来西亚与缅甸的发展差异出发 ······························· 1
    一 关于国家政体与法律制度 ······························· 1
    二 关于民族整合问题 ·· 5
在差异中比较 ··· 8
    一 差异中比较的缘由 ·· 8
    二 被殖民前一体化的缅甸与分散的马来亚 ············· 10
    三 缅甸与马来亚宗教信仰的差异 ························ 14
    四 东南亚被殖民国家的两个典型 ························ 16

第一章 马来亚与缅甸殖民地形成过程比较 ················· 19
第一节 英国在马来半岛与缅甸的早期推进 ················· 19
    一 英国到来前其他欧洲人的侵扰 ························ 19
    二 英属海峡殖民地的建立 ································· 21
    三 第一次英缅战争与缅甸西部领土丧失 ··············· 24
第二节 英国向马来半岛与缅甸的中心区推进 ·············· 27
    一 被保护四邦的攫取与马来联邦建立 ·················· 27
    二 第二次英缅战争与下缅甸沦落 ························ 35
    三 英国向半岛两端扩张与马来属邦建立 ··············· 39
    四 第三次英缅战争与缅甸王朝瓦解 ····················· 44

第三节　沙捞越—北婆罗洲及缅甸边区殖民地的建立 …………… 46
　　　　一　白人罗阇统治与北婆罗洲公司形成 ………………………… 46
　　　　二　英国对缅甸边区的侵入 ……………………………………… 50

第二章　马来亚与缅甸：英国殖民政策比较 …………………………… 60
　　第一节　马来亚与缅甸的政治制度构架及其发展 ………………… 60
　　　　一　关于"直接统治"与"间接统治" ………………………… 60
　　　　二　间接统治为主的马来亚政治建构 …………………………… 65
　　　　三　缅甸本部直接统治的初设框架 ……………………………… 74
　　　　四　缅甸少数民族边区的间接统治 ……………………………… 85
　　第二节　英国殖民下的经济政策：马来亚与缅甸 ………………… 89
　　　　一　马来亚的种植园经济 ………………………………………… 89
　　　　二　马来亚的锡业发展 …………………………………………… 95
　　　　三　下缅甸的经济政策 …………………………………………… 103
　　　　四　缅甸的产业发展 ……………………………………………… 113
　　第三节　马来亚与缅甸的社会变迁 ………………………………… 122
　　　　一　马来亚多元教育体系 ………………………………………… 122
　　　　二　缅甸教育体系的变化 ………………………………………… 133
　　　　三　马来亚多元社会的种族分裂与阶级分层 …………………… 141
　　　　四　缅甸的多元共生社会及其阶级分层 ………………………… 156

第三章　马来亚与缅甸的英国殖民遗产 ………………………………… 169
　　第一节　介于民主与威权之间的马来亚政治制度 ………………… 169
　　　　一　政党组织与政党政治的创立 ………………………………… 169
　　　　二　类威斯特敏斯特议会制度与联邦制政体的确立 …………… 184
　　第二节　从多元共生到危机四伏的缅甸社会 ……………………… 191
　　　　一　印、缅种族关系恶化及共生社会解体 ……………………… 191
　　　　二　20世纪二三十年代无地少地农民激增 …………………… 198
　　　　三　中产阶级兴起与政治社团潮涌 ……………………………… 205

第四章　缅甸与马来亚去殖民化不同的道路 ······ 215
第一节　白皮书的出台 ······ 215
　　一　《缅甸白皮书》 ······ 215
　　二　《马来亚白皮书》 ······ 220
　　三　缅甸与马来亚白皮书出台背景 ······ 224
第二节　缅甸与马来亚白皮书对抗力量的兴起 ······ 227
　　一　白皮书对抗力量兴起时的国际环境 ······ 227
　　二　昂山反法西斯自由同盟与英国政府的博弈 ······ 229
　　三　马来亚联盟党与英国政府的斗争与妥协 ······ 233
　　四　缅甸与马来亚对抗方式的比较 ······ 237
第三节　缅甸与马来亚去殖民化不同道路 ······ 241
　　一　缅甸政局不稳与无处安放的英缅关系 ······ 241
　　二　去殖民化后马来亚经济 ······ 248

附　录 ······ 253

参考书目 ······ 256

后　记 ······ 268

绪　　论

从马来西亚与缅甸的发展差异出发

一　关于国家政体与法律制度

马来西亚①和缅甸在东南亚是各具代表性的多民族国家，不仅现在，而且在被殖民时期和去殖民化时期，其历史发展都各有特点。基于这两个东南亚国家都有一段被英国殖民的历史，本书希望通过使用比较分析的方法，研究英国殖民对这两个国家在现代国家形成中的影响，探寻现今这两个国家在国家发展与民族整合中尚存问题的历史原因，英国殖民对缅甸与马来西亚的民族国家建构产生了什么样的影响。

首先，从国家发展来看，马来西亚的政治与经济发展较快且比较稳定。其政治构架及法律体系借鉴了英国君主立宪制的议会制度和基本法。② 在国际地位方面，马来西亚是环印度洋区域合作联盟、亚太经济合作组织等国际组织的成员，也是东盟重要的创始国之一。它还积极参加国际军事行动，彰显马来西亚重要的国际地位。缅甸与中国和印度一直有着密切联系，与

---

① 1957年，马来亚独立时称"马来亚联合邦"。1963年改称"马来西亚联邦"，并包括新加坡在内。1965年新加坡退出后，仍然使用此名称。讨论被殖民时代使用"马来亚"更合理。

② 王成：《从西方化到本土化：英国的殖民统治与马来西亚的政治发展》，《史学月刊》2003年第8期。

西方国家的紧张关系也在逐渐缓解,2013年举办了东亚世界经济论坛,2014年担任了东盟轮值主席国。但是,其国际地位一直有待进一步提升,以便向马来西亚靠近。

在经济发展上,缅甸自民盟政府执政以来,开始大量投资基础设施建设,并建立经济特区以推动国内经济发展。但是,在本质上,它仍然不是一个现代化的市场经济体系。联合国依旧认为,缅甸是世界上最贫穷落后的国家之一。缅甸的经济现代化建设任重而道远。马来西亚自1957年独立以来,国内生产总值年平均增长率为6.5%,近五十年,它一直是亚洲经济发展最好的国家之一,已属于国家主导型的新兴工业化市场经济体。2014—2015年度,马来西亚是亚洲最有竞争力的国家之一,其增长速度在亚洲排名第六位、在世界排名第二十位,甚至超过澳大利亚、法国和韩国等国家。

表0-1　　2017年缅甸与马来西亚经济发展与人类发展指数统计

国家	GDP（10亿美元）	人均GDP（美元）	GDP增长率（%）	通货膨胀率（%）	人类发展指数（2016年）
缅甸	66.537	1,264	6.7	5.1	0.51
马来西亚	314.497	9,813	5.9	3.8	0.802

资料来源:GDP 数据源于:"World Economic Outlook(April, 2017)——Nominal GDP", *IMF*, Retrieved 2017-08-26;人均 GDP 数据源于:"World Economic Outlook(April 2017)——GDP per capita", *IMF*, Retrieved 2017-08-26;GDP 增长率源于:"World Economic Outlook(April 2017)——real GDP growth", *IMF*, Retrieved 2017-08-26;通货膨胀率源于:World Economic Outlook(April 2017)——Inflation rate, average consumer price", *IMF*, Retrieved 2017-08-26;人类发展指数源于: *Global 2016 Human Development Report Overview - English*(PDF), New York: United Nations Development Programme(UNDP), 2017, pp. 22-24, Retrieved 2017-03-22。

这里的人类发展指数（HDI）是指预期寿命、受教育程度和人均收入指标在统计上的综合指数。这些指数用来将国家划分为人类发展的四个层次。一个国家人口的预期寿命值越长、受教育水平越高、人均国内生产总值越高,意味着这个国家的人类发展指数越高。人类发展指数由巴基斯坦经济学家马布普·哈克（Mahbubul Haq）和印度经济学家阿玛蒂亚·森（Amartya Sen）提出,联合国开发署使用人类发展指数,来衡量世界各国的发展情况。

在人类发展指数方面，2016 年，马来西亚在东南亚的十一国中居第三位，缅甸在东南亚却处于倒数第一的位置。2017 年，马来西亚的 GDP 几乎是缅甸的 5 倍，人均 GDP 是缅甸的 8 倍。马来西亚人均 GDP 在东南亚十一国中位列第三，缅甸则处于最低水平。在这里，需要考虑马来西亚和缅甸 2017 年的人口，分别为 31381992 人和 55123814 人，即缅甸的人口数量是马来西亚的 1.7—1.8 倍。但是，这一点不能成为缅甸经济发展滞后及人类发展指数偏低的理由。更何况，在国内居民的收入差距方面，缅甸在世界上也属于差距最大的国家之一。①

在现代国家的政治建构方面，东南亚的马来西亚是唯一一个实行君主立宪制的联邦国家，其政治制度与英国殖民统治的遗产即对威斯敏斯特议会制度的模仿、改造与本土化，有着一定的关系。首先，马来西亚的基本政治建制为：国家首脑称为"最高元首"，他在名义上是任期五年的最高统治者，元首从马来西亚各州的九个世袭统治者中选出，实际上是根据非正式协议而轮流担任。1994 年修改宪法后，马来西亚的最高元首基本上只有礼仪方面的作用，但是，他们在提名内阁部长和上议院成员时仍然有一定的权力。其次，在马来西亚立法权分属于联邦一级的和州一级的立法机构，两院制的联邦议会则由上、下两院组成。下议院有 222 个议员，最长任期五年，由各选区直接选举产生。上议院有 70 个议员，任期三年，其中的 26 人由 13 州的州议会选举产生，其余的 44 个议员则由首相推荐、最高元首任命。再次，马来西亚的议会遵循多党制，政府通过间接的"领先者当选制"（a first past the post system）形成。州一级只设一院制的立法议会，成员从单一成员选区中选出，州政府由首席部长领导，他们是联邦议会多数党的州议会成员。在拥有世袭统治者的各州，首席部长通常由马来人担任，元首根据总理的建议加以任命。议会选举每五年举行一次，21 岁及以上的登记选民，可投票选举众议院议员。除了沙捞越州之外，州议会与联邦议会的选举同时举行。最后，马来西亚的行政权属于首相领导的内阁，首相必须是众议院的成员，内阁成员则从两院的议员中挑选。这就是马来西亚的现代政治制度。

---

① Dennis McCornac, "Income Inequality in Burma", *Democratic Voice of Burma*, 22 October 2013, https://web.archive.org/web/20140915230920/https://www.dvb.no/analysis/income-inequality-in-burma/33726.

马来西亚的法律制度在理论上也借鉴、改造了英国的普通法，并使之本土化。但是，在实践中，其司法机构的独立性仍然受到质疑，法官的任命缺乏透明度，履职过程中也不存在问责制。尽管如此，马来西亚司法系统的层级制治理仍然很明显：最上一层法院为联邦法院，其下是上诉法院，即称为"西马来西亚高等法院"与"东马来西亚高等法院"的两个高等法院。另外设有一个特别法庭，专门负责审理王室成员的起诉，或王室成员的各种案件。伊斯兰教法院与民事法院是分开的，它在地位上与民事法院平等。这些政治与法律的规制表明尽管马来西亚的政治制度与法律体系不那么彻底，但它也具有一定的民主性。而且，其政治框架与法律制度稳定而有序。

在缅甸，时至今日，国家政体采取何种制度，仍然是一个多少存在一些争议的问题。缅甸独立建国初期，政府曾向少数民族承诺国家体制将为联邦制。半个多世纪以来的大多数时间内，缅甸国家的名称一改再改，都冠以"联邦"二字：1947—1974 年称为"缅甸联邦"（Union of Burmar），1974—1988 年称为"缅甸社会主义联邦共和国"（Socialist Republic of the Union of Burmar），1988—2008 年又称为"缅甸联邦"（Union of Myanmar），2010 年以后一直称为"缅甸联邦共和国"（Republic of the Union of Myanmar）。1948 年缅甸成为独立国家时，苏瑞泰（Saw Shwe Thaike，1948—1952）成为缅甸的第一任总统，吴努（U Nu，1948—1956、1957—1958、1960—1962）成为缅甸的第一任总理，众议院和民族院组成的两院制国会得以成立。在 1951—1952 年、1956 年、1960 年举行过数次多个政党参与竞争的议会选举。但是，对于"联邦制"的真实含义，1947 年匆忙制定《彬龙协议》（Pinlaung Agreement）时，反法西斯自由同盟领导人与少数民族首领都缺乏深入的了解，参与彬龙会议的英国人也不是很清楚，更不要说在理论上各方达成共识了。当以缅族为首的各民族推动缅甸的独立与自治，并试图建立一个联邦制的政府时，缅甸只出现了一个软弱的文职中央政府，尽管这个文职中央政府在吴努等领袖的带领下，艰苦卓绝地行进了十多年。但是，奈温将军（Ne Win，1958—1960 年、1962—1974 年在位）于 1962 年发动军事政变，又使缅甸彻底回到了集权制的道路。奈温通过政变掌控政权后，取缔了一切政党和社团，他使政治体制军事化的做法为后来的军人政权统治者所效仿。此后，缅甸政府一直处于军人直接或间接的控制下。

1988年后,军人通过缅甸社会主义纲领党(BSPP)直接实行政治统治。①1988—2011年的新军人政权,先后以"国家恢复法律与秩序委员会"(SLORC)和"国家和平与发展委员会"(SPDC)的名义进行政治统治。这种政治制度的模式依旧不是一种完整意义上的联邦制,其中的民主主义成分不足。2010年选举后,缅甸政府开始一系列制度改革,试图指导国家走向自由民主、混合经济和民族和解的道路。但是,缅甸中央政府与少数民族对联邦制的理解存在分歧,以及独立建国后数十年的矛盾和斗争,缅甸要完全建立联邦共和国的国家制度仍然艰辛。

二 关于民族整合问题

这里的民族是指国家民族,即所谓的国族。与国家政体的议题密切联系的是,马来西亚与缅甸两国的民族整合状况中所存在的共同问题皆是因为国内各民族或者说种族之间平等的程度远远不够。马来西亚与缅甸的国家民族整合程度也有所不同。独立后的大部分时间里,缅甸一直被种族冲突困扰,种族斗争成为缅甸社会与政治发展无法摆脱的痼疾。这些斗争从国家地理范畴上说,种族斗争主要是围绕缅族中心区域与少数民族边区展开的;从这个国家的种族类别来看,则是少数民族争取"自治"的分裂主义,与以缅族为首的中央政府维护政治统一的斗争。直到2012年10月,缅甸发生了持续不断的冲突,还包括克钦族冲突、②亲基督教的克钦独立军与政府军队的冲突、③阿拉干邦罗辛亚与政府和非政府组织的冲突,以及掸邦和克伦人等少数民族群体与政府的冲突。缅甸在国家民族整合过程中冲突不断的一个原因是,缅甸联邦从《彬龙协议》与《1947年宪法》出台起,行政区划主要沿着种族人群居住地的分界线而确立。在现今缅甸的14个行政区划中,沿用少数民族"邦"称的还有一半,如克钦邦、克耶邦、克伦

---

① Christina Fink, *Living Silence: Burma under Military Rule*, London: Zed Books Ltd., 2001, p. 211.

② Thomas Fuller, "Ethnic Rifts Strain Myanmar as it Moves toward Democracy", *The New York Times*, 4 April 2013, http://www.nytimes.com/2013/04/05/world/asia/ethnic-rifts-strain-myanmar-as-it-moves-toward-democracy.

③ Nang Mya Nadi, "Displayed by Fighting: Villagers Take Shelter in Hpakant", *Democratic Voice of Burma*, 25 September 2012, https://reliefweb.int/report/myanmar/displaced-fighting-villagers-take-shelter-hpakant.

邦、钦邦、阿拉干邦、掸邦等，这样的行政区划使得少数民族的国家认同意识发展不足，使少数民族地区容易坚持历史上的"自治"传统，从而加强了分裂主义。这一点与马来西亚联邦中的13个州与3个联邦直辖领地的划分方法不同，马来西亚联邦主要以历史上苏丹小王国为基础，并没有沿着种族人群居住地进行的划分。在马来西亚，马来人、华人、印度人三大种族并非划地而居，而是处于一种大杂居、小集聚的状态，国家行政单位的划分与种族人群集聚地没有太大关系。

在马来西亚，除以马来人为主、统称为"大地之子"（Bumiputra）的原住民以外，较大的两个种族为华人与印度人。他们主要是由英国殖民者出于开发马来亚的需要而积极引入的移民劳动力汇集而成。一般来说，在殖民时期，华人主要集中于锡矿开采，印度人主要集中于橡胶种植，这主要是一种劳动分工，而不是地理学上的种族社区集聚。在19世纪英国人统治下，这些移民劳工迁徙至此，[1] 逐渐形成马来人精英协助殖民者掌控政治、华人在工商业经济开发中独占鳌头、印度人大多为不富裕的种植园劳工、大部分马来人下层在乡村务农或开办小种植园的以行业职业分布为主的种族分化趋势。三大种族在政治、经济与社会生活中格局的确立，与英国殖民者的意愿和行为相关，也与殖民时期马来亚经济社会发展的需要相关。后殖民时代的历史上，在马来西亚不是没有种族争端，因为马来西亚公民在政治、经济与社会权力上，仍然是按照种族界限加以划分的：其居民人口中有67.4%是以马来人为主的土著人，在马来西亚宪法中，他们被定义为实行马来风俗和文化的、以穆斯林为主并占据绝对主导地位的人群，[2] 具有"马来西亚土著人"身份的还包括并非马来族的泰人、高棉人、占人，以及沙巴和沙捞越的其他土著人。马来西亚居民人口中有24.6%的是华人；有7.3%的是印度人。华人历来在商界占据主导地位，但是，他们在参政议政与发展华语教育等方面却受到很大的限制；印度移民大多数来自泰米尔，这些劳工在政治、经济与社会权力上都处于弱势地位。马来亚

---

[1] Amarjit Kuar, "International Migration and Governance in Malaysia: Policy and Performance" *UNEAC Asia Papers*: *Journal of the UNE Asia Centre*, pp. 21–28, Special Issue: Migration and Security, 2008.

[2] Robin Brant, "Malaysia's Lingering Ethnic Divide". *BBC News*, 4 March 2008, http: //news. bbc. co. uk/2/hi/asia-pacific/7121534. stm.

绪 论

华人在锡矿开采、小型橡胶种植园发展、商业发展，甚至在吉隆坡的城市创建中都做出巨大贡献。在第二次世界大战中，马来亚华人为抗日战争做出过重大的贡献与牺牲。1942年2月15日，英国军队投降后，日本将新加坡更名"神南"，在随后的肃清大屠杀中，上万华人被杀害。① 但是，马来人对华人优势经济地位的不满，以及对华人从政诉求的担忧，使国家政府在提升马来人的政治利益、经济利益、教育机会、福利待遇等方面的优势地位时，对马来西亚的华人和印度人的发展，进行了有意无意的贬抑和压制。

在1948年，英国殖民政府宣布马来亚共产党为非法组织，并直到1960年才正式解除了长达十二年的国家"紧急状态"时期。那时，英国殖民政府任命哈罗德·布里格斯（Harold Briggs）中将，率领英联邦军队，消灭以华人为主力的马来亚民族解放军，后期又在所谓发展经济的借口下，从语言政策与教育政策方面，加强了马来人在社会文化方面的优势地位。② 尽管如此，种族矛盾仍然存在，种族冲突也有发生，伴随着1965年新加坡脱离联邦，这种冲突在1969年5月3日达到顶峰，华人与马来人在这次冲突中皆死伤数百人。③ 1969年骚乱后，1970—1976年时担任总理的阿卜杜拉·拉扎克（Tun Abdul Razak，1922—1976生卒）提出"新经济政策"，在推动马来西亚经济全面发展，提高马来人为主的土著居民的经济发展收益之时，被排除在外的华人和印度人对"新经济政策"强烈不满。④ 取而代之的"国家发展政策"等，仍然进一步加强马来人及其他土著人口优先于华人与印度人居民的地位。这些政策，加深了马、华、印三大种族之间的隔阂。尽管如此，经过半个世纪的摩擦、冲突与磨合，马来西亚至少目前在表面上"民族关系和谐、成为多元民族、多元文化的表率"。但是，"要想

---

① Barbara Leitch Lepoer, *Singapore, Shonan: Light of the South*, Library of Congress Country Studies, Washington, D. C.: Government Printing Office 1989, p. 75.
② ［澳］芭芭拉·沃森·安达娅、［澳］伦纳德·安达娅：《马来西亚史》，黄秋迪译，中国大百科全书出版社2010年版，第320—326、344—348页。
③ ［澳］芭芭拉·沃森·安达娅、［澳］伦纳德·安达娅：《马来西亚史》，第352—356页；王成：《从西方化到本土化：英国的殖民统治与马来西亚的政治发展》，《史学月刊》2003年第8期。
④ Jomo Kwame Sundaram, "The New Economic Policy and Inter-ethnic Relations in Malaysia." *UNRISD*, 1 September, 2004, https://www.files.ethz.ch/isn/45937/7.pdf

· 7 ·

真正实现多民族国家内部的整合和民族的团结,就要彻底抛弃马来人特权思想"①。所以,马来西亚在国家政治以及国家经济与社会文化的发展政策上,基本上延续以种族为界线的方针。但是,由于其发展的渐进性与妥协性,尽管"抛去马来人特权思想"是一种难以实现的理想,但它与缅甸后殖民时代的种族冲突频起、时而兵戎相见的局面相比,马来西亚在民族整合方面显然好得多,至少种族间的武装冲突不是常态。

在差异中比较

一 差异中比较的缘由

在地理学上,东南亚分为半岛东南亚和群岛东南亚两个部分。位于中南半岛西部的缅甸,作为连接中国与印度的大陆通道国家,自古以来就是中印两大文明古国交往的必经之路。今天,它仍然具有重要的地缘战略位置。中南半岛上处于欧亚大陆最南端的马来半岛,自古以来就是马来人的居住地,今天马来西亚的核心仍然坐落于此。但是,由于东马来西亚的沙捞越与巴沙(原北婆罗洲)和马来半岛的海岛属性更强,人们一般把马来西亚视为东南亚海岛国家。处于亚洲与大洋洲、太平洋与印度洋的海上十字路口,马来西亚尤其是扼其咽喉的马六甲海峡,历史上一直以其重要的战略地位而著称。这为缅甸与马来西亚两国殖民时期的比较研究,提供作为海岛的东南亚国家与大陆的东南亚国家在殖民时期的共同点与差异性的案例,也能加深对东南亚陆路通道国家与海洋通道国家重要性的了解。作为共同的东盟成员国,将马来西亚与缅甸的被殖民时期进行历史比较,还可以提供东盟"多元中统一"的案例,并分析"统一中不同"的历史原因。这是本书选择比较研究的方法来研究殖民时期的缅甸与马来亚,及它们与殖民国家英国的关系的缘由之一。

本书选择比较研究方法的缘由之二是,马来亚与缅甸两国在19世纪与20世纪都有着被英国殖民的历史。被殖民之前,缅甸王国处于封建时代的

---

① 罗圣荣、赵鹏:《1957—1980年马来西亚民族关系》,《东南亚纵横》2008年第3期。

鼎盛时期，其居民主要信奉上座部佛教，马来亚尚处于各种各样的苏丹或罗阇主政的时期，其居民主要信奉伊斯兰教，两者是完全不一样的。前者在政治与文化上的一体化基本上达到成熟的程度，尤其是在被称为"缅甸本部"的地区；后者虽然经济贸易较为发达，但是，苏丹小国各自为政，政治与文化的整合程度低，除苏丹国之间及它们与外界的商业贸易的往来之外，经济整合也远远达不到缅甸王国的程度。但是，此后，这两个地区受到英国资本主义的冲击，不同程度地被卷入世界经济发展与全球文化碰撞的进程。这一进程在马来亚长达171年（1786—1957），在缅甸长达124年（1824—1948）。这些因素对两个国家的现代国家建构与民族整合的模式，以及在全球去殖民化背景下民族解放运动兴起的模式，都产生了巨大的影响。尤其是在20个世纪四五十年代，两国在不同的历史传统影响下，探索出走向国家独立和民族自治的不同道路，这其中英国作为殖民者对两个国家的影响，无论是积极的还是消极的都不尽相同。这两个案例的研究，对于英国从帝国时代向英联邦时代的转变，以及对殖民主义与去殖民化理论的研究或许是一种补充。

最后，这两个国家在前殖民时代、被殖民时期与后殖民时代，都有多元种族构成与多元文化并存的特征。在这两个国家，种族之间的利益不断博弈，使得国家民族中的种族问题一直存在，在民族整合程度和族际关系处理方法上，以及在国家民族建构的成果上，仍然存在一定程度的差异性。这些民族问题的存在在多大程度上与英国殖民统治相关，在多大程度上与其自身历史的发展及文化传统相关，又在多大程度上与战后去殖民化运动选择了不同的道路相关，这些都是不能一概而论，且需要厘清的问题。本书希望选取马来亚与缅甸一百多年的英国殖民统治时期，作为探索两国国家建构和民族整合之不同结果产生原因的研究对象，在外因与内因及其互动关系方面深入分析，以便对东南亚当代民族问题的研究做出些许贡献。这是笔者采取比较研究方法的缘由之三。

同时，本书在研究过程中，笔者尽可能把历史议题放在当时的国际关系背景下加以考察，一方面扩大历史学研究的空间视域，另一方面也补充国际关系学研究的历史视域。这也是笔者采取比较研究方法的缘由之四：殖民时期的马来亚与缅甸各有自己所处的国际关系场域，受制于在复杂多变的国际关系中所扮演的不同角色。

英国与殖民时期的马来亚和缅甸

鉴于上述四个理由，本书力图采取一种在差异中比较的方法，寻求英国殖民时期缅甸与马来亚各自发展道路的优势与劣势，厘清两者的差异性，及其个性化的发展道路，而不是进行孰先孰后、孰优孰劣的简单线性发展论。尽管线性发展在历史研究中很难完全回避，但是，当笔者的视角集中于英国殖民时期时，马来亚和缅甸被殖民时期在现代国家建构与国家民族整合上的不可比性，显然远远小于可比性。

二　被殖民前一体化的缅甸与分散的马来亚

在前殖民时期，马来半岛、沙捞越和沙巴不存在真正意义上的统一，更不用说政治、经济、文化的一体化和中央集权。虽然马来人引以为荣的在7世纪到13世纪存在的室利佛逝王国，以及1403—1511年鼎盛一时的马六甲苏丹国，都是马来亚历史上统一与相对集中的典范。但是，前者是现今的马来西亚与印度尼西亚共有的历史遗产，后者覆盖面积不大、延续时间不长，只是一个以共同商业运作为基础的王国。无论是室利佛逝王国，还是马六甲王国，都无法与同时代中南半岛上，现今称为越南、泰国、缅甸的三个统一国家相比。马六甲王国不存在如缅甸的蒲甘王朝（1044—1287）与东吁王朝（1531—1752）那样的统一与集权，更不要说如贡榜王朝（1752—1885）那样于1757年将整个缅甸基本统一，并在中南半岛称雄。

在马来亚历史上，室利佛逝帝国由几个相当于地方公国的卡达图（Kadatuan）组成，它们宣誓效忠于室利佛逝·马哈拉贾的卡达图，因为这个卡达图处于中心地位，并且具有强大实力。但是，室利佛逝帝国的政治管理形式，仍然是典型的印度教—佛教经典王国的曼荼罗模式：统治中心与其旗下的附庸组成所谓的联合邦国，基本上是半独立的城市国家，或者说是地方公国松散的联合朝贡体系。所以，室利佛逝政体是由其中心而不是边界确立的，它是由许多分支政体组成，而不需要进一步的行政整合。中央卡达图与附庸卡达图之间的关系是动态变化的。在这种松散的朝贡体系下，整个地区的贸易小港口由当地附庸以国王的名义控制，附庸负责从各地收集的产品以供出口，只须把其中一部分收入上缴国王即可。卡达图之间的贸易关系是不可侵犯的，附庸卡达图首领对中央卡达图的忠诚度，取决于他们和中央卡达图王室成员的政治联姻关系。① 这是一种海洋贸易在领海扩张中形成松散的朝贡体系，它们与同时代的越南与缅甸大不相同。后两者是有着中心区建构、纵向科层制管理，以及向边缘地区横向扩张意图的政体。澳大利亚学者米尔顿·奥斯本在《东南亚史》中指出，室利佛逝在数个世纪中可能存在很多首都，"首都也许只是比组成这个贸易帝国的其他港口和贸易点稍显重要一些而已"，"不论室利佛逝中心存在什么样的政权，由于其在基本的贸易安排不受侵犯的条件下，允许帝国的各组成部分拥有相当程度的政治自由度，因而其权力的行使并不强硬"。② 赫尔曼·库尔克进一步指出，考虑到只有一个权威，这种松散的领主—附庸关系，使得室利佛逝王国存在了500多年，其生命力甚至远超同时代许多所谓的集权帝国。但是，离心力在马来亚历史上，一直构成对中心权威的挑战，最终削弱了室利佛逝对其依附者的控制，及其作为最大商业贸易中心的地位。③

在15世纪马六甲王国的鼎盛时期，其首都马六甲发展成为当时最重要的转口贸易港口，其领土覆盖马来半岛的大部分地区，以及印度尼西亚苏门答腊岛的北部。④ 与室利佛逝王国相比，马六甲王国有一个定义明确的政府，以及一套共同遵守的法律。在等级制度的顶端是称为"苏丹"的君主，不同于室利佛逝模糊的王权观念，马六甲国王的统治权力已经获得了基于血统的合法地位。伊斯兰教的传入则使马来人理解"道拉"（daulat）一词的主权含义。《马六甲法典》确立了苏丹任命的四名顾问官的政治地位：首席大臣"本达哈拉"（Bendahara）地位次于本达哈拉的国家司库"彭古鲁-本达哈利"（Penghulu bendahari），是统管警务和安全的"天猛公"（Temenggung），是确保马六甲海峡安全、实施《马六甲海商法》的海军首脑，兼苏丹首席使者的"拉卡萨马纳"（Laksamana）。在这个贵族集团之下的管理人员，是港口区的四名港务官"沙班答"（Syahbandar），他们分管在古

---

① So Kee-Long, "Dissolving Hegemony or Changing Trade Pattern? Images of Srivijaya in the Chinese Sources of the Twelfth and Thirteenth Centuries" *Journal of Southeast Asian Studies*. Vol. 29, No. 2, 1998, pp. 295-308.

② [澳] 米尔顿·奥斯本：《东南亚史》，郭继光译，商务印书馆2012版，第28页。

③ Herman Kulke, "'Kadātuan ŚrīvijayaS' - Empire or Kraton of Śrīvijaya? A Reassessment of the Epigraphical Evidence" *BEFFEO* (*Bulletin de l'Ecole Francais d'Extreme-Orent*), Vol. 80, No. 1, 1993, pp. 159-180.

④ Tun Ahmad Sarji bin Abdul Hamid, *The Encyclopedia of Malaysia*, Kuala Lumpur: Archipelago Press, 2011, p. 119.

吉拉特、印度南部—孟加拉—缅甸，东南亚海岛地区以及中国安南和琉球群岛中，进行贸易活动的商人。其中，管理古吉拉特贸易商人的沙班答，位置最为重要。①

可见，马六甲苏丹国在巩固马来半岛统一行政体系上，是第一个做出贡献的王国。尽管如此，在讨论马六甲王国的性质时，著名学者芭芭拉·沃森·安达亚仍然认为，马来亚的臣民及其统治者正如《马来纪年》中描述的那样，是以一种社会契约的方式密切结合在一起。马六甲的统治者认为，任何涉及臣民的决定都需要自己与民众协商并征求他们的建议，贵族开会议事逐渐形成一种必不可少的形式，正是这种集体作出决议的程序，防止了马来统治者的专断行为。② 这样看来，即便存在马六甲王国的中央与协商会议，也没有形成完整意义的自上而下的行政管理机构及相应制度。马六甲王国还是一个管理松散、由商业利益而不是政治利益结合而形成，更谈不上与领土范围相关的聚合体。而且，就在马六甲王国鼎盛的1511年，它很快因葡萄牙人入侵而终结。

缅甸历史上出现过政权相对集中的蒲甘王朝、东吁王朝与贡榜王朝。从11世纪起，蒲甘王朝的统治者们就把一些城镇合并，将其置于国王统治之下，他们表现出具有维护一个中心的政治能力，这个中心的法律依据，是上座部佛教中巴利语教规规定的道德规范。上座部佛教使王权通过神光之说，建立在合法的基础上，使这个"内陆的农业政权，对沿海地区行使统治权"。蒲甘王朝第三任国王江喜陀（Kyanzitha，1084—1112年在位）统治时期，佛教已经确立为缅人宗教文化生活的指导，促使骠人、孟人与缅人文化上的融合趋势，以及国王合法性取决于他们是否有能力赠予寺院免税土地，来展示自己的高贵品质和神圣权威。③ 可见，缅甸王朝具有一定的政治向心力，国家权力中心以及它在缅甸中心区，宗教与社会文化的合法性，在蒲甘王朝时期已经开始出现。

东吁王朝时期，新王朝的缔造者莽瑞体（Tabinshwehti，1531—1550年

---

① ［澳］芭芭拉·沃森·安达娅、［澳］伦纳德·安达娅：《马来西亚史》，第47、54—55页。
② ［澳］芭芭拉·沃森·安达娅、［澳］伦纳德·安达娅：《马来西亚史》，第50、55页。
③ ［新］尼古拉斯·塔林主编：《剑桥东南亚史》第一卷，贺圣达等译，云南人民出版社2003版，第135—136页。

绪　论

在位）及其继任者莽应龙（Bayinnaung，1551—1581年在位），致力于在伊洛瓦底江流域建立一个中央集权的封建国家。莽应龙"自己也扮演着典型的佛教国王的角色。他分发《三藏经》小册子、供养和任命僧侣、建造僧院和宝塔等。他还不断做出努力，编撰法典，鼓励商业，搜集司法判案，使得度量衡更加标准化"。他通过把孟人公主接进王宫，把孟人首领当作兄弟，以解决长期存在的孟人与缅人的纠纷。① 美国历史学家维克多·利伯曼指出，在东南亚大陆的政治一体化中，"最成功的是缅甸的东吁王国，到1574年，缅甸在两个半世纪以来第一次成功地统一了伊洛瓦底江流域，而且征服了当今泰国和老挝的大部分地区"②。通过行政改革和明智利用地缘政治的优势，后东吁王朝的国王们在北方霸权的护佑下，成功地开发上、下缅甸的资源，促进上、下缅甸的财富增长。1740—1752年，后东吁帝国逐渐解体，但是，其本质特征即走向一体化，则通过贡榜王朝统治者得到复兴和加强。因此，到第一次英缅战争爆发前，在缅甸已经形成了一个北起阿萨姆、南到丹老、西起阿拉干、东到景栋的广大地区，基本上形成效忠于以干燥地带为本部的一个政治中心的格局。后东吁王朝和贡榜王朝，还缩减了寺院对土地的占有，以及外藩首领、乡镇头人和泰人属国的自治权。这些变革改变了缅甸的社会结构、语言文化、宗教模式、自我形象和民众生活。③

笔者认为，缅甸在封建王朝时期，存在建构中央集权制的实践，在横向上，它主要体现为地理上对周边属国及少数民族地区的兼并，这个过程在统一与分裂的交错中通过战争的方式实现。在纵向上，它体现为中央行政制度的建构，直至贡榜王朝的初期，缅王依旧通过部分使用国家官吏，取代传统贵族的方式治理国家，而地方行政制度的建构则十分滞后。所以，被殖民前缅甸存在有限的中央集权制。尽管如此，"到1824年英缅战争前一直繁荣的贡榜王朝，是东南亚大陆西部历史上行政渗透力最强、商业经验最丰富的王朝"④。从中心向外围的领土兼并、上座部佛教及寺庙网络的

---

① [新]尼古拉斯·塔林主编，《剑桥东南亚史》第一卷，2003年第431页。
② Victor Lieberman, *Strange Parallels*, Volume 1: *Integration of the Mainland Southeast Asia in Global Context*, c. 800-1830, Cambridge: Cambridge University Press, 2003, p. 30.
③ Victor Lieberman, *Strange Parallels*, Volume 1, pp. 209-210.
④ Victor Lieberman, *Strange Parallels*, Volume 1, p. 87.

政治与文化的牵拉，中心政治机构一定程度的建设，使缅甸比马来亚在国家一体化建设方面要成熟得多。从缅甸与马来亚这两个国家的前殖民时期的历史文化来看，进行殖民时期的比较难度会很大，无论是探寻两者的差异性，还是共同性都不容易。

三　缅甸与马来亚宗教信仰的差异

从宗教信仰与相关文化看，缅甸和马来亚的特征都是以一种单一的文本化宗教为主流信仰，同时容忍其他宗教信仰。从蒲甘王朝早中期到11世纪上座部佛教变成缅甸的主流宗教[1]，佛教文化与王室政治发展、寺院土地占有、寺院教育体系结合逐渐密切。17世纪以后，尽管寺院对土地的占有逐渐减少，而佛教高僧在国家政治生活中的作用也部分由世俗官员取代，但是，王权与佛教的结合仍然十分紧密，新式教育基本上不存在。尽管"第一次英国人口普查反映了前殖民时期的模式，结果显示在上缅甸具有识字能力的成年人超过了50%"[2]，这种居民人口具有很高识读能力的现象，在当时的东南亚绝无仅有。佛教及其寺院对社会各阶层的渗透与控制，使缅甸臣民与王权的结合一直很牢固：第一，上座部佛教使国家统治者继承了卡卡瓦蒂即宇宙之王的政治—宗教观，它强调宇宙之王为未来佛的到来做准备，其他国王如果否认卡卡瓦蒂的地位会成为引发战争的因素。第二，从宗教传统派生的语言、符号、仪式等，已经构成国王权威重要标志的组成部分，白象之类的传说在宗教上是有说服力的王室标志，这样，王室被赋予了超自然的力量。第三，佛教王国统治者在选用王室教师、外交使节及王室顾问时，重点选择佛教高级僧侣。同时，僧侣们获得了包括免除税收、受赠寺院土地等特权，国家法令还规定有人出家的家庭可以免除徭役。第四，王室的宗教捐赠与国王调解宗教争端的能力，也加强了国王的权威。这种强大的王权与正统宗教，在政治、经济、文化、社会生活中的共生与互动的关系，在缅甸历史上一直十分突出。

以马来半岛为主的海岛东南亚，在早年历史上也曾存在信仰佛教的现象。例如，室利佛逝王国在中国的广东和印度南部的东海岸，都修建大乘

---

[1]　[新]尼古拉斯·塔林主编，《剑桥东南亚史》第一卷，2003年，第242页。
[2]　East Indies (Census), *General Report of the Census of India*, 1891, *Imperial Series*, London: Printed for Her Majesty's Stationery Office, 1893, pp. 137, 142–143.

佛教的大寺庙。① 但是，1258年，阿巴斯·哈里发王朝被蒙古人摧毁，巴格达陷落后香料贸易路线被阻断，阿拉伯人开通了从东方到印度，经亚丁湾、穿红海至亚历山大里亚，然后北上欧洲的新商路。那时，埃及的哈里发们只允许穆斯林商船通过亚历山大里亚，印度西部与西北部的港口城市古吉拉特等成为转运香料重要的中心。到了15世纪的早期，马六甲王朝的宫廷皈依伊斯兰教，随着马六甲王国的扩张，其统治者利诱海峡地区的臣民也使其皈依伊斯兰教，马六甲王国的声威与商业成就进一步加速了海岛地区的伊斯兰教传播，使马六甲王朝的伊斯兰文化具有独特的"马来亚"特征。这主要有以下几个方面。

首先，伊斯兰教与商业利益的关系十分明确，"贸易与伊斯兰教之间的直接联系是任何人都无法否定的"②。1433年开始，中国明朝限制私人贸易活动后，古吉拉特商人在马六甲的地位变得更加重要。"这些商人团体在不同场合都会发挥作用，使东南亚群岛诸民族熟悉伊斯兰教：不单是它的宗教力量，还有它的态度、价值观和生活方式"③。所以，马来亚苏丹王权与伊斯兰教的结合，最为重要的是在获取商业贸易利益方面的共存与互动。

其次，伊斯兰教在海岛东南亚的独特魅力，在于它能够包容此前存在的本土宗教，伊斯兰教的灵活性及适应性成为一种优势，使得各地的穆斯林与外部世界建立了广泛的联系。因而，当统治者得以展示他们作为领袖应有的独特性与包容性并存的文化属性时，他们也成为整个伊斯兰世界的一员。伊斯兰教借助它在马六甲王朝的影响，在整个马来亚—印度尼西亚群岛传播。那时，马六甲王国作为商业与宗教的中心获得的声誉，使它成为海岛地区其他伊斯兰国家模仿的榜样，世人开始认为，马六甲王国具有独特的"马来亚"特征。其中，最重要的是马来语的使用与广泛传播，正如葡萄牙人在16世纪所说，虽然苏门答腊岛东海岸的野蛮人语言各不相同，但是，所有人都会使用马六甲的马来语，这是整个地区大多数人的共同语言。④ 那时，马来语与马来文化如此一致，以至于"马来亚"这个词

---

① [新]尼古拉斯·塔林主编，《剑桥东南亚史》第一卷，第265页。
② [澳]芭芭拉·沃森·安达娅、[澳]伦纳德·安达娅：《马来西亚史》，第59页。
③ [澳]芭芭拉·沃森·安达娅、[澳]伦纳德·安达娅：《马来西亚史》，第60页。
④ Mark Dion, "Sumatra through Portuguese Eyes: Excepts from the João de Barros' 'Decadas da Asia'," *Indonesia*, Vol. 9, No. 1, 1970, p. 143.

开始包括伊斯兰信徒应有的正确行为、标准语言、马来人习俗等诸多内容。① 这样，在葡萄牙人征服马六甲王国前夕，伊斯兰教在北苏门答腊、西马来西亚、西加里曼丹和爪哇沿海的中心城镇的主流宗教地位已经牢固确立。

可见，在马来亚，王权与伊斯兰教的结合倾向于反映在经济利益与文化扩张方面；在缅甸，佛教的作用具有更多政治与社会的色彩。尽管两种宗教的发展都基于地域与海域的中国—印度—多岛海文化带开展，但马来亚更多地属于伊斯兰文化圈，缅甸更多地属于印—中佛教文化圈。虽然两个国家都存在单一主流宗教，统领当地文化与整合当地社会的企图，但在多岛海区域，伊斯兰教作为一种普世主义宗教，对马来亚的影响开始于15世纪—世界开始走向全球化的时代，上座部佛教是一种11世纪在缅甸本部已经存在的区域性宗教。从王权与宗教间相互利用的关系看，在国家建构中伊斯兰教注重穆斯林带来的经济利益及文化权威，上座部佛教注重于它对王权向心力的影响。

四　东南亚被殖民国家的两个典型

本书的着眼点是缅甸与马来亚，讨论英国是因为在这两个国家历史上，都存在被它殖民统治的时期。尽管英国的殖民目标、统治类型、时间长短、殖民遗产不尽相同，但殖民者与被殖民者之间的双边关系始终存在。英国在马来亚的殖民统治，主要出于其争夺马来亚在海上运输中的重要战略位置，以及掠夺马来亚丰富的自然资源的经济利益考量。缅甸在1937年前一直作为英属印度帝国的一个行省，但是，英国开始在缅甸的殖民活动，主要出于保护英印帝国在西部边疆的政治利益，与向西扩展疆域的目的。在马来亚，英国政府与商人、探险家等民间殖民者的活动共进互补，英国攫取例子是马来亚最早的殖民地槟榔屿。1786年，吉打州苏丹阿卜杜拉在缅甸与暹罗的挤压下，将槟榔屿租给英国东印度公司，想借此获得英国政府的保护，英国商人弗朗西斯·莱特（Francis Wright）被赋予谈判权利，以乔治三世的名义接管了槟榔屿。② 但是，此前英国商人利用马来半岛，进行

---

① ［澳］芭芭拉·沃森·安达娅、［澳］伦纳德·安达娅：《马来西亚史》，第63页。
② ［澳］芭芭拉·沃森·安达娅、［澳］伦纳德·安达娅：《马来西亚史》，第128页。

对好望角东海岸地区的转口贸易已经存在，并一度排挤了荷属东印度公司的势力。在18世纪中叶，英国东印度公司已经牢牢控制了在印度制作棉布与生产罂粟的地区，马来人对鸦片烟草混合物已经上瘾，加之英国在远洋航海方面的技术领先于欧洲，对于贩卖武器又不像荷兰人受限于公司的禁止。因此，18世纪中期，英国商人在东南亚海岛开展商贸活动已经非常游刃有余。1786年，莱特甚至建议东印度公司向槟榔屿大量输入鸦片，以吸引各国商人的贸易活动。斯坦福·莱佛士（Stamford Raffles，1781—1826）从印度到达新加坡，开始也只是在英印政府默许下进行私人探险行为，1819年他已经与廖内-柔佛苏丹国的司法大臣即新加坡地方长官签订合约，获得英国人在岛上开办工厂的权利。可见，从18世纪中后期开始，英国商人与东印度公司对于在海岛东南亚、尤其是马来世界采取一种变相的侵略行为。

缅甸刚开始只是作为英属印度帝国的一个不重要的地区，似乎没有太大经济价值，也不存在作为跳板向东攫取殖民地的可能性。因为缅甸东邻泰国是一个正在通过现代化使国力日盛的国家，英国很难把它收入囊中。而且，欧洲列强在东南亚竞争的局面下，认为使泰国成为英国与法国殖民者之间的缓冲地更为现实。更何况，英国人在18世纪末与19世纪初的殖民目标，仍然以商业贸易开发、自然资源占有和国内产品倾销为主。那时，缅甸并不是英国政府特别感兴趣的地方，向缅甸王朝施压的是英国东印度公司。在接下来的六十年里，英国利用外交、突袭，特别是武力征战，直到第三次英缅战争才控制了缅甸的大部分地区。[①]

可见，英国殖民者对马来亚的目标，更多是出于商业主义与资源主义的经济需要，对缅甸的目标最早是出于对英印帝国边境安全的考虑。第一次英缅战争的原因之一就在于此。第二次英缅战争后，在19世纪下半叶和20世纪上半叶，当缅甸成为世界第一大稻米产出国，以及越来越多矿产资源被发现后，攫取经济利益与政治利益才成为英国殖民缅甸的双重目标。

英国殖民者侵略这两个国家时，由于殖民国家与被殖民国家在经济发展水平、政治制度建构与社会文化传统的不同，殖民者与被殖民者形成一

---

① Joerg Baten ed., *A History of the Global Economy: from 1500 to the present*, Cambridge: Cambridge University Press. 2016, p.287.

种不平等的互动关系，且互动行为所依存的环境因素也不可忽视，环境因素既包括历史传统上的文化环境因素，也包括地理环境及其周边国家在国际关系方面的因素。

在缅甸上百年、马来亚近两百年的被殖民时期，英国进行殖民统治的方式总体上是"分而治之"，而且"直接统治"与"间接统治"并用。从殖民统治方式的划分来看，完整意义上的"直接统治"在缅甸表现得更突出，第三次英缅战争后英国人废黜了缅甸王朝的末代国王，所谓"间接统治"的载体已经不复存在，"直接统治"就顺理成章了。但是，英国的伦敦政府对被置于英印帝国行省地位的缅甸，主要是通过英印帝国的加尔各答政府来进行统治，直到1937年，英国殖民当局决定正式分离缅甸与印度后，缅甸才直属伦敦政府的殖民地事务部管辖，在其中心区即缅甸本部实现了英国的"直接统治"。可是，这样极端的统治仅维持数年，缅甸就在第二次世界大战中陷落，相关的政治体制建构尚处于初始阶段。而且，即便到这个时期，缅甸少数民族地区仍然继续处于英国殖民者的间接统治之下。

在马来亚的海峡殖民地于1867年作为直辖殖民地，改属伦敦政府殖民地事务部直接管理。从这个角度看，在马来亚英国的"直接统治"不是不存在，只是这个直辖殖民地地域虽小能量却大。在大多数原苏丹国或罗阇属地，旧统治者仍然是殖民地管理体系中的重要组成部分，他们作为"间接统治"的履行者一直存在。就英国在缅甸与马来亚的统治方式做整体概括，英国对前者倾向于进行"直接统治"，对后者倾向于进行"间接统治"。本书力求在确立研究出发点的合理性，以及差异比较方法论的可行性后，分析研究英国殖民时期及去殖民化时代缅甸与马来亚的历史发展进程。以便弄清殖民者与被殖民者之间的不平等的互动与相互适应，以及在不同环境因素下殖民地历史对两个现代国家发生的影响。

第一章　马来亚与缅甸殖民地形成过程比较

第一节　英国在马来半岛与缅甸的早期推进

一　英国到来前其他欧洲人的侵扰

马来亚与缅甸都存在被葡萄牙人等外部势力短暂入侵的历史：1511年，马六甲被葡萄牙舰队占领；1537—1573年的三十六年间，苏门答腊的亚齐人六次侵犯马六甲；1607年荷兰人与亚齐人结盟，于1613—1620年的短短七年间，占领了马来半岛南部的柔佛、彭亨以及北部的吉打和霹雳。1633年，荷兰人利用柔佛王国与葡萄牙人的矛盾，正式涉足马来半岛，并在1641年迫使葡萄牙人投降，从而夺得马六甲，并控制了海峡两岸的贸易。18世纪末，苏门答腊的米南加保人在马来半岛建立森美兰小联邦，布吉斯海盗也不时地占领柔佛、雪兰莪、霹雳等地，并于1784年占领了马六甲。可见，在英国殖民者到来之前，马来半岛也经历了其他欧洲殖民者的入侵，以及东南亚海岛地区亚齐人、米南加保人与布吉斯人的短暂侵扰。正如曾就学于新加坡大学的马里兰大学教授薛君度先生所说，早在英国人统治以前，马来亚已经在其他欧洲人数世纪的半统治状态下。两三百年中半岛马来人与外部世界的接触、碰撞与互动，在某种程度上锻炼了马来人灵活和妥协的商业民族性格。

缅甸处于中国与印度两大帝国之间。但是，除东南亚大陆王国间的战争与领土转变之外,不存在类似于马来世界的室利佛逝与马六甲那样的商业帝国,也没有与外部世界进行复杂广泛的交往,更没经历过地理大发现以来马来世界与欧洲人和多岛海各土著民族"相遇"的经历。只是在1599年,阿拉干国王在葡萄牙雇佣军协助下,攻占了仰光河与勃固河交汇处的丁茵古城(又称沙廉港,Syriam)。此后这里一度由葡萄牙雇佣军驻守,并奉葡萄牙人勃利多为总督。勃利多在沙廉强行向过往船只征收捐税,甚至为掠夺金银而破坏缅甸佛塔。1613年,缅甸国王收复丁茵古城,处死勃利多,清除了葡萄牙势力。1688年,法国东印度公司在沙廉开设商站;1709—1743年,英国人开始在沙廉开设商站、经营军火生意、建造木制帆船。另外,荷兰人也曾在此设立过商站。但是,1756年,雍籍牙(Aung Zeya,即阿朗帕耶,1752—1760年在位)国王攻克沙廉港,赶走法国人。后来,沙廉港随着仰光的发达与勃固河的淤积而衰落,直到英国人于1852年占领下缅甸后才正式开发这里,并设立了炼油厂。所以,即便在沙廉港等少数港口地区,在英国殖民前缅甸人与欧洲人只发生过短暂"碰撞"。

可见,在英国殖民者到来之前,在缅甸葡萄牙人、荷兰人、法国人都只是匆匆过客。而且,缅甸人与欧洲人的接触严格说要晚于马来亚人。这个大陆国家的强盛与坚韧,大多在与周边国家打交道时得到体现,与来自遥远欧洲的各个民族十分陌生。当然,缅甸的阿拉干人稍有例外:他们善于航海,并曾经与葡萄牙海盗合作而势力大增,1550—1666年的一个世纪为阿拉干的鼎盛时期,其国王敏耶沙在1599年应东吁王国之邀,派出葡萄牙人勃利多率领雇佣军去联合攻打勃固王国。1785年,阿拉干国王被贡榜王朝的孟云王(Bo Daw Paya,1782—1819年在位)废黜,其领土并入缅甸王国的版图。此后,英国借口制造事端,使阿拉干问题成为发动第一次英缅战争的导火索,也使阿拉干成为缅甸最先被迫割让给殖民者的土地。

从马来亚与缅甸的英属殖民地形成的具体过程看,马来亚历经了一个多世纪的步步拼凑,才形成位于海岛东南亚、以马来半岛为中心的英国殖民国家,在这个拼凑过程中,英国殖民者动机明确、出击主动,而且并未以武力征服作为其主要手段。相比之下,缅甸逐渐成为英属殖民地,更多的是作为英印帝国边界的扩张而进行,政治利益领先、资源抢占并举,是一个武力征服的过程。而且,初始时期,英国殖民者在缅甸的政治利益与领土扩张利益比经济利益更重要。这样,在靠商业贸易、工业制造、海外扩张起家的英国人眼中，缅甸并不重要，一直是他们价值认知的主流。而且，在缅甸成为英国殖民地过程中，商人与探险家等民间殖民者的作用不明显，英国基督教传教士也未站稳脚跟，是英印政府、英印军队与东印度公司发动的战争起了关键作用。

二 英属海峡殖民地的建立

槟榔屿（Pulau Pinang）是一个靠近马来半岛西岸、马六甲海峡北部的一个小岛。16世纪末，英国人在槟榔屿附近拦截葡萄牙人的香料运输船时，开始认识到这座小岛在地理位置上的重要性。1786年，英国从这个小岛开始正式染指马来半岛。当时，"英国是传统的海上强国，对占领大洋上的要冲一向非常敏感。马来半岛与苏门答腊岛之间的马六甲海峡，是进出远东的必经通道。所以，英国人在东南亚首先插手马来半岛，就是很自然的事了"①。那时，吉打州苏丹阿卜杜拉欲将槟榔屿租给英国东印度公司，借以获得船坚炮利的英国东印度公司的保护。槟榔屿当时荒无人烟，但是反应灵敏的前英国东印度公司职员、商人弗朗西斯·莱特立即以英王乔治三世的名义，以年租金3万西班牙元（1791年签订新约减为6000西班牙元）的代价，以及在吉打州遭受侵犯时提供援助的承诺，接管了槟榔屿。

这是英国商人以王室名义在马来半岛首次正式获得控制权的地方。英国人在槟榔屿的立足意味着东印度公司变成了具有领土的"国家"政府，在地区安全中埋下了不确定的因素。② 1786年，英国正式占领槟榔屿后，将其易名为"威尔士太子岛"，并在此建立自由港，使它成为连接印度、中国、荷属东印度群岛等地的中继站。可见，英国殖民者登陆槟榔屿和马来半岛，看上去是由具有商人身份的莱特与吉打州苏丹通过交易完成的，表面上没有英国政府或英印政府的参与，更没有使用战争手段。但是，英国人获取槟榔屿，与这个小岛在商业贸易上的重要地理位置密切相关。

1800年，英国东印度公司又获得位于马来半岛西海岸的狭长地带威斯利省——与槟榔屿一衣带水、仅隔2英里。霹雳、丁加奴、雪兰莪和廖内-柔佛等苏丹国首领，也步吉打州苏丹的后尘，希望与英国人联手打击荷兰

---

① 陈晓律等：《马来西亚——多元文化中的民主与权威》，四川人民出版社2000年版，第33页。

② ［澳］芭芭拉·沃森·安达娅、［澳］伦纳德·安达娅：《马来西亚史》，第128页。

人、布吉斯人和敌对的苏丹国。数年之后，英国人于19世纪的头十年，趁法国人在欧洲与反法联盟酣战之际，直接占领荷属东印度公司在马来半岛和印度尼西亚群岛的几块领地，以防止拿破仑征服尼德兰政权后，荷兰人在海岛东南亚的领地落入法国人之手。当时，马六甲仍然被荷兰人占领，法国大革命后荷兰国王威廉五世（William V，1784—1806年在位）被推翻，他流亡伦敦时发表"丘园训谕"，宣称自己在马来世界的殖民领地暂时交由盟友英国代管。这样，马六甲于1795年被委托给英国政府。1814年《伦敦条约》签订后，英国根据承诺于1818年将马六甲等地归还了荷兰。但是，1824年3月，英国外交大臣乔治·坎宁（George Canning）与荷兰全权代表亨利·法格尔（Henry Fagel）签订《英荷条约》（又称《伦敦条约》或《苏门答腊条约》），英国正式获得了对马六甲的统治权。可见，英国对马六甲的获取，与拿破仑战争有关1815年《维也纳条约》签订，导致欧洲局势对荷兰不利。这是种以看似友好的帮助、实则坐收渔翁之利的做法。通过1824年《英荷条约》，英国与荷兰在东南亚海岛地区势力范围的划分正式开始了。

这样，沿马六甲海峡的槟榔屿、荷兰国王托管的马六甲，以及威斯利省都先后落入英国人之手。这些地方一并形成了控制马六甲海峡咽喉的海港区殖民地。多海岛地区的贸易活动变成以英国控制的槟榔屿—马六甲为中心，而不再是以荷兰人控制的马六甲—廖内群岛为中心了。在这个殖民地建立的过程中，英国人可谓是占尽了天时地利与人和的先机，也奠定了它向马来半岛及婆罗洲扩张的基础。

与此同时，英国在远东地区的重要奠基人是时为东印度公司普通雇员的斯坦福·莱佛士，他坚信英国迟早要成为多海岛地区的最高霸主。这个出身贫寒、14岁进入东印度公司任职的殖民者，在拿破仑政府利用爪哇为跳板，企图摧毁英国东印度公司与中国通商的海路与船舰时，受英属印度总督基尔伯特·明托勋爵（Lord Gilbert Minto）的委任，部署并实施了英军从海路入侵爪哇的任务。1811—1816年，年仅30岁的莱佛士担任爪哇的副总督，他对荷兰在东印度群岛推行的强迫种植制度进行改革。1816年，莱佛士应召回国后，当选皇家学会会员并被授封为爵士。当他再度置身于远东事务，担任位于苏门答腊西海岸的明古鲁总督时，鉴于荷兰摆脱欧洲危机后重新控制海峡诸岛并继续推行强制性商业垄断政策的状况，莱佛士建立新的殖民据点，他决心秉承英国的自由主义贸易观念。以使英国的殖民势力向海岛东南亚推进。

莱佛士凭借自己对东南亚的渊博知识与巧如簧舌的鼓动能力，使届时担任英属印度帝国总督的黑斯廷斯勋爵（Lord Hastings）相信：要保护英国在南亚东南亚的贸易，必须向马六甲海峡的南部进发，并建立一个新的前沿哨所，以开辟向中国海扩展的道路。1818年12月，莱佛士奉黑斯廷斯之命，前往海峡南部探险以寻找合适的地方。他看到荷兰人已在廖内群岛扎根，就把眼光转向荒无人烟的小岛新加坡，敏锐地看到作为新港口该岛的地理优势非同一般：新加坡地处马六甲海峡最南端，自然会成为马来群岛、苏门答腊岛和东部各岛屿间的贸易中心；从暹罗、印支半岛、中国都能够通过海路抵达新加坡，它又是从欧洲和印度前往远东地区，最短航线上的必经之地；① 新加坡自身拥有丰富的饮用水，是天然的避风良港，无形中会成为东西方商人交换产品的中心港口。

莱佛士很快以贿买方式获得这个重要的岛屿。1819年1月28日，莱佛士抵达新加坡，当时该岛屿名义上由廖内-柔佛的苏丹统治。苏丹处于荷兰人和布吉斯人的控制下，内部又因王位继承问题而四分五裂。廖内-柔佛的老苏丹于1812年去世，小王子东姑·拉赫曼（Tengku Abdul Rahman）得到布吉斯人的支持，兄长东姑·侯赛因（Tengku Long Husain）被迫流亡廖内群岛。侯赛因得到廖内-柔佛的司法大臣、新加坡的地方长官天猛公以及彭亨的宰相的帮助，于1818年，即荷兰人与东姑·拉赫曼签订条约时，被承认为廖内-柔佛的新苏丹。但是，荷兰人要求在廖内群岛重建哨所作为回报。在此紧要时刻，莱佛士与廖内-柔佛苏丹国的天猛公，将大王子东姑·侯赛因偷运回新加坡，他们提出承认侯赛因政权，每年向侯赛因提供一定的资金援助。但是，其前提条件是侯赛因要让英国人在新加坡设立贸易站点。

1819年2月6日，莱佛士与侯赛因及天猛公正式签署条约。4个月后，侯赛因开始在新加坡这个"乡村行宫"居留，成为新加坡的"苏丹"。但是，这个苏丹并没有得到其弟、廖内-柔佛的新苏丹拉赫曼的承

---

① ［英］D. K. 巴西特《英属马来亚的商贸与农业》，廖文辉译，《南洋资料译丛》2013年第3期。

认，也没有实际权力。但是，作为英国殖民地的新加坡现代政权就此产生。1822年，莱佛士离任明古鲁总督，回到新加坡，在这里建立警察部队和行政机构，创制新加坡的临时法典，建立莱佛士学校。1823年，新加坡被正式宣布为自由港，1824年，莱佛士与侯赛因苏丹签订条约，侯赛因得到一笔养老金，并被允许与天猛公继续居住在新加坡，此后这两位马来人首领渐渐退出政治舞台，新加坡岛屿成为英国人的领地。荷兰人根据《1824年英荷条约》不再对英国人占领新加坡持有异议。莱佛士因健康状况恶化而返回伦敦。1826年，由槟榔屿、威斯利、马六甲和新加坡组成的海峡殖民地（Straits Settlements, SS, 1826—1948）得以建立，其首府最早设立在槟榔屿，后来，随着新加坡的发展及其重要性的上升，1832年海峡殖民地把首府迁往新加坡，使新加坡成为英属印度管辖下海峡殖民地中最重要的中心部分。

研究马来亚历史的著名学者芭芭拉·沃森·安达娅认为，1819年莱佛士与廖内-柔佛司法大臣天猛公签约并开始兴建新加坡港口。这对于马来人和英国人都标志着一个新的历史开端，表明英国商业利益在马来世界占据主导地位，与此前建立的槟榔屿商港一样英国人在新加坡商港也实行自由贸易政策。但是，槟榔屿没有处于中国与多海岛地区的重要航线上，其贸易活动主要覆盖马六甲海峡与泰国南部；新加坡不仅能够全面地覆盖多海岛地区的海洋贸易活动，而且，由于它实行完全不同于荷属巴达维亚的强制性关税政策，即便对荷属东印度群岛的商人来说，新加坡也具有更大的吸引力。这样，对马来人来说，新加坡港口的兴起标志着廖内群岛贸易中心之历史的终结。对英国人而言，新加坡港口成为他们在海岛东南亚进行殖民主义的政治统治、经济扩展和文化侵蚀的最重要的新据点。对外来文化进行反馈与吸收有数百年历史的马来人，平静地接受了新兴工业化的英国在马来半岛取代衰落的老牌殖民者荷兰的现实。[①]

三 第一次英缅战争与缅甸西部领土丧失

对于一个相对集权的大陆东南亚国家来说，英国殖民者的入侵就不像

[①] [澳] 芭芭拉·沃森·安达娅、[澳] 伦纳德·安达娅：《马来西亚史》，第133—136页。

它面对一个个分散弱小的马来亚苏丹国那么容易。所以，英国对缅甸的殖民推进，从一开始就是以军事占领为主导方式进行的。"到 1600 年，在暹罗、缅甸和越南，未来统一的基础已经奠定。"① 如果没有外力干涉，中南半岛的历史与它在 19 世纪与 20 世纪上半叶呈现的历史可能不一样。然而，18 世纪下半叶到 19 世纪初，"法国和英国争斗的重点，已从印度扩大到中南半岛。邻近印度的缅甸，成为英、法争斗的重点对象"②。

英国入侵缅甸的前奏也由东印度公司打响。1754 年 4 月，公司派遣大卫·霍特率领军队，占领了离印度的马德拉斯与孟加拉国较近的尼格莱斯岛。这里容易成为英国船舰避风给养、停泊休整的桥头堡，在英国与法国争夺中南半岛的斗争中，占领尼格莱斯岛就达到先发制人的目的。1759 年，缅甸人民抵抗英国殖民先锋部队的"尼格莱斯岛事件"爆发。次年，雍籍牙国王（Aung Zeya，即阿朗帕耶，1752—1760 年在位）逝世，英国与缅甸的冲突表面上停止。但是，英印殖民政府一直伺机打开通往缅甸的大门。1817 年，英印军队两次进入阿萨姆，第二年缅甸军队攻入曼尼坡。这样，由于缅甸西部的狭长地带与英属印度的领土接壤，英国在巩固了其印度南部的殖民统治后，开始全力向东扩张，局部冲突酿成战争已经不可避免。

在莱佛士"获得"新加坡，并将它与马六甲、槟榔屿与威斯利省合并为海峡殖民地后，本来具有地缘性战略位置的缅甸，对于东南亚的英国殖民者的重要性更加突显：缅甸位于印度与中国之间，是两大国陆路交通的必经之地；缅甸横亘在英属印度与英属海峡殖民地之间，将英国南亚次大陆的殖民地与东南亚海岛地区的殖民地连接起来。或者说无论从印度到中国，还是从印度到海岛东南亚，缅甸都扼其海陆要冲。

为此，1795—1811 年间，东印度公司六次派出使者到缅甸，都没能达到诱使缅甸王朝统治者签订不平等条约的目的。1810 年，英国外交大臣乔治·坎宁亲自出访缅甸，他指出只要英印政府派出一支军队，就足以征服阿拉干，而"占领阿拉干将为英国政府提供极好的机会，取得从吉大港到尼格莱斯湾的广阔地区"③。因此，英国人支持逃到英属印度的阿拉干人开

---

① [新] 尼古拉斯·塔林主编，《剑桥东南亚史》第一卷，第 283 页。
② 贺圣达：《缅甸史》，云南人民出版社、云南大学出版社 2015 年版，第 195 页。
③ 贺圣达：《缅甸史》，第 201 页。

展反对缅甸王朝的活动。最后，在阿拉干与吉大港之间的沙普里岛发生的事件，成为第一次英缅战争的导火线：1823年2月，英军占领沙普里岛，9月缅军登陆沙普里岛并驱逐英军，两国军队对沙普里岛的反复占领与相互驱逐，终于酿成1824年3月开始的第一次英缅战争。

战争开始后，双方都投入大量兵力在阿萨姆与阿拉干作战。但是，两军最终仍然以伊洛瓦底江流域作为主要战场：1824年5月，英印军队占领仰光、马都八、土瓦、丹老、勃固等缅甸沿海的主要城镇，从南面威胁缅甸王朝的中心地区。这种形势使缅甸王朝感到震惊，国王急派1816年平叛阿拉干立功、从而晋封为"摩诃班都拉"（意为"伟大的亲朋众多者"）的将领班都拉（Maha Bandula，1782—1825年在世），先在缅北战场数次打败英军，后来又率领6万人挥师南下。班都拉一行冒着酷暑大雨，翻越了阿拉干山脉，于当年11月抵达伊洛瓦底江三角洲增援仰光的缅军。但是，在转战南北中损兵折将、疲惫不堪的缅军，遭遇英印军队及其增援部队时损失惨重。尽管如此，仰光失守后缅军仍然围困英军数月之久，后来才不得不向北退往达柳漂。1825年4月，班都拉在达柳漂兵败阵亡、以身殉国。英印军队趁机北上，占领伊洛瓦底江下游的古都卑谬。1826年1月，英军继续溯伊洛瓦底江北上，攻占敏巫与仁安羌，2月又占领古都蒲甘，抵达离首都阿瓦近在咫尺的杨达波村。缅甸王朝在重兵压城的情况下，不得不与英印政府签订了不平等的《杨达波条约》。条约规定：缅甸王朝放弃对阿萨姆及克车地区的管辖权，承认曼尼坡原有统治者的地位；割让阿拉干与丹那沙林给英印帝国；赔款1000万卢比；英国使臣有权进驻缅甸的首都阿瓦；双方签订通商条约，英印商船可免税自由出入缅甸港口。结果，缅甸王国的疆域大大缩小、主权严重受损。位于缅甸最南端、其东南与暹罗接壤，北靠孟邦，包括毛淡棉、土瓦、丹老等沿海城镇与岛屿的丹那沙林被割让给英国，这使缅甸失去南方位于萨尔温江入海口的最主要的海港城镇毛淡棉。1827年，英国人在毛淡棉设立行政机构，开设口岸、开办工厂、商店与学校，出版报纸，开始了长达120多年的殖民统治。

相比之下，英国入侵并强占缅甸西部与南端狭长地带，与它在马来半岛建立英属海峡殖民地不一样。首先，英国殖民者在两地遭遇的对手不同：建立海峡殖民地过程中英国人应对的是分散的苏丹王国，以及可以通过利益互换而达到目的的荷兰殖民者。这样，"英国人的介入最初也得益于如下现实：槟榔屿、新加坡、威斯利省和马六甲尚未被任何马来强国占有"①。在缅甸的西部与南端，英国殖民者面对的是一个强大统一，且一体化程度较高的内陆主权国家，这个国家在中南半岛处于强盛地位。其次，英国殖民者在两个殖民地建立过程中，采取的手段不一样：在海峡殖民地他们主要通过"贿买""协商"与"签约"的方式，一点点地将领土置于自己的管辖范围，然后再建成一个由伦敦直接管辖的殖民地；在缅甸的西部与南端，英国通过兵戎相见，很快吞并缅甸的阿拉干、曼尼坡、丹那沙林等所谓与英印帝国的"安全"相关的地带。再次，英国殖民者在马来亚与缅甸所抢占的地区在地缘重要性上也不一样：海峡殖民地沿马六甲海峡并位于马来半岛的中心区，很快在殖民扩张中发挥了从核心据点向外辐射和推进的作用；在缅甸，第一次英缅战争没能占领缅甸的中心区，而是形成了一种由西向东包围缅甸中心区的态势，成为殖民者以武力继续推进的起点和未来征战的后方。在这个过程中，前者实际上为后来的马来半岛之"演变"提供了所谓"和平"推进之样板，后者从一开始就走上了剑拔弩张的军事对峙的不归路。

第二节　英国向马来半岛与缅甸的中心区推进

一　被保护四邦的攫取与马来联邦建立

1824年《英荷条约》的签订使英国控制马六甲合法化，即从法律上正式承认荷属马六甲被转让给英国。而且，荷兰人正式宣布放弃对新加坡的一切要求，以此为交换荷兰人得到英国人掌控的位于苏门答腊岛西海岸的明古鲁。更重要的是，1824年《英荷条约》使英、荷两国潜在地划分了它们在海岛东南亚的势力范围：新加坡以南的岛屿包括爪哇岛和苏门答腊岛属于荷兰人，马来半岛包括新加坡属于英国人。此时，英国殖民者一直奉行伦敦政府要求的不干预政策。陈晓律等学者在《马来西亚——多元文化中的民主与权威》中指出，英国实行不干预政策的原因在于：此时世界市

---

① ［澳］芭芭拉·沃森·安达娅、［澳］伦纳德·安达娅：《马来西亚史》，第138页。

场对马来亚主要资源锡产品的需求不大，殖民者没必要立马控制大锡的生产与销售，其他的经济开发在利益驱动上意义也不大；马来半岛的内陆地带多为热带雨林，酷暑难当、毒虫出没、鼠疫流行、交通闭塞，使英国人深入半岛内陆地区存在很大的环境与心理的障碍；更何况，1840—1860年期间，英国国内仍然有不少人把殖民地看作白人的负担、脖上的磨盘，不愿意承担开发马来半岛的财政负担。① 尽管如此，1824年《英荷条约》已经确立了新加坡作为英国在马来半岛及其附近海岛进行殖民扩张的核心据点，条约的签订实际上成为塑造现代马来西亚的关键事件之一，它最早确立了英属马来亚疆域的核心部分。1824年《英荷条约》还向其他欧洲国家表明，英、荷两国在多海岛地区存在相互通融的可能性，两国会共同防范其他欧洲强国的闯入。海峡殖民地作为独立行政区而存在，并使得英国势力范围逐渐扩大到整个马来半岛，以及成为向婆罗洲进发的基地与智库。

那么，马来半岛上的霹雳、彭亨、雪兰莪、森美兰，这四个地方后来组成"马来联邦"的邦国又如何落入英国人之手，成为其保护国呢？自19世纪20年代，英国殖民者不管是个人、公司还是政府，都开始对这些地区表现出兴趣，只不过不存在一种整齐划一的目的与手段，只存在殖民者对机会的利用，与个体化的逐步侵蚀。究其原因是：第一，马来人的邦国之间充斥着因为王位继承、商业利益、税收控制等引起的纷争，在新旧交替的时代，随着马来半岛在世界贸易与资源输出方面地位的上升，这样的纷争有可能发展为内战。第二，马来人间的战争并非19世纪20年代才出现，但是历史经验证明，战争的胜利往往属于能够找到强大盟友的一方。1824年《英荷条约》中荷兰做出永远不在马来半岛设立任何机构、永远不和马来半岛任何统治者缔结条约的保证。1826年《伯尼条约》在英国与暹罗之间又"提供了一个模糊却是可以接受的各自的势力范围"②。这两个条约实际上阻止了荷兰殖民者与暹罗统治者干涉马来半岛中部地区事务的可能性，布吉斯人与米南加保人在1821年《米南加保—荷兰条约》签订后也衰落了。这样，处于各种利益纷争中的马来统治者要寻找盟友自然转向英国人，尤其是在海峡殖民地建立之后。第三，在世界市场上马来半岛自然资源的

---

① 陈晓律等：《马来西亚——多元文化中的民主与权威》，第33页。
② [澳]芭芭拉·沃森·安达娅、[澳]伦纳德·安达娅：《马来西亚史》，第146页。

重要性有所上升，19世纪60年代后期，英国康奈尔锡矿的藏量开始锐减，不列颠市场上锡价却急剧上升。1869年开通的苏伊士运河，缩短了马来半岛到欧洲的航运旅程，激发了马来人对锡矿开采的积极性。这样，除了王位继承外，争夺资源产地成为马来人统治者纷争不断的另一个重要原因。尽管伦敦政府三令五申地强调，要殖民政府不干涉，让马来人的纷争地方化。但是，海峡殖民地及英国商人，迫不及待地抓住马来人寻找盟友、坐收渔翁之利的机会。表面上英国似乎没有军事介入马来半岛，实质上它仍然以强大的军事威慑力量，借口受邀帮助而间接地闯入了马来世界。

其实，早在1818年7—8月，英国东印度公司已经与霹雳的罗阇和雪兰莪的苏丹，签订所谓的给予英国最惠国待遇的通商条约。根据这两个条约，英国人以给霹雳和雪兰莪臣民在槟榔屿政府管辖下，任何地方的最惠国待遇为条件。这不仅获得英国臣民的船只和商品在霹雳与雪兰莪两地境内的最惠国待遇，还使霹雳与雪兰莪失去与其他任何外国的政府、团体和个人，签订或续订可能排斥或妨碍英国臣民贸易活动的条约的权利，并获得霹雳与雪兰莪统治者不得向任何人颁予贸易垄断权的保证。这两个条约表面上具有一定的互惠性。但是，不平等条约下，真正失去贸易自主权和领地自主权的是马来人统治者。

七年之后，英国东印度公司于1825年8—9月，又分别与霹雳苏丹阿卜杜拉和雪兰莪苏丹伊卜拉欣，签订同意以伯纳姆河为界来划分霹雳与雪兰莪的疆域，而且，两地互不干涉内政，并共同遵守不接纳罗阇·哈桑的条约。1826年10月，英国东印度公司代表又与霹雳苏丹签约，苏丹同意向英国东印度公司割让天定、邦咯等岛屿，保证霹雳不再与暹罗和雪兰莪发生联系，不再向暹罗称臣纳贡并敬献金银花，不接纳暹罗的使臣与军火。作为交换条件，英国人保证驱赶任何干预霹雳政治的暹罗人或马来人，在霹雳邦协助开办西式学校。1818—1826年，英国殖民者在这两个苏丹国与马来统治者签订了从最惠国臣民待遇，到割让土地、限制主权的各种不平等条约。

同时，英国与暹罗在国家层面签订《伯尼条约》（也称《1826年英暹条约》或《暹英友好通商条约》）。这是暹罗与英国签订的第一个暹英条约。暹罗国王拉玛三世于1824年继位后，很快使霹雳成为其属下的洛坤地区长官控制的属国，并把向雪兰莪扩张提上议事日程。英国商人在两地的锡矿投资巨大并前景可观，东印度公司开始重视槟榔屿殖民当局的呼吁，于1826年6月派海峡殖民地政府的军事秘书亨利·伯尼前往曼谷，与暹罗政府签订了上述条约。《伯尼条约》规定：暹罗同意不再向南进攻霹雳和雪兰莪，但是霹雳苏丹在必要时要向曼谷王朝敬献金银花以示臣服。这时"英国人的政策坚定地遵循东印度公司的指令，即在马六甲地区的目标是'贸易而不是领土'"[1]。暹罗也希望与英国在马来半岛保持平衡，所以《伯尼条约》将吉兰丹、丁加奴、吉打，这三个半岛北部的马来邦置于一种模糊的位置。一方面，北部马来诸邦是重要的稻米产区，拥有丰富的劳动力资源，暹罗新王朝不愿意让它们继续享有曾经拥有的自治权。另一方面，条约也未正式承认暹罗在此地区的霸权地位，英国没有对吉兰丹、雪兰莪、丁加奴、吉打采取军事行动，只是在当年10月槟榔屿殖民当局派遣詹姆斯·劳，前往霹雳签订条约，表示东印度公司承认苏丹主权并在必要时会提供援助。霹雳苏丹开始组建新的行政机构，并不再向曼谷的新王朝呈送金银花。同时，槟榔屿与威斯利省早就成为吉打州马来人逃避暹罗军队的避难所。海峡殖民地的穆斯林商人也和欧洲人一起，秘密地支持吉打州王子与伊斯兰教领袖联合抵抗暹罗政府。上述各种条约，尤其是《伯尼条约》，一方面使霹雳与雪兰莪逐渐沦为英国的殖民地，另一方面也为其他苏丹国进入后来的英属马来亚做足了准备。在拉玛四世与拉玛五世统治时期，暹罗迅速壮大并进入拉玛王朝的全盛时代，英国在马来半岛向北推进变得不那么容易，即便只强调发展双边贸易也如此。随着殖民主义的深入发展，英国殖民者认识到开展贸易、获取资源与占有领土密不可分。

在雪兰莪，发生过马来人因王位继承和资源争夺引发的分裂与内战。雪兰莪早在1818年与1825年就与英国东印度公司，签订了互惠条约与邦界划分条约。但是，1826—1857年在位的苏丹穆罕默德不是嫡生长子，埋下了其他王子蔑视苏丹与争夺锡矿区的隐患。1849年前后，穆罕默德把由苏丹之子掌管的富藏锡矿的巴生，转让给卢库特王公朱马特的弟弟阿卜杜拉。但是，巴生是穆罕默德的孙子梦寐以求的封地。阿卜杜拉·萨马德（Abdul Samad，1859—1893年在位）继位为新苏丹时，雪兰莪分裂为五个部分，巴生因富含锡矿成为马来王公们争夺的对象，连雪兰莪的华人也卷入其中。

---

[1] ［澳］芭芭拉·沃森·安达娅、［澳］伦纳德·安达娅：《马来西亚史》，第150页。

巴生的酋长授权华人里德·陈联合企业在其境内收税，马赫迪王公因其父曾管辖巴生而拒不交税。

1866年内战爆发后不久，马赫迪王公在巴生成功立足。雪兰莪统治者萨马德苏丹只好向其女婿、吉打州王子东姑·古丁求助。这样形成了以马赫迪为首领，并获得华人秘密社团义兴会嘉应派支持的一方，以及以古丁为首领，得到华人秘密社团海山会的福州派支持的另一方。两大马来王公之间就此开战。到1871年，双方进一步寻找盟友：马赫迪得到柔佛罗阇阿布·帕伽马的帮助，古丁获得吉打州亲戚的帮助。最重要的是，战争双方都从海峡殖民地金融家获得资金支持，里德-陈联合公司、格斯里商业公司参与其中。以巴生归属权纠纷开始的马来王公对抗，使与雪兰莪锡业生产关系密切的华人社团难于冷眼旁观，而且，它"已经触及了英国海峡殖民地经济政治的神经中枢"[①]。

1871年，新加坡殖民当局的秘书伯奇访问雪兰莪首府兰加特，公开承认东姑·古丁担任雪兰莪苏丹萨马德的副王，并出借一艘英国炮舰帮助他们巩固地位。次年，海峡殖民地总督乔治·奥德（Geogle Ord，1867—1873年在位），又怂恿彭亨的宰相向古丁提供帮助，使古丁牢牢控制了这个地区最重要的内河即雪兰莪河与巴生河。马来王公贵族看到英国人的支持是内乱中获得胜利和执掌政权的关键。1873年，英国人借口霹雳华工闹事，公开放弃不干预政策，并于次年与霹雳首领签订《邦咯条约》。此后，英国在马来亚开始采取积极主动的干预政策。

组成马来联邦的彭亨与森美兰又是怎样落入英国殖民者手中的呢？相比之下，彭亨的情况要复杂得多。其统治者被称为"本达哈拉"（大意为"宰相"）。1857年，彭亨的本达哈拉西瓦·罗阇·阿里（Siwa Raja Ali）去世，他的两个儿子敦·穆塔西（Tun Mutahir）与万·艾哈迈德（Wan Ahmad）为争夺继位权发生战争。穆塔西与柔佛的天猛公结盟，艾哈迈德得到丁加奴、吉兰丹的统治者，以及刚被荷兰人废黜的廖内-柔佛苏丹马哈茂德的支持。这样，涉及面颇为广泛的彭亨战争（Pahang War）在1858—1863年发生了。彭亨战争引起了马来半岛与苏门答腊东海岸马来人统治者的关注。但是，新加坡殖民政府希望使彭亨战争地方化，以便不引起各有自己

[①] [澳] 芭芭拉·沃森·安达娅、[澳] 伦纳德·安达娅：《马来西亚史》，第177页。

势力范围的欧洲列强，和多海岛地区邻近国家的反应。在得知马哈茂德于1861年前往曼谷宫廷避难，次年暹罗政府派出小舰队护送马哈茂德与万·艾哈迈德到丁加奴准备进攻彭亨时，由于担心暹罗势力在半岛东海岸的扩张，以及顾及在彭亨投资的新加坡英国商人的利益，海峡殖民地总督奥夫·加文纳（Orfeur Gavenagh，1861—1867年在位）决定支持穆塔西。他于1862年11月，命令英国战舰炮轰丁加奴，以此对暹罗政府发出警告，并迫使马哈茂德离开丁加奴。尽管加文纳的做法严重偏离了伦敦政府的不干预政策，这种贸然采取军事行动、参与加马来人内战的做法也尚属首例。但是，英国殖民政府还是很快地以武力平息了彭亨内战。万·艾哈迈德在1863年以丁加奴为基地，入侵彭亨并取得胜利，穆塔西及其儿子不久后去世。成为"本达哈拉"的万·艾哈迈德立即与新加坡殖民政府讲和，彭亨内战仍然被控制在地方层面。究其战争结束的原因，还有当地最强大的荷兰人不愿卷入，暹罗势力遭到英国人遏制等因素。

二十年后，彭亨的本达哈拉改称苏丹。这时，英国对位于马来半岛东部的彭亨的控制，完全成为其出于经济利益考量而进行殖民的典范。彭亨在马来半岛各苏丹国中面积最广，富藏金、锡、铁等矿产，素有马来半岛"黄金之地"的称号。随着世界锡价飙升，在海峡殖民地的英国商业团体的催促之下，以及1887年，在总督弗雷德里克·怀尔德（F. A. Weld，1880—1887年在位）的侄子休·克劳福德与王公阿布·帕伽马的利诱与斡旋下，彭亨苏丹艾哈迈德与怀尔德签订《彭亨—英国条约》，使彭亨完全沦落为英国名副其实的保护国。《彭亨—英国条约》规定：海峡殖民地政府提出要求时，彭亨统治者要协助安排过境交通，以便英国商人到柔佛进行贸易；海峡殖民地政府提出要求时，彭亨统治者要接纳一名类似领事的英国官员，并提供官邸用地；海峡殖民地向彭亨提供币值与其他马来保护邦相等的货币；总督有义务保护彭亨政府及其领土免受外界攻击，为此，英国军官可以进入离岸4.8公里的彭亨海域；未经英国许可，彭亨苏丹不得与任何国家缔约或干预其他马来邦政务，与外国的任何交往都必须在英国人控制下进行。这样，彭亨表面上保留了主权国家的地位。但是，它不得不实行"开放"政策，以接受英国人帮助彭亨推进"商业文明"的规划。[①] 总督的

---

① ［澳］芭芭拉·沃森·安达娅、［澳］伦纳德·安达娅：《马来西亚史》，第199页。

侄子休·克劳福德,成为英国在彭亨的首任代理人。1888年,一名华裔英国人被杀成为英国向彭亨正式派遣驻扎官的借口。

森美兰的归化是以和平方式进行的。从19世纪70年代开始,海峡殖民地商人倡议接受英国文明即英国人的法律法规、管理方式与生活方式。卢库特的王公朱马特与马六甲英国公使的顾问成为好朋友,朱马特的儿子波特成为马六甲英语学校的监管人,他们一起在卢库特模仿英国的管理模式。新加坡的英国长官说朱马特"表现出一种与我们结盟"的倾向。① 巴生的王公东姑·古丁也模仿英国文明,改组行政机构、用英文命名街道,品酒养狗、不守伊斯兰教规。柔佛的天猛公之子阿布·帕伽马(Ahu Bakar)从新加坡教会学校毕业后,讲着流利的英语、赛马赌球、周游世界,觐见维多利亚女王与日本天皇。他在柔佛设立土地和公共事务部、财政部、司法部、警察部队和世俗教育机构,把柔佛看作海峡殖民地的延伸。他吸引新加坡的投资、聘用英国的律师,时人认为,阿布·帕伽马的统治与西方治理方式最接近。② 阿布·帕伽马使柔佛成为马来王公与英国人合作典范的现代化做法,使他暂时巧妙地保住了柔佛的主权独立。但是,当经济发展的权利丧失后,柔佛的政治独立又谈何容易?

阿布·帕伽马在1878年成为除双溪乌戎外的整个森美兰地区的最高宗主即顾问官。1885年,英国人授予帕伽马苏丹称号,并同意不派遣英国驻扎官进驻柔佛。但是,柔佛的外交事务仍然处于新加坡殖民政府的控制下,帕伽马也同意不干预其他马来邦的任何事务,不把任何特权给予英国之外的欧洲国家,并在1889年与海峡殖民地总督克莱门特·史密斯(Clementi Smish,1887—1893年在位)签订《森美兰—英国协定》。该协定规定:森美兰的改革派统治者接受英国政府的保护,并组成一个称为"森美兰"的邦联,由英国驻扎官协助治理;各统治者在辖区内的现有权力不受协定影响。1895年,阿布·帕伽马去世时,柔佛的独立地位远不如二十年前了。当年续定的新约规定:在森美兰除了与伊斯兰教相关的问题外,所有的政治事务和行政管理都得按照英国驻扎官的意见进行。阿布·帕伽马在森美

---

① C. M Turnbull, *The Strait Settlement 1819-1869*, Kuala Lumper: Pelanduk Publications, 1997, p. 301.

② Eunice Thio, "British Policy toward Johor: from Advice to Council" *JMBRAS* (Journal of the Malaysian Branch of the Royal Asiatic Society), Vol 40, No. 1, 1967, p. 3.

兰的统治毕竟代表马来人坚持"主权国家"观念的传统，并为马来人后来的自治要求树立了榜样。

经过一步步的蚕食、侵吞、演变甚至炮舰胁迫，英国殖民者利用马来统治者的内讧，将马来半岛中部辽阔的霹雳与彭亨，以及靠近马六甲海峡的雪兰莪与森美兰，以签订条约的方式一个个地收入殖民者囊中。1896年，霹雳、雪兰莪、森美兰与彭亨四邦的苏丹与海峡殖民地总督查尔斯·米彻尔（Charles Mitchell，1894—1899年在位）签订《马来联邦条约》，就此成立了以吉隆坡为首都的马来联邦（Federal Malay States，FMS，1896—1948）。《马来联邦条约》的主要内容为：英国向马来联邦委派一名总驻扎官，是为联邦政府的首脑，负责管理下属四个苏丹保护国的驻扎官，并代表马来联邦的利益而隶属于新加坡的海峡殖民地总督，新加坡总督本人则兼任马来联邦的高级专员；联邦内除有关伊斯兰教外的一切事务，都要遵照总驻扎官的意见行事；各邦苏丹原有的权力及其与英国殖民当局的关系不变，邦与邦之间互不相属，但在人力、物力方面可以相互援助，发生战争时各邦都有义务协助马来联邦政府保护海峡殖民地；马来联邦的法律与财政措施由新加坡殖民当局制定，警察事务、公共工程、邮电通讯、铁路运输由联邦民政服务部门统一管理。

这样，马来联邦的成立实际上使马来半岛向中央集权的联邦制，以及向英属马来亚的建立迈出重要的一步。1909年，马来联邦议会（Federal Council of Federated Malay States，FCFMS）建立，使马来半岛进一步向政治统一的方向发展。联邦议会是英国殖民者与马来联邦各统治者签约成立的咨议机构，由总驻扎官、高级专员、四个邦的驻扎官与苏丹，以及高级专员提名的非官方人士即3个英国人与1个华人组成。1927年以后，由于另外组建了马来人苏丹议会，各邦马来统治者退出了联邦议会；1934年后各邦议会的部分权力得到恢复，邦议会管理生产、教育等事务，联邦议会总揽警察、海关、国防、财政方面的事务。后来，马来联邦议会的成员增至28人，在非官方的12个代表中有英国人5名、马来人4名、华人2名、印度人1名。联邦议会每年至少召开一次会议，主席由英国高级专员担任。此制度一直沿袭到1942年。直到1948年2月1日马来亚联合邦成立，霹雳、雪兰莪、森美兰、彭亨成为联合邦的4个州，马来联邦的行政与法律体系才正式废止。

二　第二次英缅战争与下缅甸沦落

在大陆东南亚，19世纪中叶，英国殖民者完成了对阿富汗的第一次侵略战争，并取得对印度锡克教徒的胜利后，越来越想开辟一条由经印度通往中国内陆的扩张之路。这样，缅甸自然又成为英国以印度为基地向东推进的目标。第一次英缅战争与第二次英缅战争之间相距26年。此间，缅甸王朝没有像暹罗王朝那样发奋图强、师夷之长以制夷、纵横捭阖、联合他国以克英，而是坚守盲目和故步自封的强硬外交政策。此时，处于商品输出、原料掠夺的工业化时代的英国，先着力于通过外交手段迫使缅甸王朝履行《杨达波条约》。这样，缅英关系在表面上仍然是，缅甸王朝的强硬外交和英印政府的软性蚕食相对立。

在这26年间，缅甸先后经历了孟既王、孟坑王和蒲甘王的统治。他们对英国展开不同形式的强硬外交。孟既王（Ba Gyi Dawson，1819—1837年在位）统治的后十年，缅英外交斗争主要围绕怎样履行《杨达波条约》而展开：缅甸国王认为条约是自己以主权国家身份签订的，作为主权国家的国王，自己不能与外国总督级官员打交道，更不能降低身份到英属印度首府加尔各答去设立使馆，缅甸国王只能将英国使节看作封臣，因而没有履行条约中的全部条款。1826年9月，英印政府为了尽快获得《杨达波条约》带来的利益，派约翰·克劳福德（John Crawfurd，1783—1868）作为使节前往缅甸首都阿瓦，商谈通商条约并调查在阿瓦设置驻扎官的可能性。克劳福德是一个对远东有着丰富知识与实践经验的老牌殖民官员，他从1803年起就在英国东印度公司担任军医，1808年转驻槟榔屿任职，1811年克劳福德随英国军队远征荷属东印度群岛，1816年又回到槟榔屿任职，1820年克劳福德回到加尔各答的英印政府后，旋即被政府派往暹罗与交趾支那进行外交活动。1823年，克劳福德担任英属海峡殖民地总督，第一次英缅战争后又于1826年转任英国驻缅甸的专员。在出任驻缅专员一年后，克劳福德回到英国，几十年间潜心研究东南亚的历史与语言，成为著述颇丰的东南亚研究的专家。1868年，克劳福德又出任海峡殖民地协会首任主席，他除了担任英国殖民政府在东南亚，特别是在缅甸与马来亚的驻地官员外，业余时间笔耕不辍，著有《印度群岛史》《出使暹罗与交趾支那记》《出使阿瓦宫廷记》等历史著作。这些成为后人研究东南亚殖民史最重要的史料。

缅王把英印政府的驻缅使节约翰·克劳福德与自己的封臣同等对待，在举行封臣纳贡的仪式上接见克劳福德，还把克劳福德代表英印总督呈送的官方礼品，视为英属印度的臣属乞求宽恕的象征。在双方谈判商约时，缅王坚持要求英方交还割让的领土和放弃索取赔款余额，才同意做出商业上的让步。然而，面对一个在世界各地广泛占有殖民地的强国，这些要求即便合理，也不切实际。英方急于迫使缅王履行《杨达波条约》，1830年又派遣老奸巨猾的外交家亨利·伯尼前往缅甸。1830年4月，伯尼到达阿瓦后企图通过建立"友谊"来促使缅甸王朝履行《杨达波条约》。他与缅甸王朝的大臣们建立私人友好关系，还经常与孟既王促膝谈心，甚至被缅甸王朝授予称为"蕴道"的官衔。但是，伯尼的微笑外交，除争得缅方同意在1832年10月前付清赔款余额外，无法说服缅王派出常驻加尔各答的外交官员，更不可能使缅甸国王放弃收回领土的要求。孟既王于1831年病倒后，伯尼的友谊外交更加难以施展。

1837年初，王弟达雅瓦底为首的对英强硬派，发动政变并夺取王位，使伯尼的微笑外交彻底破产。孟坑国王（Tharrawaddy Min，即达雅瓦底，1837—1845年在位）统治期间，英缅关系日益紧张。他在第一次英缅战争时就竭力反对与英国签订不平等条约，即位后把都城从阿瓦迁至阿摩罗补罗。他对英国殖民者采取的强硬政策包括：其一，宣布废除《杨达波条约》，因为根据缅甸传统，凡新君登位一切旧法律非经新王特准一概失效。其二，严惩仰光英商的走私活动，命令对英商出口船、邮件包裹进行检查，必要时扣留走私船、拘捕走私商。其三，团结缅甸宫廷的反英强硬派，购买军火、征募军队，准备以武力收复失地。1841年，孟坑王亲率大军巡视仰光，以此对英国侵略者进行示威。其四，禁止英国人在缅甸进行考察活动，并对英国使节采取冷遇或敌视态度。

孟坑国王的强硬政策引起英国商人和外交官的不满，派往缅甸的英国使节，都建议加尔各答英印政府对缅甸采取军事行动：伯尼提出必须采取一些威胁性的军事行动，本逊上校说除了使用武力无法使缅甸政府醒悟。但是，英属印度总督并没有接受此类建议。究其原因有：其一，尽管缅甸不承认《杨达波条约》，但是英国实际上已强占阿拉干、丹那沙林，控制了缅甸的出海口地区，并在阿拉干扩大稻米种植基地，在毛淡棉建立输出大米与柚木的港口，这样部分地满足了英国商人的要求；其二，缅甸的两个属国阿萨姆和曼尼坡已被并入印度帝国，满足了保证英印帝国东北边境安全的需要；其三，从19世纪20年代至40年代，英国先忙于巩固它在印度新占领地区的统治，后来又发动侵略阿富汗、中国和全面征服印度次大陆的战争，对缅甸政府的强硬外交政策只能暂时忍受。同时，孟坑王的强硬路线没有落到实处，他没有进行相应的制度改革，也没有利用英国四处征战的时机，去履行收复失地的承诺。1845年孟坑王被废黜并于次年去世。

蒲甘王（Pagan Min，1846—1853年在位）继承孟坑王的强硬路线。在统治的前期，他发展生产、修复水利，广建佛塔、振兴佛教，购置军火、装备军队、增强国力、应对侵略。但是，到了蒲甘王统治的后期，他放松朝政、贪图享乐、吏治腐败、国势日衰。对于英印殖民者的侵略，蒲甘王也是先采取强硬对策，推行垄断与限制贸易政策，严惩英国商人的不法活动。这时，英国处于维多利亚黄金时代，它迫切想要把缅甸变成其商品市场和原料产地，自由贸易政策与缅甸王朝的垄断政策之间的矛盾日愈尖锐。1846年，英国议会通过在国内废除《谷物法》，标志着英国全面进入经济自由主义与放任主义的时代，它对亚洲与非洲殖民地的侵略更加肆无忌惮。1849年，英国全面征服印度后，已经能够腾出手来武装侵略缅甸。

1851年，缅甸的勃固督办对两名犯有谋杀罪和贪污罪的英商船长和船员课处1000卢比的罚款。这时，英印总督达尔豪西侯爵詹姆斯·布劳恩-拉姆齐（James Broun-Ramsay, 1st Marquess of Dalhousie, 1848—1856年在位）便希望小题大做，要以仰光省督苛征英商巨款为由，伺机对缅甸发动武装侵略。达尔豪西出生于苏格兰达尔豪西城堡的贵族世家，幼年时跟随担任殖民地官员的父母到加拿大生活，受到英国殖民者残酷处置被殖民者的行为耳闻目染，成就了他强硬的殖民主义观念。在25岁时，达尔豪西进入英国国会担任议员，31岁和35岁时相继担任伦敦政府对外贸易部副大臣和大臣。他是一个性格傲慢自信、仕途一帆风顺、工作效率极高的殖民主义者。担任印度总督后，被英国君主授予代表苏格兰王室最高荣誉的蓟花勋章。他马不停蹄地利用各种机会侵吞印度的领土：1848年吞并萨达拉，1854年吞并詹西和那格浦尔，还在印度实行倘若现任国王无子，其王国必须并入英印帝国领土的极端扩张主义政策。对于这个穷凶极恶的殖民主义总督，蒲甘王的确不是其势均力敌的对手。

在第二次英缅战争前，英国一直在寻找继续侵略缅甸的借口。受《杨达波条约》的约束，缅甸王朝要保护在缅甸水域的英国船只。1851年，英国船长在仰光虐待缅籍船员，仰光总督吴屋出面处置此事。有了这些借口，达尔豪西派遣英国海军准将兰伯特，于当年年底率领舰队侵入缅甸领海。蒲甘王屈从英国人的要求罢免吴屋，并任命吴蒙担任新的仰光总督。兰伯特又派遣牧师与军人强闯吴蒙的私宅，并炮轰驻守仰光的缅军炮台，劫走国王的私用乘艇。缅甸王朝一忍再忍。

但是，1852年4月，英印政府仍然师出无名、不宣而战，发动第二次英缅战争。当时，仰光总督和英国航运集团之间的争执并不足以引发一场战争。可见，英国人发动第二次英缅战争蓄谋已久。达尔豪西公然叫嚣，印度政府为保护自身安全决不会屈居于土著政权阿瓦朝廷之下。达尔豪西事后受到英国议会弹劾，他为自己擅自入侵缅甸辩护时，援引了第一任印度总督、外交大臣、威灵顿公爵的弟弟理查德·韦尔斯理（Richard Wellesley）的名言，即侮辱恒河河口的英国国旗就像侮辱泰晤士河口的英国国旗一样，要立即且充分地予以反击。一开始，英缅双方试图通过外交手段解决上述争端。但是，野心勃勃的达尔豪西与兰伯特准将，要的就是故意挑起事端以发动战争。

英国入侵部队先是采取海盗式的挑衅，诱使岸上的缅军鸣炮，然后倒打一耙地兴师问罪。其实，达尔豪西事先已经对侵略战争做了精心安排，他亲自调动英国皇家系统和东印度公司系统的两支海陆作战部队，亲自处理两军联合作战的各种问题。同时，鉴于第一次英缅战争中英印士兵罹患疾病而伤亡惨重的问题，达尔豪西在战前就把大量医疗用品与食品运抵丹那沙林的介克物，并建立战地医院，调派快速的定期航行轮船，以便把伤病员及时送院就医。之后，英军向缅甸发出要求赔偿100万卢比的最后通牒，并且限定缅甸王朝必须在1852年4月1日前作出答复。蒲甘王不理政务，王室内部出现主和派与主战派之争，对英印政府的所谓通牒迟迟未能做出反应。英军便以通牒到期为由发起武装进攻，很快占领仰光和马都八。1852年7月，达尔豪西为了统一作战计划，亲自前往仰光调解陆海军最高指挥官之间的矛盾，并确定战争目标是吞并勃固省即第阅茂以南的下缅甸，然后把勃固省与阿拉干、丹那沙林连成一片。之后，英国陆军向北推进。名将班都拉之子率领的主力部队，很快被武器精良、兵士强悍的英印军队击退，在卑缪失守后便哗军投降。

英军几乎没有遇到大的抵抗便占领整个勃固省。1852年12月10日，英军在仰光宣读吞并勃固省的公告，还占领了勃固省界之外50英里的盛产柚木的重要地区。当卑缪陷落的消息传到首都，缅甸王朝内主战与主和两派的斗争仍在进行：主和派敏同王（Mindon Min，1853—1878年在位）与其兄加囊发动政变，于1853年2月18日废黜蒲甘王，登上王位。缅甸在这场战争中的失败，部分原因是英国人挑动孟人、掸人和克伦人发起反对缅甸王朝的起义。1852年12月20日，英国东印度公司宣布勃固省并入英属印度的版图。

就这样，缅甸王朝的半壁江山已经沦落为英国的殖民地，出海港口也丧失殆尽。英国将第一次英缅战争夺得的阿拉干、丹那沙林，与第二次英缅战争强占的下缅甸合为一体，成立英属印度联合省。"下缅甸"这一俗称的由来，也与第二次英缅战争密切相关：1852年英缅战争中，英军占领缅甸本部的勃固、卑缪和伊洛瓦底江三角洲南部的大片领土。同年12月，格兰特·阿为首的划界小组，以英军驻地旗杆以北10公里处的德贡茂村为起点，向东延伸至东吁城北，向西经第阅茂延伸至阿拉干北端，单方面实施划界立桩，并宣称该线以北为缅甸王朝的管辖区，称作"上缅甸"；该线以南为英印帝国的占领区，称作"下缅甸"。笔者认为，英国发动第二次英缅战争的一个目的，是想把英殖民帝国从加尔各答到新加坡的海岸沿线的缺口弥补起来。以便把马来亚殖民地与缅甸殖民地，延伸到孟加拉与加尔各答的印度洋沿岸的殖民地连成一片，这样形成沿印度洋北部与东部海岸的一个弧形英国殖民圈。所以，在一些殖民官员的派遣与使用上，加尔各答殖民当局是做全盘考虑的，诸如约翰·弗尼瓦尔、约翰·克劳福德之类老道而勤勉的官员，在马来亚与缅甸的殖民政府都担任过要职。像亨利·伯尼那样狡诈的外交家也在马来亚与缅甸都担任过要职。

三 英国向半岛两端扩张与马来属邦建立

英国殖民者在马来半岛的最后扩张，是将其北部原来臣属暹罗的马来各邦，以及半岛南端的柔佛苏丹国加以吞并，并组成一个称为"马来属邦"的国家。19世纪下半叶，暹罗加强对马来半岛北部对其称臣纳贡的马来人邦的关注：国王朱拉隆功数次访问马来半岛属邦，并于19世纪末对地方政府进行改组，特地设置监督专员，将马来半岛北部置于暹罗内政部直接管控下。这些做法使暹罗政府对半岛北部马来邦的宗主国权力更加合法。半岛北部的马来各邦也自行进行一些现代化的改革，例如，在经济发展的政策改革方面，吉打州成为其中的佼佼者。

但是，新加坡海峡殖民地和吉隆坡马来联邦的官员，都不断地要求将这些独立邦国置于英国保护伞下，他们强化了伦敦政府对德、法两国在克拉地峡争夺利益的忧虑。1897年，英国迫使暹罗签订《1897年英暹秘密条约》。该条约规定：承认暹罗对半岛东海岸的吉兰丹与丁加奴的最高统治权，吉兰丹与丁加奴的领土都不得转让给第三国。20世纪初，德国人在暹罗承包的工程，特别是铁路建设工程越来越多，英国开始考虑放弃在暹罗的治外法权以博取暹罗王朝的好感，削弱来势汹汹的德国势力。同时，詹姆士·瑞天咸（James Swetenham，1899—1901、1901—1903任海峡殖民地总督）之类野心勃勃的殖民者，在1902年提议在吉兰丹与丁加奴，设立由曼谷政府任命但必须由英国人担任的顾问官。退休后从商的英国人、原驻彭亨的英国官吏R.达夫等，以及英国在马来亚的商业社团，都向伦敦政府施加压力。1900年，达夫刚一退休立即到吉兰丹首府哥打巴鲁，在海峡殖民地商业公司的支持下，没有向吉兰丹的宗主国暹罗提交任何申请，就与吉兰丹王公达成协议，获得独占77.7万公顷土地的特许证，这些土地占吉兰丹土地总面积约1/3。达夫同时获得在这些土地上开采矿业与进行贸易的权力，其前提是保证不将这些土地的使用权转让中国人。吉兰丹王公则因此获得20000英镑，以及在达夫公司里持有2000股份额的回报。

在暹罗方面，朱拉隆功对1897年《英暹秘密条约》中规定的，马来各邦与暹罗政府的交往要处于英国监督与控制之下，以及英国人在暹罗享有治外法权等都感到愤懑，对马来各邦对暹罗政府的忠诚也产生了信任危机。于是，暹罗历史上与英国达成的第四个条约即1909年《英暹条约》产生了。它规定：暹罗将吉打、玻璃市、吉兰丹、丁加奴这四个半岛北部的马来邦，及其附近的岛屿全部转让给英国；英国政府撤销英国公民在暹罗享有治外法权的条例；暹罗不得以任何方式向任何外国政府割让或出租，其在马来半岛的任何领土或岛屿；英国向上述四邦派驻顾问官，并提供400万英镑用于修筑暹罗通往马来半岛的铁路。这样，马来半岛北部原臣属暹罗的四邦，完全沦为英国的殖民地，构成后来建立的"马来属邦"的重要部分，以及现代马来西亚领土的一部分。

第一章 马来亚与缅甸殖民地形成过程比较

半岛北部四邦的"转让"过程并非整齐划一。在吉打和吉兰丹,马来人的地方归属感和文化认同意识,比马来联邦中的霹雳、雪兰莪、彭亨、森美兰的马来人更加强烈,吉打州的马来人议会在整个马来半岛独立性最强,且享有很高声望,殖民者甚至说吉打州"是黑人统治白人的地方"①,意即英国殖民者的地位并非在当地统治者之上。虽然长期以来吉打州与吉兰丹在英暹关系的棋盘上,看似不起眼的小卒。但是,马来语一直是吉打与吉兰丹的官方语言,两州长期阻挠华人与印度人迁入,在保护马来文化更加纯粹上一直起着重要作用。但是,英国殖民者在这两个州铺设道路,并把吉兰丹统治者提升为苏丹,允许吉兰丹印制州一级的邮票。这些事情迎合了马来统治者心理上的独立感,以及他们希望发展方经济社会的需要,有助于英国顾问官入驻吉打州与吉兰丹。

后来,英国殖民者仍然通过签约方式,在法律上确保两个邦的被保护地位。1923年11月,吉打苏丹东姑·伊卜拉欣(Tunku Ibrahim)与海峡殖民地的总督劳伦斯·吉尔马德(Lawrence Guilemard,1920—1927年在位)在新加坡签订《吉打—英国协定》。该协定规定:吉打统治者同意接受英国的宗主权"保护",非经英国为中介不得与任何外国进行政治交往,未经吉打苏丹同意,英国也不得转让对吉打的宗主权,不得将吉打合并;吉打为英国顾问提供以政府岁入支付的官邸;邦议会由苏丹、英国顾问,以及苏丹选择、英国高级专员批准的3名马来人组成,吉打苏丹为邦议会的主席;以马来语与爪夷文为官方的语言文字。

1910年10月,吉兰丹的罗阁隆·斯尼克(Long Senik)与英国的高级专员,签署《吉兰丹—英国条约》。它规定:非经英国为中介吉兰丹不得与外国进行政治交往,未经英国书面认可吉兰丹不得向其臣民之外的任何人赐予或转让土地;英国有权向吉兰丹派驻由政府支付薪俸并提供官邸的顾问,除伊斯兰教和马来人习俗问题外,一切事务按照顾问官的意见进行;吉兰丹同意与英国合作修建电报、铁路、邮政等现代设施,建成后由吉兰丹自行管理,但未经英国书面同意,不得向任何公司或个人颁发铁路修造等特许证。

---

① J. de Vere Allen, "The Elephant and the Mousedeer — A New Version: Anglo-Kedah Relations, 1905-1915" *Journal of the Malaysian Branch of the Royal Asiatic Society* (*JMBRAS*), Vol. 41, No. 1, 1968, pp. 54-94.

在丁加奴，马来统治者与英国殖民者签订的条约，由《1910 年 4 月条约》与《1919 年 5 月条约》组成。前者是苏丹宰纳尔·阿比丁（Zainal Abiding）与英国高级专员约翰·安德森（John Anderson，1904—1911 年在位）在新加坡签订的，后者是新任苏丹穆罕默德继位后前往新加坡要求修约时签订的。穆罕默德在与高级专员阿瑟·扬（Arthur Young，1911—1919 年在位）的交涉中受到重压，不得已做出更大的让步。《1910 年 4 月条约》规定：丁加奴不得与任何外国订立条约，不得干预半岛内其他邦的事务，未经英国人同意不得向丁加奴臣民之外的任何人转让土地；英国保护丁加奴免受外来威胁，为此英国官员可以自由出入丁加奴。然而，直到 1911 年，丁加奴相对于其他邦仍然拥有更多独立性，州宪法还坚持宣称伊斯兰教为官方宗教，以此加强马来人的身份认同意识。同时，丁加奴的马来人统治者正在模仿柔佛，进行现代化改革。但是，由于经济发展落后，丁加奴不得不向海峡殖民地申请贷款，来作为行政改革的费用。更重要的是，在丁加奴人们发现稀有金属钨、锰、铁的矿床，这提升了这个州在马来半岛经济发展中的价值。一次大战爆发后，丁加奴统治者坚信土耳其的穆斯林会获得胜利，他们加强了对英国人的抵制，这才出现了新苏丹要求修订条约的事件。但是，事与愿违的是新苏丹在英国殖民者压迫下不得不做出更多让步。《1919 年 5 月条约》补充道：丁加奴的英国领事改名为英国顾问官。这样，除伊斯兰教事务外的一切事务，均须按照顾问官的意见进行。尽管如此，在北部的马来各邦中，丁加奴直到 1919 年才最后接受英国顾问官入驻。1919 年新约签订后苏丹穆罕默德不予履行，英国人遂于 1920 年逼迫他退位，以其弟苏莱曼取而代之。

柔佛王国成为马来半岛上最后进入英国殖民地势力范围的邦国。前述柔佛统治者阿布·帕伽马尽力把英国现代观念与马来传统文化相结合，并一直在调整柔佛政府与海峡殖民地政府和伦敦政府的关系。为此，他在伦敦专门设立柔佛咨询处，以便尽可能延长柔佛王国保有独立地位的时间。为保住这个在后来建立的马来属邦中最重要一邦的自由，阿布·帕伽马不得不在 1885 年 12 月与英国殖民大臣，在伦敦签订 1885 年《柔佛—英国条约》。它规定：英国承认柔佛统治者及其后裔的称号由"摩诃罗阁"改为"苏丹"；柔佛接受英国的保护以免受到外界攻击，为此，英国官员可以自由出入柔佛海峡；柔佛对外关系由英国控制，未经英国允许它不得与任何外国缔约,不得向任何欧洲人及其公司颁发特许证;英国向柔佛委派一名有领事权的官员,海峡殖民地向柔佛提供进行贸易所需的货币。但是,帕伽马在1895年公布《柔佛宪法》后就去世了,其子伊卜拉欣继位为苏丹。

这时英国殖民者急于把马来半岛上最后一个自主邦收入囊中。但是,阿布·帕伽马留下一个井井有条的现代政府,柔佛王国的经济发展与新加坡和马来联邦的经济体系又有着十分密切的联系。直到1903年,瑞天咸这样精明老练的殖民者都担心倘若吞并柔佛,可能会出现牵一动百的问题。所以,英国殖民者一直找不到干涉柔佛的理由。最后,在拟议修建新加坡—吉隆坡铁路时,柔佛苏丹国与英国殖民者的利益冲突无法回避:新苏丹伊卜拉欣决心控制这条交通命脉,英国殖民统治者勃然大怒,瑞天咸谴责伊卜拉欣缺乏"马来人的优秀品质"[1]。1905年以后,伊卜拉欣逐渐失去大量权力,他成立的以发展地方经济为要务的,柔佛国营公司也屡屡遭受重挫,新设立的柔佛咨询处与伦敦政府进行的,秘密交涉常常无法获得成功。在多方掣肘下,1909年,暹罗政府割让半岛北部的三州一市后,伊卜拉欣在绝望中只得主动提议,请求英国殖民政府向柔佛王国委派英国人担任的财政顾问官。

1912年,英国财政顾问官等一行人马从马来联邦调驻柔佛。1914年,柔佛总顾问官开始直接受新加坡海峡殖民地总督的指令,而不再向柔佛王国的苏丹负责。苏丹伊卜拉欣只得在其统治的最后时光,提出柔佛人必须穿戴马来人传统服饰,柔佛王国的政府职位要优先考虑由马来人担任这样的要求,这些文化心理意识上的标识与政府职位优先的特权,至今在马来西亚仍有其影响。就这样,华人俗称的"五州府"即"马来属邦"(Unfederated Malay States, UMS, 1914—1948),由英国殖民者从暹罗获得的北部四邦与半岛南端的柔佛苏丹国组成,这是继"新加坡海峡殖民地"与"马来联邦"这两个殖民行政体系建立后,英国在马来亚又一个新殖民体系。只是"马来属邦"不是一个集中的政治单元。这时,马来半岛全部沦为英国的殖民地。直到1948年2月1日马来亚联合邦成立,"马来属邦"的行政体系才被废止。

---

[1] Keith Sinclair, "The British Advance in Johore, 1885-1914" *JMBRAS*, Vol. 40, No. 1, 1965, p. 100.

四 第三次英缅战争与缅甸王朝瓦解

英国殖民者在巩固下缅甸的殖民统治时，念念不忘的是占领上缅甸以打通前往中国西南的陆路商道。为此，后来在1862—1867年期间担任英属缅甸最高专员，此时正担任勃固省专员的阿瑟·费尔（Arthur Phayre，1862—1867年在位），于1855年亲率使团到上缅甸收集大量情报。在整个19世纪的五六十年代，缅甸王朝谋求与法国、美国等列强建立外交关系，但是都没有成功。在这种情况下，费尔到达上缅甸与敏同王（Mindon Min，1853—1878年在位）签订《1862年贸易协定》。该协定规定：双方降低过境货物的关税，两国商人均可不受限制地在彼此领土范围内活动；缅甸国王同意英国政府派遣使者进驻首都曼德勒；缅甸国王同意英印政府派使团前往八莫探测通往中国云南的商路。五年后，英缅双方进一步签订《1867年贸易协定》，其主要内容是：再度降低关税；英国可以派遣代表进驻八莫；缅方帮助英国人建立与中国云南人进行贸易活动的关系；缅方废除对柚木、石油、红宝石之外，一切商品出口的王室垄断权。在缅甸王朝做出这些重大让步之后，1875年，英国驻缅甸的首席专员阿尔伯特·费奇（Albert Fytche，1867—1871年在位）还从仰光跑到曼德勒，迫使敏同王承认克伦尼地区的"独立"，结果使英缅关系变得紧张起来。

英缅关系恶化后，缅甸王朝与法国建立密切关系的愿望变得更加迫切。法国在夺得交趾支那后，也企图向暹罗与上缅甸扩张。这些促使英印政府想抢先一步，吞并上缅甸以满足英国商人和仰光殖民政府的要求。但是，英国在1878年和1879年相继发动第二次阿富汗战争和祖鲁战争，伦敦政府因此没有立即做出全面吞并缅甸的决策。1878年敏同王病逝，王子锡袍王（Thibaw Min，1878—1885年在位）上台后，为巩固王位大肆杀伐、消灭宗亲，使缅甸王朝内部与上缅甸秩序大乱。1879年1月，驻曼德勒的英国驻扎官因病去世，英国驻曼德勒使馆的成员全部撤离。在一片混乱之中，六神无主的锡袍王提出要求，要马上派遣缅甸使团前往印度会晤英印总督，呼吁恢复英缅友好关系。但是，英印政府阻止锡袍王使团前往加尔各答，缅甸王朝只好转而继续寻求与法国建立友好关系。1883年5月，锡袍王派出高官组成的使团前往法国，英国驻法大使则继续干涉缅法会谈。因此，直到1885年1月，缅甸与法国才在巴黎勉强而秘密地签订一纸商约，这就

· 44 ·

是1885年《缅法条约》。它规定：法国同意向缅甸提供武器并帮助缅甸训练军队；法国投资修建曼德勒-掸邦-东京的铁路；缅甸同意法国在曼德勒开设银行，并享有经营宝石开采与销售掸邦茶叶的专利权。

　　1885年《缅法条约》因第三次英缅战争的爆发而未能践行。但是，法国与英国对缅甸的争夺已经昭然若揭。1884年6月，法国完全吞并柬埔寨，下缅甸的英国商人对法国继续西进极为担心，他们在仰光集会，要求英印政府立即派军队进驻上缅甸。1885年7月1日，《泰晤士报》刊登英国商人仰光协会，致伦敦商人协会有关要求英国政府兼并上缅甸的信件，英印政府也准备不惜冒战争之险，阻止法国在上缅甸建立排他性的势力范围。在这种内外交加的催促下，柚木案成为第三次英缅战争的导火索。

　　英国商人经营的孟买缅甸贸易公司，在采伐上缅甸柚木时常常偷税漏税。缅甸最高法院鲁道于1885年8月做出判决，处罚该公司补交共计17.9万英镑的税款与罚款。孟买缅甸贸易公司不服判决，反而通过与它关系密切的格拉斯哥商会，向伦敦政府的印度事务部请愿，要求英印政府直接兼并上缅甸。这时，英国在阿富汗战争与祖鲁战争中已经获胜，法国正忙于北上侵略中国与吞并整个越南而无暇西顾，英国便利用柚木案乘势于1885年10月向缅甸王朝发出最后通牒。通牒要求：缅王接受英印总督的特使来裁决柚木案；接受英印总督派驻曼德勒的代表及其随行士兵与武装汽艇；缅甸王朝必须为英国打通由缅甸到中国云南的通商道路提供方便；必须将缅甸的外交活动置于英印总督监督下。尽管缅甸王朝忍声吞气地接受最后通牒中关于英方派驻曼德勒的代表，以及帮助打通商路等要求。但是，英印政府仍然于1885年11月正式向缅甸出兵。

　　在第三次英缅战争的敏拉要塞战役中，缅甸守军1700人抵挡不了武器精良与战术先进的英印军队。战争开始后的第十三天，英印军队就抵达了杨达波，曼德勒处于兵临城下的危急关头。1885年11月底，锡袍王及王后被英印军队押上军舰，流放到印度西海岸的特纳吉利。刚上任的伦敦政府印度事务部大臣伦道夫·丘吉尔，立马命令英印政府将缅甸宣布为英属印度的一个行省，并以仰光为其首府。伦道夫是温斯顿·丘吉尔的父亲，他在37岁时开始担任英国下议院内保守党领袖与英国财政部大臣。1876—1880年伦道夫·丘吉尔在父亲担任爱尔兰总督时，成为其父的私人秘书，他赞成爱尔兰地方自治，试图以此妙计反对爱尔兰民族自治。1885年，索尔兹伯里出任英国首相后任命伦道夫为印度事务部大臣。丘吉尔家族是一个在18世纪靠英国与欧洲国家的战争，而发家致富的贵族世家。伦道夫刚刚上任，立即通过第三次英缅战争武装兼并了缅甸中心区，并彻底摧毁缅甸王朝。1886年上半年索尔兹伯里首相辞职，伦道夫曾经追随他短暂地卸任伦敦政府印度事务部大臣一职，1886年7月，他又随索尔兹伯里首相的复出，而出任伦敦政府的财政大臣，并兼任保守党的下议院领袖。半年后，因财政部与陆军部在英国政府经费预算上的意见相左，伦道夫主动辞去财政大臣的职务，并渐渐淡出政治舞台。

1886年1月，英印政府根据伦敦政府的指示，发布公告宣称缅甸成为英属印度的一个行省。缅甸社会因封建王朝的灭亡，以及宗教与政治的分离而开始发生大变化。第三次英缅战争表面上在短短几周内就结束了，但是，缅北地区的抵抗运动一直持续到1890年，英国人最终通过系统地摧毁村庄，及任命新官员才使得反英游击活动停止。1895年，英国殖民者在上缅甸的统治基本稳定。后来，在缅甸去殖民化时代，温斯顿·丘吉尔继承其父的衣钵，以强硬的态度反对艾德礼工党政府的对缅温和政策。

第三节 沙捞越—北婆罗洲及缅甸边区殖民地的建立

一 白人罗阇统治与北婆罗洲公司形成

英国殖民者在婆罗洲建立的独立政治单元，扩大了英国在马来半岛以东的势力范围。婆罗洲是位于马来世界边缘地带的世界最大岛屿之一，1824年《英荷条约》未涉及这里。然而，这里却逐渐形成白人罗阇布鲁克家族开发的大面积的英国殖民地。当时，荷兰人同婆罗洲南部的几个苏丹国签订条约，婆罗洲西北沿海一带名义上仍属于文莱苏丹国，但沙捞越却成为新的独立政治单位，这是野心勃勃的英国冒险家詹姆斯·布鲁克（James Brooke，1803—1868年在世）自我行为的后果。老布鲁克出生于印度，是英国军人、探险家与马来世界的首位白人罗阇。少年时代他曾回英国就读于诺里茨文法学校，19岁时又于1819年回到印度，参加马德拉斯步兵团及第一次英缅战争。退役后，他周游印度与中国，并在1834年组织印度群岛贸易考察团。1835年，詹姆斯·布鲁克继承大笔遗产，1838年他驾驶武装快艇"保王号"来到新加坡。离开新加坡时布鲁克携带新加坡殖民政府长官写给文莱统治者的信，去寻找所谓的"改革马来社会"的梦想之地。当布鲁克发现文莱统治者已经衰败，在沙捞越河谷马来王公及达雅克人的反叛日渐发展时，就协助文莱苏丹镇压叛乱，因此得到苏丹的回报，即每年500英镑的酬金与一块封地。这块封地后来被称为"沙捞越第一区"。1841年，布鲁克被授予"沙捞越罗阇"的称号，从而成为白人王公。1843年，他占领了沙捞越，次年在征得文莱苏丹同意后，又指挥英国炮舰镇压海盗，企图在未获得英国政府同意下，把沙捞越变成名义上的英国保护国，实际上则是自己的家族领地。

从1845年起，文莱苏丹把拉布安岛（即纳闽岛）让予英国人做汽轮装煤站，詹姆斯·布鲁克成为拉布安岛的首任总督，以及英国在文莱苏丹宫廷的代理人，他继续往婆罗洲腹地推进，以扩大布鲁克家族的领地。1846年8月，布鲁克与文莱苏丹奥马尔·赛福丁二世（Omar Ali Saifuddin Ⅱ）签订《文莱割让沙捞越协定》。该条约确认：文莱苏丹将沙捞越连同从达图角到萨马拉汗河口的领土，都赠予沙捞越罗阇布鲁克，由他在不受苏丹干预情况下自行统治，其后裔只要支付文莱苏丹4000西班牙银元，就可以继承沙捞越的统治权。1847年5月，两人又签订《文莱—英国条约》。该条约规定：苏丹确认1845年向英国割让的拉布安岛，与邻近大小岛屿及其海域的永久性，保证未经英国的同意，不向其他国家及其臣民割让其中任何部分。1853年，布鲁克又与文莱新苏丹阿卜杜尔·莫敏（Abdul Momin）签约，确定前苏丹赛福丁割让的沙捞越领地，布鲁克可以随意转赠自己家族的后裔或他人，只是继承人都必须向苏丹支付4000西班牙银元。此类协定一签再签，布鲁克家族在沙捞越占有领地的面积也越来越大。根据1885年的约定，文莱苏丹得到的补偿增加到6000西班牙银元。

1847年，詹姆斯·布鲁克被英国政府委任为英国驻婆罗洲的总领事，第二年被封为爵士。1853年，文莱统治者又以收取1500英镑年金的代价，将伊班族占据的主要地区转让给布鲁克。1857年，詹姆斯·布鲁克残酷镇压沙捞越石龙门华人起义后，指定其外甥查尔斯·布鲁克（Charles Brooke，1829—1917）为继承人，自己便回到英国。布鲁克家族在沿海的马来人小村落古晋设立沙捞越首府，统治这一地区直到第二次世界大战爆发。1860年，在伦敦政府不干预政策下，布鲁克家族又以给予文莱苏丹年金4500英镑的代价，吞并穆卡河流域及奥卡等盛产西米椰子的地方。西米椰子粉浆在工业化国家纺织业发展中不可或缺，获得这块领地的重要性可想而知。1863年后，伦敦政府原则上承认布鲁克家族的领地，独立于文莱苏丹保护国之外。伦敦政府与布鲁克家族的互认与联系，有助于强化婆罗洲西北部与马来半岛的殖民地联合关系。婆罗洲当地居民大部分不信奉伊斯兰教，但是，第二任白人罗阇查尔斯·布鲁克骄傲地说，"无论沙捞越的旗帜在哪里树立英国的利益都居于第一位。"① 查尔斯·布鲁克的统治时间是1868—1917年，在他于1917年去世后，其子维尼尔·布鲁克（Vyner Brook，1874—1963）从1917年统治沙捞越直到1946年。这样，三代白人罗阇在沙捞越的殖民统治一共延续了105年。所以，人们才把马来亚历史上这种家族制的殖民统治，称为布鲁克家族的"白人罗阇王国"。

获得沙捞越后，詹姆斯·布鲁克的政策是：赦免叛乱的马来王公，并让他们担任权力有限的行政官员，部分地保留土著首领的权力；在废除奴隶制度与镇压海盗方面，沙捞越政府和海峡殖民地与伦敦政府始终保持一致，他们利用英国海军的炮舰、马来首领的协助，并团结伊班人中的盟友，镇压进行掠奴与海盗活动的伊班人；沿着巴塘卢帕、沙里巴斯、希克兰三条河流的沿岸修建欧式城堡，强制马来人迁入定居，以此堵塞伊班人通往海洋的道路；为了实现发展英国贸易又不牺牲土著人利益的理想社会，詹姆士·布鲁克允准使用华人劳工，由英国商人接管锑矿开采，组建从事西米椰子贸易的婆罗洲公司。华人的技术、经验与勤劳，沙捞越与新加坡的贸易联系，形成沙捞越经济发展的支柱，改善促进了沙捞越落后经济状况。布鲁克家族统治的沙捞越对英国最重要的贡献是，它确保了英国对华贸易重要海洋路线的畅通。

沙捞越政府与海峡殖民地政府不同的是，前者更强调布鲁克家族统治者的个人权威，以及殖民活动要尽可能不引起土著社会的大变动；后者基本上发展成为英国人为主、马来人为辅、华人参与的集体政治建制。但是，在根据种族和职业来区分居民的作用及其社会等级方面，布鲁克政府与海

---

① ［澳］芭芭拉·沃森·安达娅、［澳］伦纳德·安达娅：《马来西亚史》，第153页。

峡殖民地政府是一致的：在沙捞越，布鲁克家族以语言和文化为基础，将居民分为三类：中国人进行贸易、采矿与耕种，在经济发展中占据主导地位，但不能与欧洲人发生竞争关系；根据英国人长期奉行的参政与经商不兼容的观念，在行政机构任职的马来人不得从事经济活动，其他马来人和土著人则从事农业生产，种植水稻和其他经济作物；伊班人居民大多数成为沙捞越殖民政府的骑兵或警察。这种沿着种族界限划分的职业集团，在詹姆斯·布鲁克开发沙捞越时基本上形成。

这样，在沙捞越和海峡殖民地政治权力掌控在英国人为主的白人手中，土著上层被吸收进政府机构。1867年，布鲁克临终前创立了有着模糊咨议权力的、由伊班人首领、地位较高的欧洲人与马来官员组成的沙捞越议会（Council Negeri）。实际上，这是在当地传统的长屋议事厅与家族认同的基础上，培养沙捞越居民效忠于布鲁克"中央"政府的观念，当然也存在沙捞越白人罗阇模仿海峡殖民地统治机构的因素。詹姆斯·布鲁克去世后，沙捞越正式并入英国殖民地势力范围。这样，现代马来西亚的疆域轮廓，尤其东马来西亚在婆罗洲的领土范围初具雏形。此前马来统治者们，包括马来半岛与北婆罗洲的土著统治者，大多通过家族纽带和感情来维系，很少被限定在固定的政治地理范围内，更谈不上打造民族国家的领土疆域与认同意识。

在19世纪最后二三十年里，值得注意的还有，通过在北婆罗洲建立特许公司，英国在婆罗洲的殖民地范围得到进一步的扩大。位于苏禄和北婆罗洲之间的海道，是通向中国和澳大利亚的海上运输要津。此时，法国在印度支那的地位得到加强，它控制了另一条对中国进行贸易的路线，荷兰人又不断地在婆罗洲西南地区扩张。英国殖民者还担忧西班牙、美国、德国殖民者插手婆罗洲。这些因素促成英国在北婆罗洲即现今沙巴地区的殖民机构，以"王室特许公司"的方式获得领土并行使统治权力。这种以公司治理进行殖民统治的方式，在东南亚绝无仅有。

早在1865年，美国驻文莱的领事克劳德·摩西（Claude Lee Moses）从苏丹那里获得北婆罗洲一块为期10年的租让地，并转手卖给在中国香港经商的美国人约瑟夫·托雷（Joseph W. Torry），这样婆罗洲美国公司得以建立。1875年，奥地利驻中国香港的总领事古斯塔夫·冯·奥弗贝克（Gustav Van Overbeck），向英国商人阿尔弗雷德·登特（Alfred Dent）筹集

1万英镑，收购了这个不赚钱的美国公司。1877年，登特在英国外交部的暗中支持下，通过奥弗贝克的斡旋，与文莱苏丹协商，以每年向苏丹支付15000英镑的代价，买下一块面积为1725.2万公顷的无限期租让地。1878年，登特又和奥弗贝克一起，以每年支付5000英镑年金的代价，从苏禄苏丹获得北婆罗洲及其三海里以内所有岛屿的土地。1880年，奥弗贝克将自己的股权转让给登特。这样，英国殖民政府开始在山打根任命驻扎官，并使英国的国旗与登特家族的旗帜一起飘扬在山打根港口的上空。

1881年，北婆罗洲公司在伦敦政府获得特许权，并得到英国王室的保护，改称为"英属北婆罗洲特许公司"（British North Borneo Chartered Company）。1888年5月，英国政府与英属北婆罗特许公司在伦敦正式签订《北婆罗洲保护邦协定》。该协定规定：北婆罗洲领土为1881年颁发公司特许证时规定，以及公司已经获得及将来获得的领土，这些领土在英国保护下由公司管理；英国有权在上述领土的任何地方设立领事馆，并使英国臣民及其商业及航运业经营者享受最惠国待遇；北婆罗洲与外国的关系由英国政府处理，公司不得擅自割让任何领土予以任何外国的国家和个人。

1891年6月，英国首相兼外交大臣索尔兹伯里勋爵，与荷兰特使德·比兰德签订1891年《英荷协约》，使两国在婆罗洲的领土划界合法化，为现今东马来西亚与印度尼西亚加里曼丹在婆罗洲的陆地分界线奠定基础。这种扩张看上去是一个特许公司的成立与运作，一个特许公司的领土占有及其扩展，实际上是以牺牲英国保护国文莱的利益而形成的一种独特的新殖民体系。到了1909年，英属北婆罗洲特许公司的领地已经囊括现今巴沙州的大部分地区。而且，即便沙捞越的布鲁克家族想向北婆罗洲扩张也不得其所。到了20世纪初，布鲁克家族统治的沙捞越在面积上已是其创建人詹姆士·布鲁克，最初从文莱苏丹赎买而获得的领地的20倍。英国殖民部官员说，北婆罗洲和沙捞越的行政管理将与英国在马来半岛的管理奉行同样的原则。①

二 英国对缅甸边区的侵入

缅甸山区少数民族的分布与缅甸的地形地貌有关。缅甸的山脉与河流

---

① Nicholas Tarling, "Britain and Sarawak in the Twentieth Century" *JMBRAS*, Vol. 43, No. 2, 1970, p. 28.

基本上呈现从北向南纵向分布的状态，从北部高地区向南部低地区沿其母亲河伊洛瓦底江逐渐延展。国内地形可以简单地分为三大块：西部与东部是山地或高原，中部是宽广的平原。在西部山地，其北部是海拔 3500 米的巴开山，向南延伸是最高海拔 3000 米以上的阿拉干山（又称"若开山脉"），阿拉干山脉一直伸展到孟加拉湾沿岸。在这两座山脉之间有着地势稍低、海拔约 1500 米的曼尼坡高地。缅甸东部高地在地理上总称为掸邦高原，海拔平均为 1000 米左右，其海拔最高处达 2400 多米。掸邦高原西部与缅甸中央平原相连的地方，地面沉降形成极度陡峭的山壁，这条悬崖峭壁从北向南延绵六七百公里，有些地方甚至比平原高出 1000 米。这一自然阻隔，造成缅甸掸邦高原与中央盆地，在政治、经济与文化发展上一体化的障碍。掸邦高原本身充满深凹的谷地与高耸的山峰，其南面是有着许多平行山岭的克伦尼邦，再往南则是绵亘于缅甸东南部的丹那沙林山脉。

缅甸人口分布的特征与中央平原区、东西两侧山区高原为主的地形，在格局上基本一致：十之七八的缅族人口居住在中央平原，到了独立后的 20 世纪 50 年代初中央平原人口密度达到 50 人/平方公里。在山地与高原人口稀疏。例如，在掸邦高原中部与南部，在密支那周围的高原、山地与丘陵地带，以及在与印度接壤的西北部山区与半山区，即亲墩江中上游流域地区，同时期人口密度不足 10 人/平方公里。在缅甸南部与泰国交界的狭长地带和阿拉干山脉等地，人口密度在 10 人/平方公里到 30 人/平方公里之间。山区少数民族绝大多数居住在人烟稀少、交通闭塞的地方。

19 世纪以前，缅甸的政治中心位于干燥地带中心的曼德勒。在以内河航运为主要交通途径的前殖民地时代，由于伊洛瓦底江及其支流的作用，从曼德勒到达缅甸东西南北各地的交通十分便利。对外交通的口岸以位于伊洛瓦底江三角洲西部的勃生为主。这样的自然地理与人文环境，使得缅甸少数民族山区相对于中央平原区，在历史上一直处于交通不便、政令不达、远离城镇、文化落后、自成一体、互不通达的局面。它们在经济社会发展、政治管理方式、传统文化教育方面，都与中央平原地区存在很大差异。

在这种情况下，英国殖民者与西方基督教文化的到来，对山区少数民族而言是一把双刃剑。"直到 19 世纪 70 年代英国占领缅甸大半国土时，掸族与缅族仍经常互相征伐。缅族与掸族之间并没有实质上形成统一的多民族国家，政治、经济制度和文化发展已经存在很大的差异。"① 更何况，对于第二次英缅战争英国国内不是没有异议的，无论在议会辩论还是在媒体舆论方面，都有人指责这是英国殖民史上最昂贵的战争，并以此对达尔豪西侯爵的做法提出弹劾。英国历来是一个精于计算利益得失的商业民族，19世纪80年代在东南亚其他地方诸如马来半岛、沙捞越等地殖民地的统治方式上，英国殖民者都追求投入少、收益多的效果。在英国殖民地在全球广为分布，英国的人力、物力与军事力量无法支撑的情况下，最能使其利益最大化的当然是通过使用现有统治机构和传统土著上层来获得利益。所以，在征服缅甸少数民族边区后，利用传统土司制度等进行殖民统治不失为一种便利选择。

缅甸少数民族的分布大体如下：居住在掸邦高原的掸族，以及分布在掸邦高原以南的克伦族，在缅甸总人口的占比中，大约都在10%，只是克伦族居住的地区历史上称为"克伦尼地区"。除此之外，在中部勃固山以及南部丹那沙林地带，也有一部分克伦人居住。北部山地的人口以克钦族为主，尤其是在八莫以北的山区，八莫以南也有一部分克钦族人居住。克钦族主要分布在缅甸、中国、印度三国接壤的边境地区，大部分居住在亲墩江和伊洛瓦底江的上游，一直有着反抗英殖民者与日本占领军的传统。而且，克钦族因勇敢善战、居住山头而被称为"山头人"。钦族居住的地方在伊洛瓦底江以西的曼尼坡高原与阿拉干山脉，钦族部落复杂、语言分支细密，居住在相邻河谷的钦族居民间都很难用方言沟通。其他各种土著少数民族的居住地，小块小块地分散在缅甸西北部、掸邦高原东北角，有的也和缅族杂居。克耶族大多居住在缅甸东南部，其习俗、语言都与克伦族相通。克耶族中的平原居民大多信奉佛教或基督新教，山区居民多信奉拜物教。现今的克耶邦在上缅甸的东部，北与掸邦、东南与泰国、西南与克伦邦接壤。这里盛产柚木，且萨尔温江贯穿全境，南部茂奇有着世界上最大的钨矿和不少的锡矿资源。总之，伊洛瓦底江流域和缅甸最南部与泰国相邻的狭长地带，是缅族与被涵化的孟人的主要居住地，西部和东部的山区与高原则是缅甸少数民族的主要分布地区。"缅甸山区少数民族"的提法与

---

① 祝湘辉：《试论英国殖民时期缅甸掸邦统治制度的变迁》，《南洋问题研究》2009年第4期。

这样的地理分布状况相关。"山区少数民族"一词，基本上是指掸族、克伦族、克耶族、克钦族、钦族等。

英国殖民者在第三次英缅战争后，很快于1886年底拟定征服缅甸山区少数民族的计划，制定了利用当地土司、头人、酋长进行间接统治，以减少殖民政府开支的重要策略。其中的第一个目标是掸邦：1886年11月，英国远征军进军掸邦，1887年6月，远征军迫使掸邦南部的林彬王子，以所谓的优待条件向殖民政府投降，1888年1月，英军又占领掸邦北部，1890年远征军征服掸邦的最后一个地区即景栋。

克伦族主要分布在现在缅甸行政区划中的克伦邦，有一部分克伦族人分布在克耶邦、卑谬和南部沿海的丹老等地，根据居住地区的地理特点而被分别称为"山区克伦人"与"平原克伦人"。这种划分大概与东、西克伦尼的地理区分相近。一般来说，"平原克伦尼"或者说"西克伦尼"被缅族涵化的程度较高，所以他们与缅族和其他民族容易相处。第二次英缅战争后，英国就于1857年将西克伦尼地区置于其保护之下，1875年敏同王在殖民政府的压迫下，不得不承认西克伦尼地区的"独立"地位。第三次英缅战争后，英印军队于1887年中期开始进攻东克伦尼地区，1889年英印殖民当局向当地的谬沙强行索要宗主权、贡赋和赔款，都未得结果，英印军队就直接占领东克伦尼的中心城镇苏伦，并另立亲英的克伦尼头人，从而控制了东克伦尼地区。

至于克钦山区，1889年1月，英印军队开始与强悍的克钦人武装部队反复交火，直到1890年4月，英印军队攻占克钦人重要城镇温左，迫使克钦人反抗首领逃到中国云南的昔马，这才征服了克钦山区。对于更加彪悍善战且完全生活在高山深谷的克钦人，1888年底到1889年初，英印军队出动3000士兵的现代武装部队，才攻下尚处于原始部落发展阶段的克钦人中心区。直至1895年英国初步稳定了上缅甸的殖民统治，并主要通过各种各样的军事占领手段，控制了缅甸少数民族居住的绝大部山区与高原。

1852年第二次英缅战争后，虽然英国殖民政府在伊洛瓦底江三角洲开辟了新的港口仰光。但是，缅甸东北部的山区少数民族很难使用伊洛瓦底江流域的内河航运。他们的居住地区大多分布在地势高险、河流稀少的地方，只有纵贯掸邦高原，流经毛淡棉，最后注入安达曼海的萨尔温江，与缅甸东北部的山区少数民族的生存密切相关。但是，萨尔温江流经之地不是深山峡谷，就有急流险滩。在19世纪末20世纪初，萨尔温江除了其下游到毛淡棉约100公里的江面，能够使用小型轮船航运之外，其余部分大多只能使用简易木筏开展运输活动。萨尔温江下游缺乏广阔的平原，水位季节性变化很大，航运价值不大。在陆路交通不发达、内河航运对交通运输起重要作用的时代，鉴于山区少数民族难以与中部平原的缅族，保持经济社会发展步伐一致的地理原因，以缅族文化为主的缅甸文化，对山区少数民族也很难产生较大影响。

这样的地形地貌、人口分布特征，及少数民族山区与中央平原交通阻隔，使山区少数民族在缅甸的历史发展中，长期处于不利的地位，甚至成为被遗忘的角落。在前殖民统治时期，他们各自为政、互不交往的情形可想而知。这种状况在19世纪下半叶和20世纪上半叶的英国殖民时期，并没有得到太大的改善，反而形成英国殖民者利用不利因素，使少数民族地区的殖民统治体系自成一体的基础。

许多学者认为，封建时代的缅甸国家可以依据缅甸王朝的政治辐射能力，分为从中心区到边缘区的三个圈状的区域：地处干燥地带并围绕首都曼德勒-阿瓦的中心圈；以缅族和涵化了的孟人为人口主体的外围圈；以及主要由缅甸西部、北部、东部三个边区的少数民族人口构成的边缘圈。这三个圈状区域在接受缅甸王权政治统治方面逐次递减，它们与缅甸王朝统治集团的关系也渐次疏离：核心圈有着人造的水利工程、发达的农业经济、最高的人口密度、完善的行政体系，是缅甸王权可以完全控制的区域；外围圈由核心圈以南、锡唐河沿岸及其三角洲地区组成，它依附于中央行政系统，主要由缅甸王朝任命的谬温和世袭头人管理；边缘圈实际上仍然通过传统的朝贡体系，勉强维持着少数民族统治者与缅甸王朝中央政府的关系，是缅甸王朝统治鞭长莫及的化外之地。[①] 这些化外之地在英国殖民者侵入缅甸边区的过程中，反而成为被殖民者抗衡中心区的所谓"规划区"。

对于英国殖民者在缅甸少数民族地区，实施的分而治之和间接统治的政策，1886年10月，达菲瑞爵士写给伦敦政府印度事务部大臣的信件使之昭然若揭。在信中，达菲瑞提到自己倾向于对缅甸边缘山区采取与对待中

---

① 祝湘辉：《试论英国殖民时期缅甸掸邦统治制度的变迁》，《南洋问题研究》2009年第4期。

心区不一样的政策。他说,掸邦、克钦族和其他山地部落的居民,在世袭头人的统治下生活,头人的权威足以维持那里的统治秩序,我们不需要像在中心区那样直接对付分散的民众。对于这些以道德戒律和传统习俗,进行统治的个体统治者而言,获得他们的忠心将会使我们很快看到希望的事情发生,所有的征兆都表明这不是困难的任务。① 在这种殖民政策的实施中,英国人对克伦族的同化即为显例。

克伦族在缅甸各少数民族中人口最多,居住地区分散且支系众多,主要分布在北起英莱湖、南到克拉地峡的缅、泰边境地区。而且,克伦人与其他民族混居程度很高。所以,生活在任何地方的克伦人都不可能在地区人口比例中占多数。这种大杂居、小聚居的居住方式,对克伦人的民族认同产生消极影响。19世纪以前,克伦人没有本民族的文字,大多数人口信奉万物有灵论。英国人与美国人带来的基督教信仰与英语教育,在一定程度上侵蚀了克伦人的原始宗教信仰,有利于加强克伦人所谓的民族意识。第一次英缅战争后,传教士开始在克伦人中传播基督教,并为克伦人创制拼音文字,使得克伦人在宗教信仰上与缅甸主体民族信奉的小乘佛教更加抵牾。克伦人在语言与文化上与缅甸主体民族的分离,客观上成为通过缅族主体文化传播,使缅甸的社会文化走向统一的障碍。1928年,克伦人的首领、浸洗礼派信徒山科罗姆比伯提出成立克伦国的主张。② 1948年缅甸独立后,克伦族也提出独立建国的要求,并于当年组织反政府的军队,即克伦民族防卫组织。这些延续至今的分裂因素,与历史上缅甸就存在的民族分裂有关,也与英国对缅甸山区少数民族的文化侵略与间接统治密不可分。

总而言之,倘若对英国在马来亚与缅甸的殖民地形成过程及其背景进行比较。那么,首先,马来亚殖民地与缅甸殖民地的形成,与英国自身所处的发展阶段不太相关。马来半岛最早进入英国人的视野,是在英国工业革命早期及其开始成为世界工厂时期发生的。那时,崇尚自由主义商业贸易和需要向海外寻找工业产品市场的理念,以及力图控制世界商贸路线中扼全球海运咽喉的马六甲海峡的企图,自然成为英国急于开发马来半岛的

---

① 张旭东:《试论英国在缅甸的早期殖民政策》,《南洋问题研究》2003年第2期。
② 曾少聪:《东南亚国家的民族问题——以菲律宾、印度尼西亚、泰国和缅甸为例》,《世界民族》2008年第5期。

动力。所以，在起始时期是英国的商业主义和工业主义开启了它对马来半岛的征服。此后，商业主义与掠夺大锡、橡胶等资源主义结合，使英国不断加强在马来半岛与沙捞越建立新殖民地的行为。这样，英国在马来亚进行殖民活动的早中期，理念上的推动力是商业主义、工业主义及资源掠夺的结合。

  对于缅甸，当英国殖民者把目光转向中南半岛时，适逢英国工业革命进入中后期，这时它成为了真正的世界工厂。英国制造产品需要扩大海外市场、制造业需要寻求更多的原材料，英国本土与英印帝国人口飞速增长，都对英国和英印帝国的经济与社会造成巨大压力。在英印帝国向东的扩张中，起始时期殖民者宣称是为了保护英印帝国的边境安全，实质上是在实施领土扩展的行径，也包含为英国本土制造业产品寻找更多海外市场的目的。但是，领土扩张为其要务，商业贸易为其附加。第二次英缅战争后，英国吞并下缅甸，解决了在领土扩张基础上，把英印帝国的剩余人口迁徙至下缅甸的部分问题，实现了领土扩张的一个目标。随着下缅甸生产的稻米，以及缅甸中心区出产的柚木、石油与矿产等资源出口的迅速增长，资源开发与出口带来的红利，才使英国殖民者把资源掠夺作为重要目标之一。英印帝国要开发通向中国西南的商业陆路的渴望等，使第三次英缅战争的爆发及其后对少数民族边疆地区的侵略不可避免。第三次英缅战争使缅甸作为一个主权国家的地位不复存在。可见，对于缅甸的侵略是英印帝国的领土、资源、商业贸易与人口迁徙等复杂因素共同作用的结果。

  就第三次英缅战争爆发的原因而言，其主要在于：其一，英国人需要上缅甸的柚木、红宝石、石油与其他金属矿产，到19世纪末这些资源在世界市场上的价值不断上升；其二，1842年《中英南京条约》签订后，英国人逼迫清政府在中国东南沿海与长江沿岸开放通商口岸。但是，对于地域广袤的中国，这些口岸不足以使英殖民者占领中国内陆地区，尤其是中国西南地区的市场与资源。自古以来，缅甸就是从印度通往中国与印度支那的必经之道，要从陆路进入中国西南，必须占领缅甸北部，所以，英国在侵占上缅甸时，真正指向的是中国云南及其周边地区；其三，在历史上上缅甸一直是缅甸王朝统治机构所在的腹地，征服上缅甸等于使东南亚大陆上中央集权和社会文化一体化程度最高的国家彻底消亡。尽管政治影响在表面上历来不是英国殖民主义者追求的目标，但是，在缅甸2/3的国土落入英印帝国囊中后，英印帝国的政治威慑力自然大大加强。这与正在东南亚大陆扩张的法国殖民势力形成一种抗衡力量。

其次，在英属马来亚殖民地与英属缅甸殖民地建立的过程中，殖民者使用的手段不一样。在英国对下缅甸与上缅甸的吞并中，不存在第一次英缅战争后签订《杨达波条约》之类的行为，而完全是在英国炮舰政策下英印帝国的肆意挞伐。这种行为方式与英国殖民者在马来亚，对苏丹国大都是通过殖民政府与马来统治者签订双边条约来获取殖民地的方式不同。倘若说英国在发动第一次与第三次英缅战争时还寻找借口以便师出有名。那么，第二次英缅战争完全是英印政府单方面无端的侵略行为，这一点连英国国内也存在对时任印度总督达尔豪西侯爵的质询。对于第二次英缅战争的发生，达尔豪西侯爵建功立业的狼子野心，及其急功近利的军事与政治手段起了至关重要的作用。

第三，倘若从殖民者行为体的组成来看，缅甸与马来亚殖民地形成过程中的主要行为体，及其形成时间的长短也有一定的区别。与马来半岛、沙捞越与北婆罗洲，被英国一步步殖民化的上百年相比，英国对缅甸的吞并是在六十年间，通过三次历时不长但规模较大的战争完成的。在对缅甸进行殖民征战中，侵略战争的始作俑者都是英属印度殖民政府的总督、军事将领与东印度公司中的强权殖民主义者，官方军事活动的色彩浓厚得多。在马来亚英国殖民地形成的过程中，其行为者虽然也有英国军官，但是英国商人、退休殖民官员、探险家的活动也不可忽视，主要是他们主要采取胁迫、利诱、利益交换等手段达到目的，他们在马来半岛、沙捞越、巴沙落入英国殖民体系的近二百年的历史中，扮演着各种各样的角色。在马来亚被殖民的前期活动中，东印度公司及其商人与雇员扮演重要角色。在马来亚的后期殖民活动中，海峡殖民地政府与伦敦政府扮演重要角色。就英国政府和英印政府的指令而言，在蚕食马来亚方面不像在侵吞缅甸那样整齐划一、令出一体。这一点使马来亚殖民地的建立体现了殖民地形成过程的更多性状和更多的时间。可见，在马来半岛与缅甸进行殖民活动的英国人，在所处时代、行为体组成、目标所向与所用手段上有一定的差异。

这些差异性成为独立后两个国家发展道路分道扬镳的因素之一。反之，马来亚与缅甸殖民前历史的差异，以及海岛东南亚与大陆东南亚地域特征的差异，也对马来亚与缅甸这两个英国殖民地国家的形成产生影响。被殖民前缅甸至少在其中心地带处于一个王朝、一种宗教的统治之下。在马来亚，伊斯兰教在一定程度上作为主流宗教对凝聚马来人民族心理起作用。但是，各行其是的苏丹国与罗阇领地基本上在政治及经济上互不关联。所以，当英国人在不同时期面对缅甸与马来亚的不同情况时，采取的殖民地建构方式不尽相同：对于缅甸英国人通过三次战争，以摧枯拉朽的方式把一个中央集权的王朝彻底毁灭，其间虽签订极其少量的双边条约，但是，这对于彻底废黜一个王朝和全面占领缅甸国土而言，要么是一种幌子，要么作用微乎其微。所以，在缅甸王朝终结后，英印帝国在这片土地上开始直接统治；只有在少数民族边区，才会通过与少数民族上层建立不平等的关系来实施间接统治。在马来亚，英国很少使用军队对付各个苏丹王国，只是必要时以武力威慑介入苏丹王国的纷争。同时，几乎从开始殖民到英属马来亚的成立，在不同情况下签订的不平等双边条约，使苏丹王国一个个被蚕食，连片形成现代马来西亚的领土。

尽管有上述不同，但在对殖民地进行分而治之方面，英国殖民者在马来亚和缅甸是一致的。不干预或者说间接统治至少在表面上是英国殖民主义的常态。总的来说，1885年，缅甸发生的武装侵略与王朝覆灭，是英国殖民者的非常规形态。而且，英国殖民者在对待前荷属海岛地区、马来半岛大部分地区、暹罗与文莱的态度，基本上遵循不干预与间接统治的政策。

从1786年英国人占据槟榔屿到1914年马来属邦的建立，历经近一个半世纪使整个马来半岛成为英国殖民地，使与半岛隔海相望的沙捞越与沙巴成为英国殖民统治的势力范围，只是它们被分割为：最早于1826年成立的沿马六甲海峡的海峡殖民地；1896年由半岛中部四个被保护苏丹国组成的马来联邦；由1909年暹罗割让的马来半岛北四州和南部柔佛组成的马来属邦；在婆罗洲，英国的殖民地则由白人王公布鲁克家族统治的沙捞越，与直属英王的北婆罗洲公司管理的沙巴洲组成。文莱苏丹国也成为英国的保护国。尽管进入英属马来亚殖民主义体系的时间与方式不一样，尽管在对待各个殖民地方面英国伦敦政府与殖民地政府的管理方式有区别，但是，英属马来亚殖民地的共同点是"领土边界没有反映出存在忠诚于任何中心的一种共同意识，各个组成部分之间的社会、经济差别常常是极为突出的"①。尽管如此，缅甸殖民

---

① ［澳］芭芭拉·沃森·安达娅、［澳］伦纳德·安达娅：《马来西亚史》，第241页。

地的共同属性是由缅族文化与小乘佛教体现的本原性组成，马来亚殖民地的共同属性是由马来语与爪夷文，以及伊斯兰教信仰体现的凝聚性组成；前者更加坚固，后者逐渐建构。两者都成为去殖化时代和现代民族国家建构的共同心理意识。

第二章 马来亚与缅甸：英国殖民政策比较

第一节 马来亚与缅甸的政治制度构架及其发展

一 关于"直接统治"与"间接统治"

首先，在政治结构和制度变化方面，研究的困难在于只要讨论英国对东南亚殖民地的政策，就至少会涉及三个层面的机构：第一层为伦敦的英国政府，即我们常称的"伦敦政府"，其中起主要作用的是印度事务部和殖民地事务部；第二层为英属印度的殖民政府，即我们常称的"英印政府"或"加尔各答政府"，在这里印度总督、印缅事务部、东印度公司都在起作用；第三层是殖民地的当地政府，诸如海峡殖民地的新加坡政府、马来联邦的吉隆坡政府、缅甸的仰光政府等。它们之间在理论上和原则上，是一种相互隶属的层级关系。但是，在实践中也有政令不畅、各行其是、相互抵牾的时候。对于有着"自由主义""妥协政治""利益至上"之政治文化传统的英国人来说，承认现实利益或者在事后默许也是常有之事。

除了涉及这三种不同层面的统治机构外，还要涉及不同时期、不同理念、不同情志与不同行为的殖民者当事人，诸如马来亚殖民前期的莱佛士，沙捞越的白人罗阇布鲁克，以及英属马来亚时期的瑞天咸；第二次英缅战争中的达尔豪西侯爵、第三次英缅战争前后的查理斯·伯纳德与克罗斯威特，双元政治时期的斯宾塞·巴特勒，以及印缅分治后的多尔曼—史密斯等等不一而足。而且，上述三个层面的殖民政府与形形色色的殖民者，在不同的殖民地点、不同的时间节点会使用不同的做法。他们的理念与行为有时一致而有承续性，有时是相互矛盾的。但是，在多数情况下是相互影响而共同作用的。上文马来半岛逐步被英国殖民者囊入怀中的过程里，更多的是新加坡殖民政府取代伦敦政府成为最重要的推手；在沙捞越则是詹姆斯·布鲁克及其继承人查尔斯·布鲁克是政策制定者；在最后加入英属马来亚的马来属邦，马来统治者保持了更多的政策制定权力。在英国人通过三次战争一步步侵吞缅甸的过程中，英印政府尤其是印度总督起关键作用。他们不仅是战争的推手，也是战争的执行者与最大受益者。而受西式教育的缅甸社会中上层的作用，尤其是双语知识分子的作用在过去研究中没有给予充分重视，是今后应该加强研究的部分。

其次，在统治方式上虽然有"直接统治"与"间接统治"的区分，但是，要对两者在时间、地域上进行严格划分很难。"直接统治"是由康沃利斯爵士在印度首先尝试，由斯坦福·莱佛士在东南亚推广的方法。莱佛士于1811—1816年担任爪哇总督时开始进行实验，1819年后在新加坡开始直接统治体系的建设。莱佛士是英国在远东殖民地的重要奠基人之一，1804年23岁时就到槟榔屿殖民政府任职，时任印度总督的明托勋爵十分赏识其政绩。1811年莱佛士随明托率远征军登陆爪哇，成为爪哇的代理总督，他对荷兰东印度尤其是爪哇的殖民地制度实施大量改革，以改善土著人的生活条件。这一时期的改革与新加坡建港后莱佛士建立警察部队和行政机构，制定临时法典与创办莱佛士学校等举措，在他本人的殖民理念与行动上一脉相承。

到了19世纪末，"直接统治"在实施过程中的种种弊端使人们认为"间接统治"更具"人情味"，因为它缓解了经济自由化对发展落后的殖民地的冲击，避免了当地人对殖民国家法律条文的敌对情绪。在东南亚殖民实践中，直接统治与间接统治的区分没有后人从理论上界定得那样严格。例如，英国对马来半岛国家的统治可以被称为"间接统治"，但是，其侵略性仍然显而易见。而且，海峡殖民地基本上是直接统治的典范。所以，在简单的两分法之下，这两个理论术语包含实际操作的多样性。无论归属于哪个范畴，殖民制度也在当地的具体条件与具体时间中发生变化，随着殖民地政府承受的压力与殖民地经济利益的变化而改变。

从广义上说,"间接统治"意味着存在当地统治上层与外来殖民政府的合作关系,传统制度连同统治上层在被殖民政府部分保留。但是,在这种合作中,双方地位含糊且不平等,具有妥协和矛盾的特征。早期的殖民政府要依靠当地首领,以及他们与当地社会各阶层间的庇护与依附的关系。在马来亚,英国人通过与苏丹等首领签约来推行驻扎官制度,使英国殖民者通过人事安排进入当地统治者圈子中,驻扎官表面上以提供建议的借口而存在。到了19世纪80年代,驻扎官已经掌控了制定法律、征集税收、干预外交、管理治安等实际权力,并奠定了现代国家政治管理制度的基础。在这个过程中,马来统治者在诸如宗教与习俗问题方面具有一定的决策权,得以在传统统治范围内彰显自己的"合法性"。这样,殖民统治机构逐渐成为吸纳传统统治者,但殖民者政治权力不断增大的上层建筑。

在"直接统治"下,殖民者把欧洲统治方法和西方法律制度生搬硬套到东南亚,取代原有统治方法和传统律法,君主政体、王朝官员、地方首领等旧政权及其支持者均被废除,行政区划被重新界定,全新的制度被引进,个人与社会的关系、社会与国家的关系、国家与国家的关系,甚至社区的政治与文化,都可能被重新界定。但是,在东南亚殖民的实践中,完全由欧洲人组成的政府不存在,可见彻底的直接统治很难生存。

直接统治与间接统治有时随着环境的不同,包括时间与空间的变化而交替存在。例如,直到1942年,英属马来亚仍然是两种统治方式混合使用的地方,存在着英国王室直辖并进行直接统治的海峡殖民地,也存在间接统治下的马来联邦。在马来联邦,尽管实际权力大多掌握在吉隆坡中央政府及其派驻各邦的驻扎官手里。但是各邦苏丹仍然存在,并在统治机构中分享一部分权力。在英属马来亚,称为"马来属邦"的另外五个邦,处于更加间接的统治方式下,不仅马来统治者保留了自己的统治集团,英国顾问官的权力也远远无法与驻扎官的相比。婆罗洲北部可以归属为"间接统治",但是,沙捞越处于白人罗阇布鲁克家族的统治下,沙巴处于通过英国王室特许证而获得合法性的北婆罗洲公司控制下,文莱则是一个被保护的摄政政体。[①]

可见,直接统治与间接统治的区别,在某些情况下是法理上存在而不

[①] [新]尼古拉斯·塔林主编:《剑桥东南亚史》第二卷,贺圣达等译,云南人民出版社2003年版,第82页。

是现实操作中的出现。这使得殖民者在不同殖民国家的统治风格,以及人们对殖民地政府的界定才有真正的意义。探讨这个问题时,更重要的是要研究殖民地社会中各种制度产生的后果,而不是区分欧洲统治者的意图与理论。约翰·弗尼瓦尔从英国在缅税收官成长为博学的英国东南亚研究专家。他早年在缅甸与荷属东印度担任殖民政府民政机构官员的经历,使他对殖民地有着深入的实地考察和独到的理论见地。后来弗尼瓦尔担任仰光大学与缅甸研究会的研究员,对缅甸研究有充分的实践经验与数据依托,他也涉及东印度群岛的研究,著有《殖民政策与实践:缅甸与荷属东印度比较研究》、《荷属印度:多元经济研究》。弗尼瓦尔以提出"多元经济与社会论"在东南亚研究方面著称于世。早在 20 世纪 30 年代,弗尼瓦尔说,英国人通过间接统治来推行殖民统治的做法强调当地政权的司法作用,它鼓励当地法庭的正规性……在英国的殖民地是当地官员们依靠法律行使地方长官和法官的职责。① 而且,弗尼瓦尔对直接统治评价很低。他说,随着缅甸法院在数量上的增长,缅甸的犯罪率反而急剧上升。他直言不讳地指出"缅甸的经济发展则是另一种类型——直接统治下的民族企业主……还有耕种者都成了一无所有的无产者。"② 弗尼瓦尔对缅甸殖民政府的评价,对于 20 世纪 30 年代的缅甸而言不无道理。

美国历史学家卡尔·A. 特罗基指出,在 20 世纪初所有殖民统治的体系无论直接的还是间接的都相互矛盾:一方面,它们都朝着高度集中化、合理化和高效率发展;另一方面,它们又是背道而驰的,都有意无意地导致当地反殖民主义统治运动的发展。他认为,在缅甸,英国人试图推行某种程度的自治政府,在马来亚英国人开始培养将代替其统治的当地上层人士。但事与愿违的是,所有这一切实际上都朝着一种更加直接的统治方向发展。所以,从某种意义上说,间接统治只是一种过渡。在 1880—1940 年期间,由于铁路、电报、碎石公路的建成,欧洲殖民国家与其殖民地距离越来越近,殖民地之间的交往更加快速和容易。这时,只有在被道路与电报遗忘,不能产生短期经济效益或缺乏经济资源意义的地方,如中南半岛的山区和

---

① [英] J. S. 弗尼瓦尔:《殖民政策与实践》,转引自尼古拉斯·塔林主编《剑桥东南亚史》第二卷,第 83 页。
② [英] J. S. 弗尼瓦尔:《殖民政策与实践》,转引自尼古拉斯·塔林主编《剑桥东南亚史》第二卷,第 83 页。

海岛东南亚的边区，殖民统治者才可能一直采取"间接统治"的方法。

在马来亚，主要是传统的马来统治上层，在缅甸的边远山区少数民族上层充当了殖民者代理人的角色。19世纪初，殖民政府要依靠当地合作阶层构建社会依附关系，由此使传统上层人士得到正式认可，日常管理工作也由他们实施；到了19世纪80年代以后，这种管理方法大多已经过时，英国人要么通过驯化的旧统治阶层，要么通过在欧洲接受教育的新一代，在殖民政府中下层履行职能。总之，"直接统治"与"间接统治"的区分，可以当作是殖民统治的两种方式，但是，在实践中这两种统治方式的差别很难区分。

总的说来，殖民统治对当地社会带来变革的深度，或者说当地社会被冲击的程度，取决于传统的政治与社会制度在多大程度上予以保留。在通过谈判签约或者与当地统治者达成某种形式的合作来实现殖民统治的地方，欧洲人的控制名义上是通过当地传统机构来实现，可以简单地归属为"间接统治"，殖民时期的马来亚基本上属于此类案例；在凭借武力征服或领土占领来达到殖民地接管目的，旧的政治制度被彻底废除，新的政治制度得以重新建立的地方，可以说体现了"直接统治"的特征，英属缅甸基本上属于这种变革的典型。英国殖民主义浪潮在东南亚的主要特征，仍然是尽可能地通过相互妥协、采取折中达到权力转移，这与18世纪以来英国政治文化传统中的妥协政治、渐进发展密不可分。只有当这样的政治文化不能发挥作用时，殖民者与被殖民者的两种政治体制与宗教文化水火不容，殖民者又急不可耐地要强占殖民地，但对被殖民地区的政治文化传统全然无知时，炮舰政策、军事进攻、直接摧毁才成为建立"直接统治"的前奏，缅甸殖民地的建立提供了实例。

可见，要过多地强调对两种统治方法进行区分，或者进行对号入座的研究，只会使复杂的历史现象简单化，不如在暂时忽略"间接统治"到"直接统治"的历时性，从"间接统治"与"直接统治"在共时性上对本章选取的两个案例做出描述，并分析英国殖民政策在政治、经济与社会文化上的作用。从空间范围上看，英属马来亚就有"直接统治"的海峡殖民地、"间接统治"的马来联邦、更加间接统治的马来属邦，以及形态奇特的白人罗阇布鲁克家族治下的沙捞越与北婆罗洲特许公司管理的沙巴之间的区别；在缅甸其核心地区显然属于英国殖民者的"直接统治"范畴，但是，对于少数民族地区，英国人则采用依靠少数民族首领进行"间接统治"的方式。不管是直接统治还是间接统治,"分而治之"都是它们的共同特点。英国在殖民时期的马来亚和缅甸采取"分而治之"的统治方法,在职业集团-文化教育-社会地位等一系列,沿着种族界限而人为设置的分离措施中得到充分的体现。

二 间接统治为主的马来亚政治建构

在19世纪的大部分时间里,英国人在海峡殖民地的统治主要依靠他们与当地华人、17世纪兴起的甲必丹制度、秘密社团首领和半官方的巴巴商人的合作关系而进行。英国人在华人社会中的权力根植于华人秘密社团和华人税收承包商的治安组织。到19世纪末,在整个英属马来亚,华人社区仍然组织得井井有条,华商中上层仍然具有足够财力跻身于殖民政府官僚机构,有些人则成为当地享有盛誉的专业人士。到20世纪初,陈祯禄、宋旺相、林文庆等在当地社会有十分重要的影响。同时,在英属马来亚形成的漫长历史中,19世纪初,商业贸易优先的英国人大多以签约而不是征战为获取殖民地的主要策略,这使得他们与马来上层社会也建立了合作关系,在两者的相互作用与相互适应中,这种策略逐渐成为传统与变革中的常态。所以,马来半岛的上层包括华人首领与马来苏丹,能够幸运地免于后来缅甸锡袍王经历的丧权亡国的命运,尤其是马来苏丹与王公基本上遵循了从传统统治者到英国殖民政府合作对象、再到独立后统治集团人士这样一条变身的道路。尽管这意味着他们要卑躬屈膝、自吞苦果,步履维艰地渡过各种难关,但是,在一定程度上他们维持了自己家族在殖民时期马来社会中的优势地位。

这样,到第二次世界大战爆发前,马来半岛上基本上存在三种类型的政体:英国殖民者进行直接统治的海峡殖民地,进行间接统治的马来联邦,以及更加松散的"间接统治"的马来属邦。

在海峡殖民地直接统治的形成有一个过程:莱佛士与新加坡苏丹侯赛因签约而使新加坡成为英国人领地后,英国人立即把新加坡建成一个自由港。1826年,英国人把槟榔屿、威斯利、马六甲、新加坡合并为海峡殖民地时,新加坡仍属于槟榔屿管区。1830年,英国人撤销槟榔屿管区,把海峡殖民地改为隶属伦敦政府印度事务部的辖区。1832年,英国人把海峡殖民地首府从槟榔屿迁往新加坡。1867年,起海峡殖民地作为名正言顺的直辖殖民地由伦敦政府殖民地事务部管理。1902年，拉布安岛成为新加坡殖民地的一部分。1912年，它成为海峡殖民地的第四个商贸据点。新加坡殖民政府的政治建制如图2-1所示。这就是：其一，新加坡总督对伦敦政府殖民地事务部的直属关系使其权力极大，是英国向马来半岛扩张和通向北婆罗洲的大本营。其二，新加坡殖民政府层级制管理机构清晰分明，很明显向英国本土的三权分立政治理念靠拢，只是立法权与行政权之间的分离仍然有些模糊，另外，还设有一个咨议性的辅佐机构。

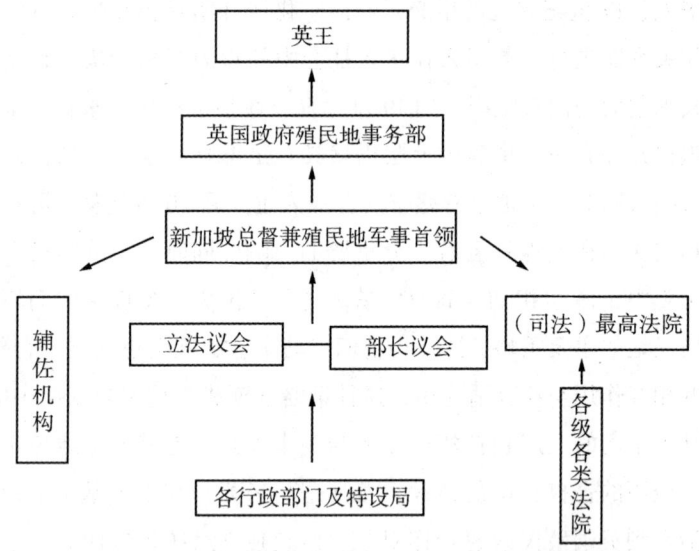

图2-1　海峡殖民地层级治理模式（1826—1946）

注：向上的箭头表明一种隶属的关系；向下箭头表明兼有指导作用。

在马来联邦与马来属邦英国主要实行间接统治，至少在殖民早中期如此。其原因在于：第一，马来各邦是英国保护下的苏丹国，其主权没有完全让渡给英国人，各邦苏丹和王公的存在使英国人不需要也不便于进行直接统治。例如，1927年英属海峡殖民地总督休·克利福德（Hugh Clifford，1927—1929年在位）还说："马来王公、马来首领和马来民众并没有授予我们什么改变政府体制的权利。"① 虽然克利福德以此掩盖马来亚在英国殖民时期发生的政治制度变化，但是，苏丹主权没有完全让渡给殖民者是一个

---

① J. M. Gullick, *A History of Selangor, 1766-1939*, Kuala Lumpur: The Malaysian Branch of the Royal Asiafic Society, No. 28, 1998, p. 2.

事实。第二，英国人开发马来半岛目的在于占领商贸要津、掠夺大锡、种植橡胶，利用当地统治者进行管理可以降低成本，并将殖民活动对传统社会的冲击最小化，保持进行经济掠夺与商贸开发所需要的社会稳定性。例如，直到1896年马来联邦成立时，其第一任总驻扎官还断言：大不列颠在马来亚的责任是要通过大规模的工程兴建，即开通公路、建设铁路、设置电报与码头，来开启马来联邦国家的大门。① 可见，在这里直接统治一直不是英国殖民秉承的主要理念。第三，马来半岛原住民人口很少且分布稀疏，使用移民劳工不可避免，对于大量涌入的华、印移民，以及人口占比极少的欧洲人，英国人要进行直接统治力不从心，间接统治也有助于沿着种族区分的界限推行分而治之政策。当然，间接统治并非一成不变，20世纪之后，马来联邦开始越来越多地从英国本地通过文官考试招募官员，并采取集权统治的方式。

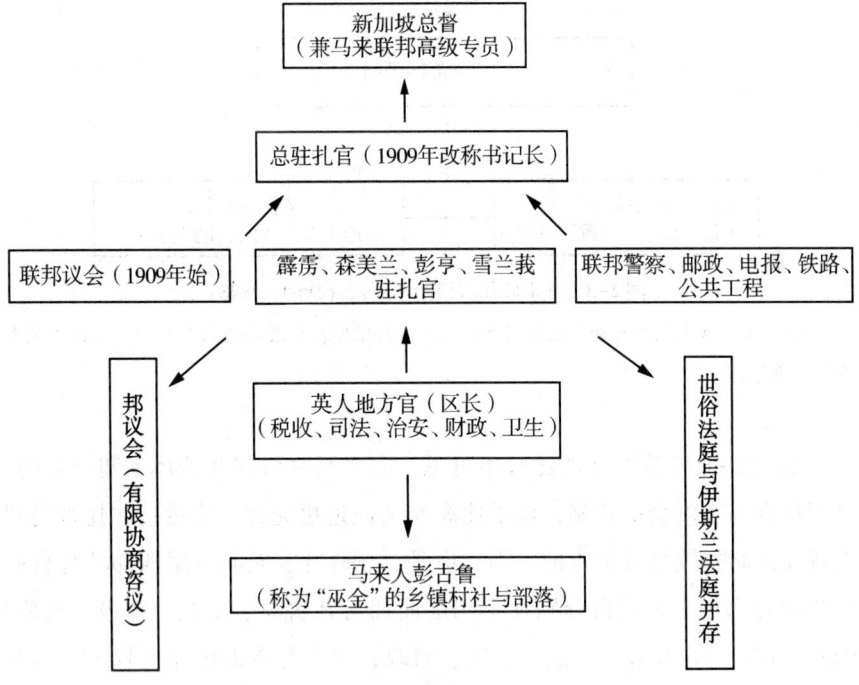

图 2-2 马来联邦层级治理模式（1896—1948）

注：向上的箭头表明一种隶属关系；向下箭头表明兼有指导作用。

① P. J. Drake, "The Economic Development of British Malaya to 1914: An Essay on Historiography with some Questions for Historians" (Journal of the South East Asia Study) *JSEAS*, Vol. 10, No. 2, 1979, p. 274.

| 英国与殖民时期的马来亚和缅甸

在马来联邦与马来属邦之间接统治的方式也不完全一样。到1919年，整个马来半岛已经完全处于英国人控制之下。相比于马来属邦，海峡殖民地和马来联邦长期以来深受英国影响，殖民政府机构的运作更加成熟。尽管殖民政府施压要求马来属邦与马来联邦合并，但是，马来属邦依然保持着自己独立的统治机构，直到第二次世界大战爆发。① 图2-2与图2-3勾勒出马来联邦与马来属邦的层级制政治统治构架。

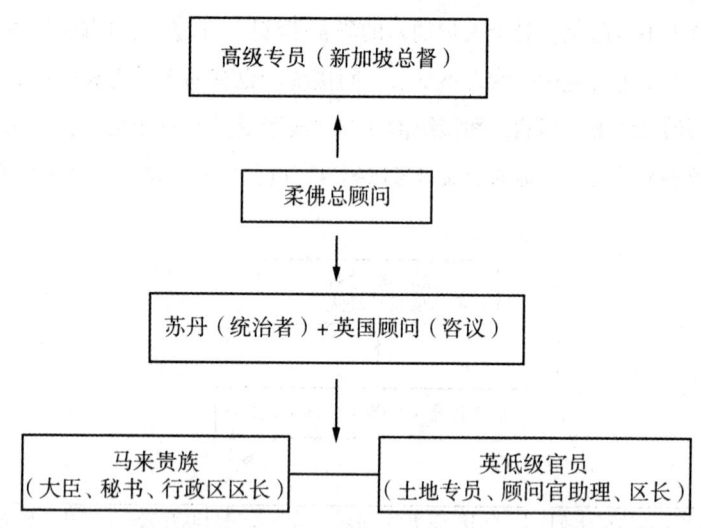

图2-3 马来属邦层级治理模式（1909—1948）

注：上箭头表明需要向上汇报（半隶属）；下箭头表明兼有的指导作用，横线表明权力基本平等。

从图2-1与图2-2的比较中可见，由于马来联邦政治体系建立较晚，联邦议会与邦议会的建制，似乎比海峡殖民地更完善；虽然总驻扎官仍然有着要向新加坡总督负责的一面，但是，总驻扎官及其下属四邦驻扎官的行政权力都很大，两者分别在不同层面拥有在警察、邮政、电报、铁路、公共工程，以及税收、司法、治安、财政、卫生等方面的相应权力，以及对两层级的议会和两种法庭有一定的影响，马来统治者主要在有限协商咨议作用的邦议会，以及伊斯兰宗教法庭和最基层的社会管理与控制中起作用。这与19世纪初中期，英国殖民者贿买与笼络马来统治者时期，给他们

---

① ［澳］芭芭拉·沃森·安达娅、［澳］伦纳德·安达娅：《马来西亚史》，第248页。

留下更大的权力空间不一样了,可见从间接统治向直接统治的过渡是存在的,模仿英国政治体制在马来亚建构现代国家雏形也是存在的;把图 2-2 与图 2-3 比较,马来属邦中马来统治者拥有更多的政治权力:例如,由英国人担任的柔佛总顾问某种程度上受制于被称为"高级专员"的新加坡总督,但是,各邦苏丹的权力仍然大于英国顾问,马来贵族与英国低级官员的管辖范围,是分开而不是从属的关系。马来属邦的英国顾问与马来联邦的英国驻扎官在权限上也有不少的区别。

在英国人逐步使霹雳、雪兰莪、彭亨、森美兰沦落为殖民地的过程中,1874 年签订的《邦咯条约》成为最重要的转折点。正是这个条约的签订,使英国人的"驻扎官制度"名正言顺地引进马来半岛。19 世纪 70 年代,伦敦政府开始担忧其他欧洲强国尤其是德国入侵马来半岛的可能,1873 年新任海峡殖民地总督安德鲁·克拉克(Andrew Clarke,1873—1875 年在位)走马上任时,伦敦政府殖民地事务大臣金伯利勋爵(Lord Kimberley)对他指示说,女王陛下感到有义务把一种力量施加于土著王公,尽可能地把这些肥沃与富饶的国家从毁灭中拯救出来⋯⋯勋爵特别希望你考虑在这些国家中任命一位英国驻扎官员。[①] 殖民地事务部大臣委派英国官员驻扎于马来各邦,表面上是为了有助于解决华人秘密社团之间、马来王公之间的纷争,深层次的动因则是在德、美等新兴工业化国家的挑战下,英国为保全其世界工厂霸权,在东南亚进行深度扩张和牢固把控其殖民地的需要。加之,迪斯累利首相等政治家对殖民地的看法发生转变,从挂在脖上之磨盘的论调,转向了维护与增强帝国力量的论调。

英国的驻扎官制度(Resident System,RS)是从霹雳州开始实行的。恰逢此时下霹雳罗阇阿卜杜拉希望英国人承认他为整个霹雳的苏丹。在英国商业顾问里德与华人社团领袖陈金钟的怂恿下,阿卜杜拉写信给克拉克总督,主动邀请总督派遣英国外交代表进驻霹雳。为此,克拉克趁机召集霹雳的英国人、马来人与华人在邦咯岛开会,《邦咯条约》就此形成。条约规定:承认阿卜杜拉继承已故苏丹王位而成为新苏丹;确认 1826 年《霹雳—英国条约》中割让大小邦咯岛给东印度公司的条款,并划定包括马来半岛

[①] Robert Jackson, *The Malayan Emergency & Indonesian Confrontation: The Commonwealth's Wars, 1948-1966*, South Yorkshire: Pen and Sword Aviation, 2011, pp. 4-5.

上一条狭长地带的界限,同时将海峡殖民地包括的威斯利省的南部边界推移到克里安河以南;霹雳苏丹同意接受英国驻扎官,"除马来宗教和习俗外其他一切问题都征求英国代表意见并遵照执行,"① 同时在拿律委派一名副驻扎官。可见,在《邦咯条约》中,后来被推而广之的核心内容是接受英国驻扎官。

后来,由于英国本土使用习惯法而不是成文法,此类条约在英国人与马来苏丹国签署协定时被一引再引。克拉克到任后,一年内向霹雳、雪兰莪、双溪乌戎派驻了驻扎官,将它们置于英国"保护"之下。马来亚著名的殖民主义者弗兰克·瑞天咸(Frank Swettenham,1850—1946,1901—1902任总驻扎官)在 1874 年,于他 24 岁时就凭借通晓马来语与娴熟斡旋技能,成为雪兰莪首任驻扎官助理(Assistant Resident),次年升任霹雳的副驻扎官,1882—1889 年与 1889—1895 年相继担任雪兰莪与霹雳的驻扎官,一路平步青云并于 1896—1901 年担任刚成立的马来联邦首任总驻扎官。② 对于驻扎官,弗兰克·瑞天咸在 1876 年就说道,要保护马来国家的习俗和传统,要获得马来人的关注和支持,要向他们阐明处于良好政府和开明政策下的好处。③ 后来,瑞天咸承认在马来社会废除奴隶制度,以及马来首领失去征税权,必须用金钱来弥补马来统治者锐减的收入,对在当地社会比英国人更有权势的地方首领,要采取调解和恐吓方式,以达到使他们与英国人合作的目的,这才是英国人的目标。④ 这样,在剥夺马来首领的财政权,改变马来统治者的用人制度时,把同意合作的马来王公纳入殖民地官僚体系,通过政府津贴使他们获得经济独立,不再依赖于王室的随意犒赏。

1874 年的《邦咯条约》加快了英国从不干涉政策向干涉政策的转变,1867 年海峡殖民地与英属印度帝国分离,直属伦敦政府殖民地事务部,也是英国政府政策转变的标志。驻扎官制度是英国在马来亚殖民统治的特征,

---

① C. M. Turnbull, "Origins of British Control in the Malay States before Colonial Rule", in John Bastin and R. Roovink eds, *Malayan and Indonesia Studies*: *essays presented to Sir Richard Winstedt on his Eighty-fifth Birthday*, Oxford: Oxford University Press, 1964, p. 174.

② 周燕平:《驻扎官与马来亚——〈弗兰克·瑞天咸爵士的马来亚日记(1874—1876)〉研究》,《东南亚研究》2008 年第 3 期。

③ Emily Sadka, *The Protected Malay States*, 1874-1895, Kuala Lumpur: University of Malaya Press, 1968, p. 105.

④ Frank Swettenham, *British Malaya*: *An account of the origin and progress of British influence in Malaya*, London: Allen and Unwin, 1955, p. 282.

有的学者肯定该制度也有积极的意义。①《邦咯条约》加快了英国驻扎官直接介入马来半岛事务的进程，标志着马来各邦开始一个个地沦为英国保护国，并最终成为英国殖民地。它使英国在整个马来半岛建立统治机构的方式有了法律参照，并提上了议事日程。驻扎官制度正式出台时，其管理层级包括驻扎官、驻扎官助理和数名专员。同时，根据《邦咯条约》，马来苏丹对征集和控制税收的权力转到驻扎官的手里。这样，主要依靠商业贸易与出口土特产的税收来维持统治的马来统治者实际上失去了财政基础。当时，英国本土的废奴运动正在风起云涌，英国人把废奴主义的理念与实践照搬到马来各邦。废除奴隶制度的做法推动了社会的进步，同时也使马来王公贵族又失去了对人力资源的控制权。在海岛东南亚的苏丹国，传统统治者的权力实际上主要是收税权与臣民控制权，领地占有的意义还是其次。一旦失去对本土产品交易，对商业活动的税收权以及对人口资源的控制权，在人烟稀少、交通不便的热带雨林占有领地更没有多大的意义。

可见，英国对苏丹传统权力的调整以及在马来亚殖民地国家的建构，主要是通过驻扎官制度与议会制度的设立而奠定的。议会制度的发展既有本土的传统因素，也有殖民者对英国议会制度模仿的因素。在被殖民前，各苏丹国自有一套通过贵族协商进行管理的体系，殖民者的到来把英国通过议会制度而建立的层级制治理结构，以及协商政治的文化传统一并强加给马来统治者。海峡殖民地基本上只存在一个层级的议会，且作用较大；马来联邦在1909年才设立联邦议会，位于其下的邦议会则在驻扎官制度设立后不久就产生了，其存在时间比联邦议会更长久。同时，传统的马来苏丹统治者议会仍然存在，只不过邦议会与统治者议会权限都十分有限；马来属邦全面保留了苏丹时代的统治者议会，统治者个人的作用仍然很大。马来亚殖民国家的政制建构在制度化方面的推进，取决于各个殖民地议会的成熟程度，及其在此框架内各个层级及个人发挥作用的大小，它们并非是步调一致的。

在马来亚，英国殖民者新建的行政制度的核心是驻扎官制度，这里存在着本土传统统治者与殖民官员的合作，基本上可以归属为一种间接统治

---

① 周燕平：《驻扎官与马来亚——弗兰克·瑞天咸爵士的马来亚日记（1874—1876）研究》，《东南亚研究》2008年第3期。

的模式。这个制度的建立与完善有一个历史过程。1874年《邦咯条约》签订后,英国殖民者强迫霹雳苏丹接受 J. 伯奇（J. Birch,？—1875）为海峡殖民地总督兼霹雳的首任驻扎官,以控制马来半岛最大的锡矿产区。在权力转让过程中,伯奇死于非命。1875年,伯奇与瑞天咸分别到霹雳河上游和下游张贴英国人接管霹雳的通告,遭到马来酋长抵抗而前者被杀害,后者逃往霹雳河上游。对于这位马来半岛首位驻扎官被杀害的事件,有的学者认为这是当地居民对英国统治权的反抗,是马来亚早期民族主义运动的体现；也有人认为苏伊士运河的开通加强了马来亚穆斯林与土耳其穆斯林的联系,这是泛伊斯兰运动的一种表现。不管怎样,当时只有不到300个马来人持有武器,反应过度的英国人不惜从遥远的印度和中国香港调来军队,准备应付可能出现的马来人大起义,还逮捕了雪兰莪王公马赫迪,绞死或流放了霹雳苏丹和几个王公。①

伯奇被杀后,休·洛（Hugh Low, 1824—1905）在霹雳创造新的模式。休·洛与詹姆斯·布鲁克是亲密朋友,前后一共在婆罗洲生活了三十年。休认为,布鲁克在沙捞越建立了适合当地环境的政府。这就是：第一,布鲁克因受莱佛士的影响而认为英国政府应该保护商人,并在一定程度上关注当地人的社会福利；第二,改造马来人社会的同时要尊重土著人的习俗；第三,政府的财政预算不应该太大,要避免庞大的管理机构。基于修改版的布鲁克模式,休·洛在马来半岛四个保护邦中把驻扎官制度改造成马来亚对英国殖民地产生影响的模式。他建立由马来人首领、华人首领与他本人组成的委员会,讨论自己提出的改革方案,使马来人首领体会到自己能够影响政策的感觉,这便形成了马来半联邦议会的雏形。

海峡殖民地总督弗雷德里克·韦尔德（Frederick Weld, 1880—1887年在位）赞赏休·洛的改革设想,并将这种行政管理模式在后来的英国保护国中推广。这样,不到十年驻扎官从本来有限的咨议角色,迅速转变为对殖民地政府各种事务提出所谓建议,实则发号施令的角色,马来人首领能够自行处理的只有宗教与习俗方面的事务。在英国人的建议下,邦议会开始出现并发展成为马来社会唯一的立法机构。邦议会一般由十来个人组成,

---

① 周燕平：《驻扎官与马来亚——〈弗兰克·瑞天咸爵士的马来亚日记（1874—1876）〉研究》,《东南亚研究》2008年第3期；[澳] 芭芭拉·沃森·安达娅、[澳] 伦纳德·安达娅：《马来西亚史》,第193—194页。

一年召开七次会议。其成员为英国统治者、被选举的马来王公、华人社会首领以及驻扎官代表。邦议会成员一般由驻扎官提名、总督批准、苏丹任命，法规动议由驻扎官与总督商议后提出，议程由驻扎官准备，会议在形式上由苏丹主持。邦议会对立法的影响十分有限，渐渐成为了一种只有表态赞同作用的机构。由苏丹决定的只剩下对宗教法庭的管理与宗教官员的任命了。韦尔德在用人制度上也进行改革：1883 年之前，马来亚的公共事务官员由欧洲探险者或就近招募的欧洲人担任，韦尔德到任后迅速解雇半数以上的此类官员，开始在英国本土招募公共事务管理官员，到殖民地政府就任各种低级职位。1896 年英属马来联邦成立后，开始使用公开考试的方法，招募具备公学毕业背景或有大学教育背景的英国人。这样使英国殖民地公共部门的官员职业化与正规化。①

在马来亚完全沦为英国殖民地后，驻扎官制度在 20 世纪初被逐渐地废止，代之于一种近乎直接统治的方式。而且，始于 1910 年的英属马来亚文官制度规定，殖民政府中的高级职位必须由地道的英国人担任，且候选人的双亲必须具有纯粹的欧洲人血统才能参与马来亚文官选拔考试，通过归化取得英国国籍的不在其内。直到 1938 年，马来亚文官制度才开始重视举荐马来籍文官，当年有 20 多名马来籍文官被使用。而且，即便在驻扎官制度的盛期，这种行政管理模式也没有覆盖整个英属马来亚，英国人在马来属邦采用的是派驻英国顾问官而不是驻扎官的做法。这样，半岛北部四邦与柔佛的马来统治者保留了更多权力，英国殖民官员的权限则受到了限制。对于"驻扎官"与"顾问官"的区别，美国马里兰大学教授薛君度说，曾经担任过吉打州顾问官的麦斯威尔认为，前者的任务是代表苏丹来管理该邦事务，以驻扎官名义颁发政令并付诸实践；后者只是苏丹征询政务意见的对象，并不颁行任何政令。也就是说，只有最后进入英属马来亚版图的马来属邦，在某种程度上保留了马来人传统政治组织的特征，马来人在属邦政府中也拥有较高官职。例如，在柔佛虽然有几位英国官员协助顾问官处理政务、分管各部。但是，财政官和审计官这样的重要职务在 1919—1939 年仍然由马来人担任，而在马来联邦这些职务通常是英国人担任。尽

---

① John G. Butcher, *The British in Malaya 1880-1941: The Social History of European Community in Colonial Southeast Asia*, New York: Oxford University Press, 1979, p. 40-42.

管如此，保留苏丹原有的地位、荣誉和形式上的威权，是英国人统治马来土邦的一个重要特点。这种间接统治的结果是，它推迟了当地人民的政治觉醒与马来亚民族主义运动的兴起，直到日本占领前，马来亚基本上没有出现过大规模的民族解放运动。

地方行政当局则处于英国人担任地方官（区长，district officer）的全面监督下，这些下级英国官吏主要负责当地的财库、土地租金、司法、税收、法律与秩序、公共卫生等。马来地方社会则建立在"彭古鲁"（penghulu）管理的基础上，彭古鲁主要来自人脉广泛的马来人家族，负责管理由重要的村庄、乡镇、部落组成的行政单位"巫金"（mukim）。作为地方代理人彭古鲁对数个村庄的农民有管辖权，是负责辖区的租金收取、司法治理、秩序维护并有一定薪俸的基层管理者。随着马来王公失去对农民的控制权与征税权，其中有些人不仅债务缠身，而且曾经作为苏丹宫廷与马来人村庄联系人的作用也在消失，因为彭古鲁不再对当地王公而是对英国地方官负责，成为一些由英国人地方官推荐、驻扎官和邦议会任命的小官吏。马来社会的传统管理方式在改变，马来人社会阶层之间的鸿沟在扩大，而英国殖民者与马来精英阶层则结成联盟。1896年7月马来联邦成立后，联邦议会于1909年成立。实际上，1896年之后"更多的行政事务都是由驻扎官与总驻扎官协商来处理的，根本没有提交给各邦统治者和邦议会。"①

三　缅甸本部直接统治的初设框架

第一次英缅战争后，英印帝国在缅甸的殖民政策处于摸索阶段，没有完整性且在地域上仅限于丹那沙林与阿拉干。1829年，英印总督任命出生于加尔各答、16岁开始在东印度公司工作的亨利·伯尼，为驻缅甸首都的使节。1831年，灵活善变的伯尼被孟既王（Ba Gyi Daws，1819—1837年在位）封为位高权重的蕴道。在伯尼的斡旋下，缅甸还清了《杨达波条约》规定的赔款，英印政府应缅甸王朝的要求归还了卡包河河谷，但把战略地位十分重要的丹那沙林留在手中。1837年孟既王与其弟、后来的孟坑王之间产生王位纷争，伯尼趁势加强英印政府及他个人在缅甸的影响。孟坑王继位之初否认《杨达波条约》并对英国采取强硬态度，迫使伯尼离开首都

---

① ［澳］芭芭拉·沃森·安达娅、［澳］伦纳德·安达娅：《马来西亚史》，第220页。

阿瓦转驻仰光待命，英印帝国与缅甸的关系也趋于冷淡，相继派出的两个使节与驻扎官，以及阿瓦的英印帝国使馆都不复存在，只有英国商人的贸易活动继续进行。

丹那沙林与阿拉干的情况与首都阿瓦不一样。1834 年，丹那沙林被划归英属印度的孟加拉地方政府管辖，阿拉干归英属孟加拉吉大港专员直接统治。在丹那沙林，首任专员 A. D. 梅杰效仿莱佛士在新加坡的做法，独揽政治、军事、法律、税收大权，在行政区划上设立三个县，由英国人担任的助理专员管理县一级的政治、司法与税收，吸收本土上层谬都记负责各县的警察治安等事务；县级以下设置管理村寨的头人。这样，为英属缅甸殖民政府的层级制治理方式奠定了一部分基础。在阿拉干，英国人把在英属孟加拉实行的殖民制度照搬过来，使当地谬都记的地位每况愈下，后来干脆废除谬都记在世袭领地上的权力，使他们沦为殖民地的带薪低级职员。

第二次英缅战争后，下缅甸的政治、经济与社会发生了翻天覆地的变化。在殖民地行政制度建立方面，英国人侵占勃固后，迅速委任长期担任阿拉干行政官员的亚瑟·费尔（Arthur Phayre，1862—1867 年在位）为勃固省的最高专员，将下缅甸置于加尔各答英印政府的直接统治下，不像阿拉干与丹那沙林那样隶属于地方政府。1862 年，英印政府又把丹那沙林、阿拉干、勃固省，合并为面积约 23 万平方公里、人口近 200 万的英属印度缅甸省，建立直属英印政府的统一的行政机构。费尔在首都仰光独揽行政、警察、司法等大权，立法权仍然属于英印政府当局。1864 年，英属印度缅甸省设立警察监督，1871 年设立司法专员。此后，首席专员的权力逐渐被限制于行政方面。他们共同组成殖民地治理机构的第一个层面。首席专员之下，设立分管勃固、阿拉干、丹那沙林的三个专员，各自统辖若干个县，在这三个地区一共设置了 20 个县。此为殖民地行政管理结构的第二个层级。每个县设有一个副专员，兼有行政与司法的权力，可以被看作治理结构中的第三个层级。县以下是乡镇一级的行政单位，设有助理专员与副官谬屋。1870 年后，开始通过考试制度选拔乡镇一级的地方官员，老一代的谬都记逐渐被接受西式教育的缅甸中上层家庭的子弟取代（见图 2-4）。

在英属缅甸的国家机器中，最重要的部分是军队与警察。1861 年后，殖民地缅甸开始实行《警察法》，设立称为洼刚的专职警官，取代传统王朝官员谬都记，协助殖民当局维护治安与征收赋税。1880 年，殖民政府又颁布《农村警察法》，以补充 1861 年的《警察法》。19 世纪 60 年代驻下缅甸的英印军队有 5000 多人，到 1884 年英属缅甸省警察总人数达到 7317 人，其开支占殖民政府年度预算总额的 9.3%。1868 年，驻在缅甸的英国官员不到 50 人，他们多数是来自英印军队的英国人，这些英国军官担任首席专员、专员、副专员，底层的助理专员也有一半是军人。到 1885 年，副专员以上的官员中英国军人仍占多数。由于军人与警察在数量与权力上的突出地位，英国在缅甸的统治具有一定的军事独裁性，这一点与马来亚差别很大。这样的职能组织在行政效率与机构组建上有一些现代化的特征，但是，完全谈不上民主与协商，只有很少的谬都记从世袭头人转变为领薪官员。下级官吏通过欧式考试选拔，以及设立市政委员会等，成为缅甸政治上从传统封建王朝政体向现代国家政制转变的体现。①

在法律方面，英属缅甸的一切立法都要由印度立法委员会批准。1872 年，英印政府任命了负责司法事务的司法专员。在司法方面，1872 年与 1890 年英国人分别在下缅甸与上缅甸设置特别司法专员，1891 年由谬都记等根据习惯判决的旧司法制度被废除，代之于现代司法制度。1905 年以后，殖民政府规定行政长官不得兼任司法官员。在殖民时期，被引入缅甸的英属印度的法案主要有：《印度刑法典》《刑事诉讼法典》《民事诉讼法典》《印度契约法》《财产让渡法》《印度证据法》等②。这些为印度制定的法典与缅甸社会传统的习惯法严重脱节。例如，缅甸旧有习惯法规定：在任何情况下债权人都不得收取超过本金的利息，这实际上是一种保护缅甸农民免遭高利贷盘剥，有利于农业社会之本的一种习俗。但是，随着《印度契约法》《财产让渡法》等法律的引入，在新法保护下的印度金融业主，尤其是齐智人高利贷者在缅甸的活动日益猖獗。在市政管理方面，1874 年后，殖民政府允许一些城市设立负责税收、市场、街道建设、公共服务的市政委员会。后来，又把市政委员会的权力扩大到管理学校与医院。1874 年，缅甸的第一个市政委员会在仰光成立，到 1883 年在缅甸较大的城镇，如勃固、卑谬、毛淡棉、实兑等都设立了市政委员会，缅甸人在委员会中所占的比例也在增大。

---

① 贺圣达：《缅甸史》，第 217—219 页。
② 李一平：《英国对缅甸殖民政策》，《世界历史》1994 年第 4 期。

在缅甸的基层社会控制方面，英印政府采取的第一招是头人监管制度。1887年，英属缅甸首席专员查尔斯·克罗斯威特（Charles Crosthwaite，1887—1890年在位），以在印度通过的《旁遮普治安条例》为模板，颁布《上缅甸农村条例》，两年后又颁布了《下缅甸农村条例》。这些条例使乡村头人在谬都记失去传统的领地与权力后，转变为殖民政府的基层领薪代理人。此后五十年间，在上述条例基础上英国人构建的村社控制制度，在以乡村为主的缅甸社会一直是底层行政管理的基础。这两个条例的主要内容是：以一村寨一头人的原则，把村寨作为基层行政单元，建立系统的头人管理制度；在社会标识方面，头人仍然拥有佩戴金银刀具、使用红色伞具的权力；在经济特权方面，头人享有免税权以及逢十抽一的税收权，还保有免缴土地税的职分田；在治安与司法方面，头人在管辖范围内拥有处理小案件的权力。头人由副专员即县长任命并对其负责，其职位可以世袭；副专员还拥有必要时强令居民或村庄迁徙，甚至烧毁反叛村寨的权力。在《农村条例》实行之初，缅甸约有1.7万个村寨及相同数量的头人。1917—1918年英国殖民者开始在下缅甸的勃固与伊盛等地，试行具有联防联控性质的头人小组会议制度，规定以10—12个村寨为一个联防区，逢月召开小组会议以互通情报，共同检查乡村的治安、交通、水利状况。这个制度后来在整个缅甸推广，加强了乡村头人联合运作及其对基层社会的控制管理。

另一招是"以印治缅""以少制多"。前者指英国人使用印度殖民模式改造缅甸，使用印度籍官员管理缅甸；后者指英国人使用山区少数民族对付中心区主体民族，从而使缅人遭受英印双重压迫，使缅甸本部与山区少数民族地区更加分裂。第二次与第三次英缅战争后，殖民者将相对封闭、人口构成不复杂的缅甸本部，改造成一个多元种族、多元文化和多元经济发展的"现代社会"。英国殖民者为剥夺缅甸的稀有资源与发展单一出口经济作物，在充满沼泽与雨林的下缅甸进行经济开发，需要在语言文化上易于沟通的外来管理者与劳动力。同时，在英印帝国，大量过剩的贫困人口要寻找发财致富之地。这两种因素带来了英国殖民后缅甸移民潮的出现，印度人不断涌入缅甸，并在经济发展与社会地位上，占据了比缅甸老百姓更加有利的地位。

印度移民充斥于缅甸的社会各个阶层，并从事各种各样的职业：从公务员、军人、警察、银行家、高利贷者、商人，到律师、医生、工厂主，再到手工业者、工人、农民等。其中，大多数印度人迁徙缅甸后继续从事农业与工业生产。值得注意的是，印度移民中的齐智人高利贷者，已经成为下缅甸农村社会中以高利贷盘剥农民，并通过出资购买、收回抵押品等手段，夺取缅甸农民土地的新地主。在仰光、毛淡棉、土瓦、实兑、勃生、丹老等沿海加工业与港口城市，1911年印度移民已占总人口的53.1%，缅甸人口仅占40%左右。殖民时期缅甸的第二大移民群体是华人，但是，由于中国人到缅甸基本上只有陆路可行，中缅之间的崇山峻岭阻碍了他们进入缅甸。到了世纪之交，在东南亚缅甸仍然是华人最少的国家之一。1881年—1911年的三十年间，缅甸华人仅从1.2万增长到6.3万人，他们只是在缅印度人口的1/10。在缅甸南方华人主要从事商业，在北方华人大多数是来自中国云南的矿工。

下缅甸的经济发展与社会变迁也促进了缅甸国内移民的迁徙，主要是上缅甸干燥地区的人口向南移居到下缅甸，1885年英国征服上缅甸并使上下缅甸合为一体后，国内移民的迁徙更加显著。1896—1897年干燥地区的央尾申、密铁拉、敏养有20万人向南迁徙，1901年干燥地区移入下缅甸的人口达到34万。国内移民潮出现的原因是：英国吞并上缅甸后取消了贡榜王朝时期对农民的人身束缚制度；内河航运与铁路交通的改善为国内的人口流动带来便利；在下缅甸人们容易获得耕地，城镇中非技术性岗位也大量存在；上缅甸干燥地区与下缅甸的居民大多为缅族和孟族人口，他们在语言文化上容易适应；大量缅人南迁实际上对缅、孟两族的进一步融合也存在有利的一面。

以印治缅的含义还包括，1886年—1887年英国征服上缅甸后，根据印度模式来彻底改造缅甸的管理模式。在最严厉的直接统治下缅甸沦落为东南亚被殖民最彻底的国家。到1930年，缅甸向政治现代化和经济自由化迈出的步伐比暹罗还要快。[①] 在后进入欧洲强国之视野的东南亚国家与地区中，一旦旧政权被彻底废除，殖民政府更加愿意选择与非社会上层的当地人作为合作对象。"在缅甸，殖民者清除了传统的领导层，罢黜了旧势力的首领，并任命公务员为新的'村官'。……在军队方面，雇用外国人或者少数民族来充当士兵似乎更为普遍。英国人遵循在印度推行的政策，为军事

---

① ［新］尼古拉斯·塔林主编：《剑桥东南亚史》第二卷，第74页。

同盟专门培植特定的群体。英国人驻扎在缅甸的军队，三分之二是克伦人组成的，另外三分之一则是克钦人和掸族组成的。"① 缅甸警察与军队印度化与少数民族化，成为印度人地位在缅甸人之上，与少数民族武装合法化的基础。

1886年1月1日，英国驻印度总督达弗林说，"奉女王陛下命令，过去由锡袍王统治的全部地区，现在已成为女王陛下领土的一部分，将按照女王陛下的意志，由英印总督委任官员。"② 其实，早在1885年前，英国人已经在政治上采取分而治之的策略，逐步建立金字塔形的行政体系，形成以直接统治为主的集权政治。在这个层级制的现代管理体系中，首席专员在早期配有一个秘书处，由警察总监、总工程师以及医药、教育、森林、海关部门的部长给以辅佐，他本人对所有部门都有指挥权与人事任免权。1872年，伦敦政府专门任命一个司法专员，同时解除首席专员在司法方面的权力，并在仰光设立由女王陛下政府直接任免法官、首席专员无权干预的最高法院。1888年，英国政府又任命一个不受首席专员控制的财政专员，并解除了首席专员税务方面的职能，以达到行政、司法与税务权力分立的目的。

1897年，首席专员被改称为英属印度"副总督"，也称"缅甸省省督"，首席专员这一称呼不再使用。副总督显然有别于印度总督，以此表示缅甸只是英属印度的一个重要省份，缅甸完全失去了独立国家的地位。在副总督之下，1897年设立了立法议会，立法议会有9个成员，副总督提名4人，不通过选举的非政府议员5人。1909年立法议会议员人数稍有增加，达到17人。1915年又增至30人。选举产生的议员仍然很少，而且，在任何情况下议员中必有一人来自代表英国商人利益的缅甸商业委员会，有一人来自代表欧洲零售商利益的仰光商贸协会。立法议会的权力受到严格限制。图2-4中看似三权分立的治理结构中，司法部门与立法部门的权力，以及建制的成熟程度大大小于多层级的行政机构。虽然司法、税收、立法逐渐脱离了英国人副总督的控制，但是，它们的独立性与职能作用究竟有多大值得怀疑。这是殖民时期缅甸现代政治机构建制的一个特点。

---

① ［新］尼古拉斯·塔林主编：《剑桥东南亚史》第二卷，第78页。
② 张旭东：《试论英国在缅甸的早期殖民政策》，《南洋问题研究》2003年第2期。

| 英国与殖民时期的马来亚和缅甸

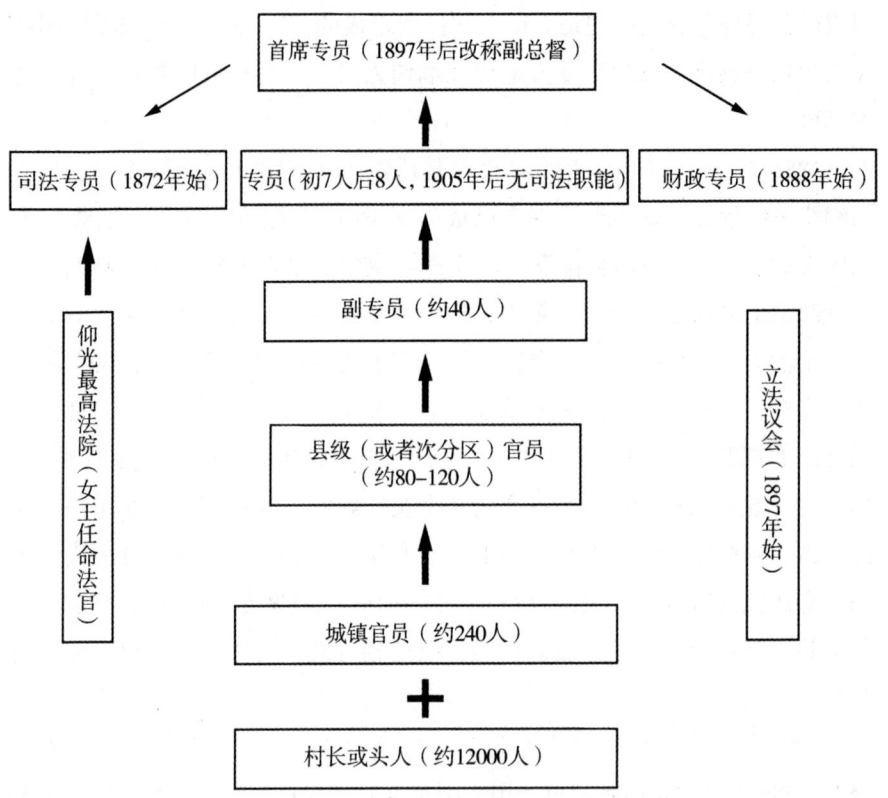

图 2-4 缅甸殖民地时期层级治理体系（1886—1946）

资料来源：参考张旭东《试论英国在缅甸的早期殖民政策》，《南洋问题研究》2003 年第 2 期，第 39—47 页。

注：细箭头表示首席专员初期有指导作用，后期相互分离。粗箭头表明向上隶属关系，加号表示并非有隶属关系。本图表明在缅甸行政权最大，司法权与立法权只是一种存在。

图 2-4 中，金字塔形中部的行政机构才是英属缅甸作用最大的殖民政府机构。它包括专员与副专员，专员负责大分区的事务，下设 5 个副专员。副专员对于分区的警察、行政、医药、教育、森林等事务部门负有指导权。以下是处于中下层级的次分区官员（也称"县长"）和城镇官员，他们负责所辖地区内的治安秩序、司法管理、税收评估与收集上缴。在这个金字塔中，英国殖民政府严重仰赖于乡村头人进行基层社会控制，因为缅甸绝大多数人口生活在乡村。可以说这是缅甸现代行政建制与传统社会控制的一种结合，是缅甸殖民时期现代政治机构建构中的另一个特点。除了最低

一层的村官头人外，其余行政人员大都是支薪的专职公务员。这些公务员又分为两类：英属印度帝国文官处管理的公务员，他们大多是通过公开考试招募的欧洲人，其中英国人居多，英属印度文官处对他们使用英国的行政职级与薪资标准，除了担任专员、副专员、法官等各种高级职务外，在各级行政机构、各种专设部门以及秘书处他们都占据重要职位。另一类是在缅甸招募、使用缅甸本地职级与薪俸待遇标准的雇员，他们大多是来自印度人、英印人、英缅人、缅甸人等的僚属公务员。[1]

而且，英属缅甸本部的行政机构建制有一个逐渐形成的过程。前述第一次英缅战争后，英属印度总督将阿拉干划归孟加拉地方政府，由吉大港专员派出下属去担任专员，后来阿拉干升级为孟加拉的一个邦，这里的专员也随之与吉大港专员地位相近。1852年第二次英缅战争后，英国人占领的莫塔马被并入丹那沙林管理，勃固由英印总督另派一名专员进行管理。这样，就形成了勃固由英印总督直管，阿拉干专员由孟加拉地方政府指派，丹那沙林名义上归英印总督管理，但司法与税收权力又归孟加拉政府，这样形成三个专员共同管理英国在缅甸所占领地区的分治局面。1862年，英国殖民者将这三个地区合并为英属印度缅甸省，并任命一个首席专员统一管理。由此图2-4所示的缅甸本部现代国家制度的最高层级才得以形成。也就是说，缅甸专员先于首席专员而存在。同时，由于梅杰早在第一次英缅战争后就在丹那沙林设立县一级的建制，这一层级的建制实际上也较早出现。最低一级即头人/村长的建制，基本是对传统社会控制体系的使用。所以，上图表述的政治管理建制是一种理论归纳模型，实践中并非这样地整齐划一，而是存在各种各样的例外与不一致。例如，"专员的分区从来就没有获得区别于副专员地区的个性特点。其中的部分原因是大多数地区有很悠久的本地历史以及独特的特性，而且分区的管理划分并不合理和便利；部分是由于设立的法庭、招募的警察和法官是以地区而不是分区为基础。"[2]

第三次英缅战争与上缅甸被吞并后，英国人在整个缅甸本部建立的殖民制度，并非只是对下缅甸殖民制度的照搬，或者说只是这种管理制度在

---

[1] 张旭东：《试论英国在缅甸的早期殖民政策》，《南洋问题研究》2003年第2期。
[2] 张旭东：《试论英国在缅甸的早期殖民政策》，《南洋问题研究》2003年第2期。

地理范围上的扩大，而是根据上缅甸多元民族存在的特征，所实施的一套在许多方面都与下缅甸不完全一样的制度。这套制度一直延续到1948年缅甸独立。在行政建制方面：1886年1月英国宣布兼并上缅甸，3月，将上、下缅甸合并，由查尔斯·伯纳德（Charles Bernard，1880—1887年在位）担任英属印度缅甸省的首席专员，彻底废除缅甸枢密院鲁道这一王朝最高权力机构。1887年，英印政府又任命查尔斯·克罗斯威特为首席专员。这样，英国建立的英属印度缅甸省，实际上从第二次英缅战争以来就隶属于英印政府，成为英国"殖民地的殖民地"，这在东南亚是一种很特殊的统治方法。从伦敦政府的角度看，之所以这样做，在政治上可以充分利用在印度臻于成熟的国家机器，既节省开支又避免自己与"蛮荒"民族直接打交道；经济上可以把缅甸丰富的自然资源与印度大量的廉价劳动力结合起来，以达到充分掠夺缅甸又有利于印度殖民统治的目的。英国殖民者在缅甸实行直接统治，一切法律与政令实际上都要经过英印政府的批准，而英印政府又直通伦敦政府；权力高度集中于首席专员和1897年后的副总督为首的缅甸殖民政府，首席专员或副总督在行政上则服从于英印总督。

英属缅甸省的省府设在仰光，按照印度模式下设在副专员（1862年前后分别称为"温道"和"阿耶班"），副专员管理之下的县级单位（也称"次分区"）。这样，图2-4中部的第三、四层级是县一级行政单位中的主、辅两层官员。他们共同的职能是管理县一级的治安、税收、司法这三大基础部门。城镇一级由助理专员管理，本土谬欧协理。最底层是1884年前后分别由副专员任命或选举产生的，缅语称为"谬欧"的头人或村长管理的乡村一级，主要任务是报告治安状况、统计人口事务、负责征缴税收。这样，在1886年第三次英缅战争前，这种行政建制已经基本稳定。1886年第三次英缅战争结束后，英国把掸邦之外的上缅甸划分为英印总督可以自行颁布行政法令管理的"规划区"，常设行政机构是与仰光秘书处对等的曼德勒秘书处，第二年两个秘书处合并。但是，对于缅甸本部的行政管理机制照旧不变。这些制度后来都经历了双元政治、印缅分治等历史时期的发展。

双元政治（Dyarchy）指英国在20世纪20年代决定把在印度一些省份实施的《蒙塔古-蔡姆斯福特改革法》扩大到缅甸，实施行政制度改革。为此，1922年英国议会通过《缅甸改革法案》，要求在当年11月举行缅甸立法议会选举，把议员人数扩大到103个，但是，其中只有29人通过选举产生。《缅甸改革法案》还规定：在缅甸诸如国防、外交、立法、造币、金融等中央职权仍然由英印政府掌管；地方职权分为保留与转移两部分：警察、司法、财政、税收、交通等为保留部分，由英籍省长控制；行政、教育、卫生、公共工程、林业、农业等为转移部分，归省长在立法会议多数党领袖担任的部长辅助之下管理。但是，双元政治只覆盖缅甸中心地带，少数民族地区仍然不在改革范围内。①

关于印缅分治，1927年英国政府任命约翰·西蒙为首的印度宪法委员会开始研究印缅分治的问题。1930年5月西蒙发表主张尽快分治的《备忘录》，8月缅甸立法议会通过赞成分治的决议，12月萨耶山起义爆发，加快了分治的步伐。1931年11月到1932年1月，在伦敦召开由9名英国国会议员、24名缅甸各界代表出席的缅甸圆桌会议。缅方代表对分治存在分歧，但是，他们一致要求给予缅甸在不列颠帝国范围内享有充分自由的权利。英国政府强行提出分治后的《宪法草案》也遭到缅方代表的强烈反对，被迫让步为由缅甸选民投票决定是否分治。此间，在以缅甸民族党领袖吴巴配为首的分治派、印度国大党缅籍党员吴漆莱为首的反分治派，以及吴素登领导的激进反分治派、巴莫领导的温和反分治派之间发生各种争端。1932年11月举行的缅甸立法议会选举中，反分治派获得529127张选票和44个席位，分治派只获得293024张选票和29个席位。此后，反分治派中激进派与温和派的斗争又浮出水面：在1932年大选中吴漆莱领导人民团结总会获得多数议席，自己也于1935年成为缅甸立法议会的议长；巴莫就读仰光圣保罗中学时就皈依了基督教，后来又相继在仰光大学、加尔各答大学、伦敦大学、法国波尔多大学就读，并获得博士学位，1931年为萨耶山辩护而声誉鹊起，1932年11月成为立法议会议员，1934年升任缅甸教育部部长。

萨耶山起义后，殖民当局取缔了反分治派中的激进派别。在各种政治纷争中英国政府强行实现缅甸与印度的分离，英国议会批准《1935年缅甸政府组织法》，这使它作为《1935年印度政府组织法》的一部分得到法律上的合法地位。法案规定：1937年4月1日起，缅甸与印度分离，成为英

---

① 李一平：《英国对缅甸殖民政策》，《世界历史》1994年第4期；贺圣达：《缅甸史》，第331—332页。

王任命总督进行直接统治的殖民地，英属缅甸的政府机构由总督、总督任命的部长会议、两院制的立法议会组成。总督独揽行政与立法大权，但任何法案需经英国政府批准才能生效，国防、外交、财政、税收、海关等属于总督专权范围。掸人、钦族、克钦族等山区少数民族聚居区也属总督直辖特区。两院制议会中上院议员36人，半数由总督提名，下院议员132名，由选举产生。设立9名部长组成、名义上向下院，实际上向总督负责的内阁。该法案第139条规定，总督有权剥夺其行为危及缅甸政府权威的任何个人的政治权利。1936年根据《1935年缅甸政府组织法》进行议会选举，五花联盟获得最多议席，巴莫成为英属缅甸国家的首任总理。1937年4月，巴莫内阁正式履职，印缅分治彻底完成。印缅分治至少使缅甸不再是殖民地的殖民地，而缅人协会领导的民族解放运动仍然以更大规模在蓬勃发展。

对于缅甸如何进入英国人视野，并成为英国直接统治的殖民地，美国人A.特罗基认为，由于英国殖民政权有着打击海盗的机会，以及可资利用的军事资源，殖民者的海军探险队在19世纪40年代在东南亚海域大肆活动。英国与荷兰的战舰从马六甲到廖内群岛、从廖内群岛到婆罗洲海岸来回游弋，为欧洲人与华人在东南亚海岛的经济渗透奠定基础，而经济渗透又激起新一轮的殖民浪潮。在这种情况下，"缅甸边境地区的不安定状况几乎像在印度一样，成为殖民史上永恒的主题。每走一步都关系到邻国的法律和治安，每一次吞并都意味着下一次的吞并。当英国和印度的经济利益不断遭到缅甸残余势力的奋力抵抗时，他们就迈出了吞并整个缅甸的最后一步，结果废除了传统的君主制度。"那时，尽管印度殖民政府和伦敦政府印度事务部中有些官员对此持有异议，希望维持顺从的缅甸君主与英国人保护下的传统政治格局，即采取间接统治的方式。但是，"英国人在下缅甸的商业利益要求接管整个缅甸。当英国扶持的缅甸官方希望倒向锡袍王时，缅甸作为英属保护国的计划终于破产了，其结果导致印度总督达弗林勋爵于1886年1月1日宣布锡袍王统治的地区并入英国女王陛下的控制之下。当他在2月访问上曼德勒时，他废除了鲁道即王室委员会，将上缅甸置于直接统治之下，使缅甸最终成为英属印度的一个省。"① 但是，随着传统王朝和旧秩序的彻底崩溃，英国人实际上已经处于与整个缅甸社会为敌的位

---

① [新]尼古拉斯·塔林主编：《剑桥东南亚史》第二卷，第82页。

置，面临着整个国家风起云涌的反殖民主义的斗争，缅军士兵成为散兵游勇的"土匪"，叛乱很快蔓延到下缅甸和掸邦。英国殖民者对缅甸的平定又延续了三年。到1889年初，缅甸共有233个警局与驻军基地，在上缅甸的英军人数达到18000人。①

四 缅甸少数民族边区的间接统治

在第二次英缅战争后，下缅甸生产稻米的边区被开发之时，克伦人移居下缅甸要晚于国内的其他民族。他们到达下缅甸时这里已经没有多少土地可被开垦使用。殖民政府采取优待克伦人政策，使许多克伦人转而从事非农职业。此其一。西方传教士早早在克伦人中传播基督教，使克伦人与缅族在宗教文化上的差异加大。与基督教传播密切相关的，是英国殖民者在克伦族地区推行英式教育，使克伦人的英语水平普遍提高，更易于与英国人交流。此其二。更何况，在移居下缅甸时克伦人大多保留了其社会组织，1881年下缅甸克伦人组成克伦民族联盟，并宣称其目标在于：同英国统治者达成和解并与之合作；通过教育促进克伦人社会与经济的发展；保护克伦人免受缅人统治的威胁。这些使部分克伦人与缅人之间已经存在的对立情绪进一步加深。此其三。英国殖民政府利用克伦人来对抗不合作的缅人。从1887年开始，英国驻缅军队不再招募缅族士兵，由克伦人、克钦人与钦人取而代之，甚至利用缅军中的克伦人来镇压缅人的抗英斗争。② 这样，在英国殖民时期，从语言不同、宗教分属、职业分化与社会地位差异等方面，原来就存在的山区少数民族与缅甸中心区缅族的隔阂被进一步加深。这些都与英国人在少数民族地区采取"间接统治"方式进行殖民有一定关系。

英殖民统治者在第三次英缅战争后，在缅甸少数民族山区与掸邦地区基本上沿用当地头人或土司进行间接统治。在这些地区，英国根据地方特点采取不同的治理方式：1886—1890年攻克掸邦后，在这里实行传统的土司制度，并经由1886年的《上缅甸法》、1888年的《掸邦法》，对土司的地位做出法律确认。两个法案规定：英国完全占有当地的森林与矿产资源；英国人负责仲裁各首领间的争端与冲突；承认土司传统的权力与管理习惯。

---

① ［新］尼古拉斯·塔林主编：《剑桥东南亚史》第二卷，第86页。
② 陈真波：《英国殖民统治时期下缅甸的外来移民与民族关系》，《世界民族》2007年第5期。

食邑者谬沙与税收官的法律地位得到相应的确认，使他们成为殖民体系中的行政官员。英国殖民政府在以腊戍为中心的北掸邦与以东枝为中心的南掸邦，各任命一名英国人担任的副专员，在南北掸邦没有覆盖的地区于1920年任命一位副专员。自1887年起，英印政府就以颁发委任状的形式，对土司、谬沙与税收官明确地规定其各自的职权，强调土司要接受副专员的指导。委任状的主要内容是：土司在副专员指导下按照传统习俗进行统治；向殖民政府缴纳的贡赋数量五年不变，此后重新审议应缴数量；英印政府拥有土司辖地内所有森林、矿产、宝石的独占权；土司负责当地治安、交通，并对被抢劫商人赔付补偿金；土司要配合政府进行侦缉罪犯、修筑铁路、确保商路畅通的工作，但对英国人没有任何司法管理权。为了笼络掸邦土司，在1897年缅甸省设立立法议会时，议员中没有一个缅族人，却为掸邦土司专门留下一个议席。可见，英殖民者在掸邦继续保持传统的土司制度，并以委任状形式控制土司及其下层官吏，依靠他们进行间接统治。

1889年，英国人入侵克钦人地区和钦族山区，1895年颁布《克钦山区部落条例》、次年颁布《钦族山区条例》。这两个条例规定：尽量按照传统法进行统治；鼓励头人和当地领袖自行处理本地事务，政府只在必要时帮助头人解决问题。这样对克钦与钦族地区实行间接统治。法律还确定当地头人（都纪）与英国殖民者各自的职权范围为：英国副专员与助理专员都有权任免部落、部族、村组的都纪，并规定其职权范围；副专员有权将村落与部落在尽量尊重传统习惯下划分给都纪管辖；都纪必须依照英印政府法律和当地风俗习惯，在辖区内征集税收、惩治刁民、负责治安，并在英国副专员等要求下按人头组织居民提供粮食与劳役，凡是大案和跨种族案件由副专员亲自审理，副专员有权在战争或其他必要时，要求克钦人与钦族居民在政府补偿下进行迁徙。这种间接统治的方法对少数民族地区进行控制一直没有发生大的变化。上述两个法案是英国殖民者在少数民族地区统治的基石，《克钦条例》沿用到英国在缅甸统治的结束，《钦族条例》则在1922年稍有修改。

较之于缅甸本部与掸邦，位于现今缅甸东南部并与泰国相邻的克耶族地区，保持了相对的独立性，从未成为英属印度的一部分。对于这一点，英国甚至以国家条约的形式加以确立，这在英国东南亚殖民史上独树一帜。第二次英缅战争后，英国势力渗入西克耶族地区，并将它置于保护之下。

第二章　马来亚与缅甸：英国殖民政策比较

1875年，英国迫使贡榜王朝敏同王承认西克耶族地区的独立地位，并在1878年由缅甸的金蕴门纪大臣与英属印度政府的道格拉斯·福赛斯爵士代表两国签约确认：英国政府和缅甸朝廷都不得谋求西克耶族地区的主权。这样，使西克耶族地区一直保持两不管的独立地位。东克耶族地区在敏同王委任的当地谬沙苏拉波领导下，一直忠诚于缅甸朝廷，在上缅甸与掸邦相继落入英国人手中之后，1888年英印军队攻打东克耶族地区时苏拉波兵败出逃，英国人又向其侄子、民选谬沙苏拉维颁发委任状，以此确立英国的宗主国地位。1892年，英属印度政府正式向克耶族四区的土司们都颁发委任状，这样英国对克耶族一直没有实现直接占领。但是，克耶族首领的委任状中规定：内政与族际间事务要听从掸邦副专员的指导；凡克耶族与外族的联系要报告掸邦副专员；非克耶族人不得担任当地职务等。这些规定说明克耶族的相对独立性也十分有限。

英国殖民者对缅甸本部与少数民族居住的边远地区采取不一样的治理政策。究其原因在于：此前缅甸本部与山区少数民族之间、各个山区少数民族之间，实际上并没有形成完整意义上的国家统一与民族整合，政治、经济、文化发展程度差异性很大；在交通不便、政令不畅、人口分散、文化落后、远离城镇的山区，建立直接统治只会得不偿失；原有的土司制度以及世袭头人有足够威望继续维持其统治；所以，英国人在少数民族山区建立间接统治顺应而为。

当然，在各个山区少数民族差异性很大的基础上，英国人在各个地区的间接统治也各有不同：掸邦矿产资源丰富，其经济发展与英国矿业公司关系密切，英国在保留土司制度的同时，在这里进行渐进式的政治改革，让掸邦有限地参与缅甸本部国家政治制度的建构过程；在克耶族地区英国人尽量恪守中立化条约，至少使其保持形式上的独立；克伦族由于与缅族混居而更多地受到殖民时期缅甸行政制改革的影响。在这种情况下，在缅甸本部经济发展与行政制度建构，尤其是在以仰光为中心的下缅甸的政治发展、经济与社会改革的对照下，山区少数民族地区的落后性反而凸显，少数民族享受不到缅甸政治制度改革带来的变化；英国殖民者从克伦人、克钦人与钦人中获得兵源的做法，以及在山区少数民族中传播基督教的结果，都使缅甸本来就具有的民族问题、宗教问题变得更加难以解决。如学者祝湘辉所言，在缅甸本部殖民者打破原有的封建的上层建筑，实行直接而有效的殖民管理，建立起一系列较完备的现代政府和司法机构；而在山区保留原有的封建制度，利用土司进行统治，这就扩大了山区少数民族与缅族之间在政治、经济和社会发展上的差异，以及心理上的互不信任，不利于各民族形成对现代缅甸的国家认同感，也埋下了缅甸民族问题的隐患。它造成"山区少数民族"这个政治概念的出现，形成平行而互不归属的行政单元，使缅甸民族国家的建构面临更大的挑战。①

缅甸与马来亚不同的是，这是一个由强大的主体民族，以及成分复杂、发展滞后、地处边缘的其他少数民族组成的国家。自11世纪以来，逐渐崛起的缅族与其他民族融合的主要途径是民间通婚与杂居共处，缅族为主体民族的前现代国家的一体化，通过断断续续的征服与同化等手段一直在推进。到英国殖民入侵前，缅甸在政治上的中央集权、社会文化的趋同方面都居于东南亚国家的前列。此时，掸人、克钦人、克伦人、钦族等重要的非主体民族，保持着自己独特的社会组织形式，缅甸国王对它们通过要求少数民族首领称臣纳贡，而体现一种间接统治的形态。英国人在理念上与实践中并没有把缅甸当作一个整体，而是把它分为缅族人口居住的缅甸本部与少数民族山区两大部分，加深了本来就存在的地区间与民族间的社会发展差异与心理意识分野。这种基于种族差异的分而治之的政策实践，使缅甸在去殖民化道路上远比马来亚艰辛得多。

上缅甸被吞并之后，英国人把在少数民族居住的规划区对克伦族的政策推而广之，即基本上在现今缅甸国土的边缘地区实行间接统治，保留少数民族上层的统治地位与世袭权力，保留其原有的社会政治组织与经济体系，在少数民族上层承认英国统治权的基础上，要求他们按照缅甸国王原定的数额缴纳赋税，维护当地社会秩序与保持贸易路线的畅通，并在这些上层人物中大力培养亲英势力。尽管在各个少数民族地区差异仍然存在：掸邦土司保留了司法权与税收权，行政权由直接向首席专员负责的英国驻扎官履行；在克钦人与钦人居住地区基本上也如此，不过英国人强调在这里必须废除奴隶制度、停止部落战争，以保持贸易路线的畅通。此外，英国人还特地从钦族与克钦族青年中招募士兵，按照士兵的部落归属或种族成分分组编队，而缅族人不能享受这种待遇。这样，英国人大大减少在少

---

① 祝湘辉：《英国殖民初期缅甸山区行政制度研究》，《东南亚南亚研究》2010年第1期。

数民族地区设置行政机构的开支,又使被分而治之的各种族不易联合抗英。这种殖民政策留下的烙印,离间了缅甸的民族关系,不仅对缅甸民族解放运动产生影响,而且成为独立后缅甸政府难以应付的殖民遗产。也就是说,英国殖民统治者没有推动缅甸走向政治、经济、文化的一体化,而是反其道而行之,在历史遗留的种族分裂旧痕上又添新伤,使国家民族的整合问题至今仍然困扰缅甸。

第二节 英国殖民下的经济政策:马来亚与缅甸

一 马来亚的种植园经济

在橡胶种植被引进之前,马来半岛种植园经济看似无足轻重,却呈现出多样化的发展趋势,并以出口为其主要导向。威斯利省与马六甲殖民者希望种植稻米,达到粮食的自给,这一点没能做到。殖民地早期的农业发展,主要依赖种植各种香料及甘蜜、甘蔗与椰子等热带水果。1803 年,英国东印度公司的理事把槟榔屿开发成以胡椒为主的香料种植基地,1810 年,槟榔屿胡椒的年均产量达到 400 万英镑,质量也优于东印度群岛的产品。不久,世界市场上胡椒价格下跌使胡椒种植业规模开始缩减:1835 年槟榔屿胡椒产量跌到 26.66 万英镑,1847 年几乎完全失去重要性。丁香与豆蔻的种植也如此:1818 年这两种种植业遇到瓶颈而停滞不前,只有牛汝莪的布朗(Brown of Glugor)仍在继续尝试。1841—1845 年,英国东印度公司像过去一样,拒绝永久性地出售土地或签署长期地契,这一政策严重挫伤农业种植者的积极性。加上,香料种植投资大、见效慢,大多数农业种植者对之望而生畏。1833 年,经过十多年的实验,布朗的努力初见成效,丁香与豆蔻的种植量与产量才有显著的增长[1],1847 年,这两种香料成为槟榔屿的主要农作物,1860 年丁香与豆蔻的种植覆盖了槟榔屿一半的土地。

在威斯利省,始于 17 世纪 30 年代的甘蔗种植直到 1846 年才成为重要

---

[1] Thomas Braddell, *Statistics of the British Possessions in the Straits of Malacca*, Pinang: Pinang Gazette Printing Office, 1861 p. 12.

的农作物,这与税收和土地改革有关:直到这时从槟榔屿与孟买出口到英国的蔗糖在税收上才趋于一致,殖民政府才允许以永久性地契代替短期租赁。这时,甘蔗种植面积迅速扩大。马六甲的粮食生产也做不到自给自足,只能种植椰子等热带水果。在新加坡,总督的约翰·克劳福德(John Crawfurd,1823—1826年在位)有着长期在东南亚的英国殖民地任职的实践经验。1824年,克劳福德就指出新加坡的土壤只适合种植胡椒。莱佛士在新加坡引入其他香料种植后,人们将大量资金与人力投入丁香、豆蔻与甘蔗的种植。但是,由于土壤性质不适宜,在新加坡,丁香、豆蔻、甘蔗的种植收效甚微,只有胡椒与甘蜜的种植获得成功。槟榔屿与新加坡的种植园主大多是华人,他们采取刀耕火种的方法,周而复始地在丛林中"垦荒",使土地的天然肥力到1840年前后基本耗尽,1860年新加坡的胡椒与甘蜜产量锐减,华人垦殖者也开始移居柔佛。①

马来人种植水稻以自给自足是其传统生活方式的一部分。1913年,英国政府颁布《马来人保留地法案》(the Malay Reservation Act),要求马来联邦政府划出不得向马来人之外的其他居民出售的土地,专供马来人种植稻米。但是,在马来半岛只有西北冲积平原、河口三角洲、东北沿海平原适合种植水稻。那时,60%的可耕地集中在半岛北部的吉打州、玻璃市、槟榔屿、威斯利省和中北部的霹雳州,23%的可耕地集中在吉兰丹与丁加奴靠近暹罗边境的地方。所以,尽管英国人希望马来亚能够做到大米自给自足,但是,还是不得不从缅甸与暹罗进口大米,来满足外国移民对粮食越来越多的需求。作为马来人天职的稻谷种植一直处于小规模的个体农民耕作状态,追随殖民政府这一政策的马来租佃农,常常背负着印度人、华人与马来富人的沉重债务。

在北婆罗洲,烟草被引进后一度成为获得成功的经济作物:1884年在伦敦市场上,北婆罗洲公司与沙捞越出产的烟草被评为世界顶级产品。但是,美国于1891年开始征收烟草进口税,沉重地打击了方兴未艾的北婆罗洲公司与沙捞越的烟草种植业。19世纪末,中国修建铁路需要枕木,扩大了对北婆罗洲木材的需求,欧洲人喜爱龙脑香等的嗜好也推动了原木出口

---

① [英] D. K. 巴西特:《英属马来亚的商贸与农业》,廖文辉译,《南洋资料译丛》2013年第3期,第51—59页。

的发展。这时,在婆罗洲的英国木材种植与贸易公司规模最大。1920年,规模巨大的婆罗洲木材公司在哈里森·克劳斯菲尔德资助下成立。1937年,位于北婆罗洲最东部的山打根,成为世界最重要的木材出口港之一。但是,在北婆罗洲,橡胶种植园经济始终居于首位,木材产业在其之后。在沙捞越,布鲁克家族使用国家垄断制度保护自然资源和土地质量,反对大量发展使用移民的种植园经济,禁止投机倒把与土地转让。这些措施使欧洲商业资本不易流入。所以,直到19世纪末,沙捞越政府的主要收入还是来自丛林产品与西米椰子的出口税。沙捞越出口的西米椰子占世界总产量的一半。中国人在槟榔屿胡椒套种技术的成功,使沙捞越的胡椒产量也跃居世界第二位,直到20世纪20年代橡胶才开始成为沙捞越的重要出口产品。

英国人使用法律规章使马来亚的经济朝着出口导向型发展,这主要体现在对土地政策与移民政策的控制上。首先,殖民政府摒弃传统的土地规章制度,在原始森林中大量开发种植园经济。1887—1904年,殖民政府颁布的土地规章制度,鼓励西方殖民者定居乡村并开垦荒地。政府还使用伸缩有度的移民政策,组织亚洲人口尤其是华人移居马来亚,使他们成为经济发展需要的劳动力资源。1911—1931年,殖民政府实行鼓励移民政策,中国、印度与东印度群岛的移民纷纷涌入马来亚,为锡矿开采、橡胶种植的发展提供了数量可观的廉价劳动力。当橡胶及锡产品的价格下跌后,1931—1947年,殖民政府又实行限制移民政策。马来亚的经济生产恢复到战前水平时,限制移民政策又得到了扭转。"这种敢于运用政府权力来保证廉价劳动力供给的做法,对那些试图投资于英属马来亚的民营企业家来说,无疑具有相当大的吸引力。"[①] 此外,1904年,海峡殖民地的货币开始与英镑挂钩,以及银行业与保险业的建立都有助于马来亚引进外资。

19世纪末期到20世纪上半叶,马来亚橡胶种植园经济的迅猛发展及其起起落落,是马来亚出口导向型经济发展的典型。马来亚橡胶业的产生与发展,与英国殖民者个人的努力息息相关。而且,橡胶种植业比锡矿开采业在发展速度上更令人惊叹。19世纪下半叶,天然橡胶的工艺技术出现突飞猛进的发展,世界市场对天然橡胶的需求量也在迅速增长。1839年,查尔斯·古德伊尔发明橡胶硫化技术;电气工业的发展与自行车、轿车对轮

---

① [澳]芭芭拉·沃森·安达娅、[澳]伦纳德·安达娅:《马来西亚史》,第252页。

胎需求的增长，直接推动着世界橡胶业的发展。这样，欧洲人传统上从南美洲进口的天然橡胶远远供不应求。1876年，英国人从巴西采集橡胶树种，送到伦敦皇家植物园进行实验性栽种，1877年把成活的树苗分配到锡兰与新加坡两地进行实验性移种。1878年，种植在瓜拉江沙英国驻扎官府邸的9棵橡胶树苗成活。这些树苗成为远东橡胶种植园经济起步的基础。

但是，这时的橡胶种植还处于小规模的科学实验阶段。1888年，英国植物学家亨利·理德利（Henry Nicholas Ridley）成为海峡殖民地森林与植物园的主管，这个被称为"疯狂橡胶理德利"的英国人，认为种植橡胶这种经济作物具有巨大的发展潜力。他在新加坡种植橡胶树，还发明了一种有效的割胶方法。理德利不仅自己拥有不少的橡胶种植园，还在马来亚疯狂地推广橡胶种植园经济。在长期的实验中他不断地开发出一系列的新品种。在马来亚，橡胶种植园的经济价值得到体现时，正值咖啡、丁香等旧种植园经济产品价格下跌，橡胶等新经济作物价格飙升的时期。1896年，马来亚出现了第一批使用理德利树种并由欧洲人投资的种植园，1897年，殖民政府颁布土地法规，以专门扶持橡胶作物的栽培。1905—1908年，马来亚迎来橡胶种植业经济的第一个繁荣期，三年内种植面积扩大五倍。1909—1912年又迎来第二个繁荣期。此后，殖民政府进一步在土地转让、资本流动、劳动法规方面，采取各种措施支持橡胶种植业的扩展。马来亚橡胶业的主要投资者是设在新加坡的大商业公司，诸如戈斯里公司、哈里森-克劳斯菲尔德公司等。由于大型种植园经济与个体小种植者并举、混合套种与专门种植并重，到了1913年，马来亚橡胶种植的面积已经达到了32.2万公顷。1916年，橡胶业成为马来亚最重要的出口创汇产业，直到20世纪80年代在马来西亚仍然如此。

表2-1"20世纪初马来亚的橡胶出口总量"说明，在1905—1920年的短短十五年间，马来亚橡胶出口量增长约1730倍，1920年，马来亚的橡胶产品已经占世界总产量的53%。但是，好景不长，20世纪20年代初期，国际橡胶市场迅速衰退，限制橡胶生产配额成为价格止跌的唯一途径。1921年，橡胶种植者组成一个委员会，向伦敦政府殖民地事务部提交限制生产与出口的草案，殖民部大臣温斯顿·丘吉尔指派史蒂文森组团调查。在荷兰政府拒绝合作、美国人希望乘机收购英商破产胶园的恐惧下，1922年中期《史蒂文森方案》出台，其目的在于牺牲小胶农的利益，以保住马来半

岛、婆罗洲的欧洲人大种植园。它规定，从 1922 年 10 月到 1928 年 11 月，在马来亚的一些地区实行限制橡胶生产的政策。《方案》实施的最初两年中，橡胶价格的确开始趋于稳定。但是，1925 年世界市场上橡胶价格又开始暴涨。而且，荷属东印度直到 1928 年还没有签署《史蒂文森方案》，这里的橡胶产量超过原产量的 145%，世界橡胶的价格又随之狂跌。1920—1927 年，苏门答腊岛与婆罗洲当地人的小胶园增长了 3 倍。对难于掌控的市场竞争所产生的恐惧，使英国伦敦政府殖民地事务部次长于 1928 年访问锡兰、马来亚与爪哇，他体会到本土种植园主对英资橡胶企业的威胁，于是又在 1928 年 11 月废止限制橡胶生产的《史蒂文森方案》。

表 2-1　　　　　　　20 世纪初马来亚的橡胶出口总量　　　　　　单位：吨

年代	出口量
1905	104
1910	600
1920	180000

注：根据薛君度《英国在马来亚的统治（1919—1939）》整理①

一般来说，区分大、小橡胶种植园的标准是种植面积是否达到 100 英亩。在马来亚，占地 25 英亩以下马来人为主的小胶园生产量，仅占马来亚橡胶总产量的 27.16%；占地 25—100 英亩的华人与马来人胶园的产量占总产量的 6.79%；其余约 2/3 的橡胶产品主要是以英籍资本家为主的欧洲人大种植园生产的。

表 2-2 "1931—1932 年马来亚大橡胶种植园的所有权分类"说明，在 1931—1932 年以华人为主的亚洲人（日本人除外）拥有的大型橡胶园，在马来亚大型橡胶种植的总面积中占比不到 25%，种植面积为 200—300 英亩左右，超过 1000 英亩的极少。欧洲人（含美国人与澳洲人）的大型橡胶种植园的平均种植面积接近 1500 英亩。日本人在马来亚仅拥有 36 家大型种植园，占地总量为 57000 多英亩。这样，日本大种植园在平均占地面积上超过欧洲人的种植园。以英国人为主的欧洲种植园大多由私人有限公司经营，

---

① 薛君度：《英国在马来亚的统治 1919—1939》，《东南亚》1984 年第 4 期。

它们在伦敦组成股份有限公司,并在远东各殖民地经营多家种植园。华人大种植园的平均占地面积为362英亩,大于马来人大种植园的平均面积即203英亩,以及印度人大种植园的平均面积135英亩。在表2-3"1931—1932年马来亚占地25英亩以下小胶园的所有权分类"中,马来人小胶农在绝对数量、占地总面积上都居于首位。但是,马来人小胶园的平均占地面积只有4英亩多,华人小胶园的平均占地面积是马来人小胶园的4倍多。

表2-2　　　　1931—1932年马来亚大橡胶种植园的所有权分类

	总面积（英亩）	百分比	胶园数量	平均面积（英亩）
欧洲人（含美、澳）	1394037	73.67%	976	1428
华人	356942	19.00%	984	362
印度人	63069	3.33%	267	135
日本人	57600	3.00%	36	1600
马来人	12000	0.67%	59	203
其他	7240	0.33%	10	724
总数	1890888	100%	2332	810

资料来源：薛君度：《英国在马来亚的统治1919—1939》,《东南亚》1984年第4期,第11页。原文数据如此。——编辑注

表2-3　　　　1931—1932年马来亚占地25英亩以下小胶园的所有权分类

	总面积（英亩）	百分比	数量（个）	平均面积（英亩）
马来人	693591	55%	165000	4.2
华人	378322	30%	21000	18
其他	189161	15%	16000	17
总数	1261074	100%	197000	6.4

资料来源：薛君度：《英国在马来亚的统治1919—1939》,《东南亚》1984年第4期,第11页。

1929年后,随着世界经济大萧条,橡胶的消费量急剧下降、价格也狂跌不止。这时,美国汽车行业改变了橡胶的进货渠道：费尔斯通汽车公司从利比亚,福特汽车公司从巴西进口橡胶。1934年,英国代表其远东殖民地锡兰、印度、缅甸、沙捞越、英属马来亚、北婆罗洲公司,与暹罗和荷

属东印度签署《国际橡胶管制协定》，对1934年6月1日到1938年12月31日南亚东南亚一些国家的橡胶生产配额做出规定，暂时稳定了橡胶价格，并阻止小橡胶园主扩大生产。马来亚橡胶业的小生产者深受其害，因为大种植园的生产额被估定，并从马来亚橡胶生产总额中得到有利额度后，剩余的份额才分配给小种植园主；《协定》还规定禁止栽种新的橡胶树，但可以对原有胶园内20%的胶树进行翻种。实力雄厚的大种植园有资金与技术能力翻种品质优良的橡胶树，到1938年底，他们翻种了24万英亩的橡胶树。小胶园主由于缺乏资金与技术，翻种的橡胶园地还不到0.2万英亩。此后，一部分大种植园转向新兴的出口经济作物诸如棕榈油的生产。例如，古斯雷斯集团下属的三个橡胶公司，合并为马来亚棕榈油有限责任公司，使马来亚棕榈油产量在1939年达到世界总量的11%。太平洋战争爆发后，历经十余年的橡胶生产危机才趋于结束，新品种的采用、化肥的使用、生产的机械化和割胶方法的改良，预示着橡胶产业在战后的复苏。

二 马来亚的锡业发展

英国在马来亚殖民地经济发展的核心政策，是建立一种出口导向型的经济发展框架，并采取各种措施为英国资本的投放提供有利环境。为此，它建构了新的通信设备和基础设施。马来联邦的总驻扎官瑞天咸在1896年说，不列颠的责任是"通过大规模工程的建设——公路、铁路、电报、码头，来开启马来亚整个国家的大门"[1]。以铁路为例，1885—1895年的十年间，英国人在马来半岛修建了太平至十八洞、吉隆坡至巴生港等四条，将半岛西海岸的大锡矿区与沿海港口连接起来的短途铁路线，以及一些连接矿区与铁路的碎石公路。这些铁路线在1901年合并为马来联邦铁路系统，统一由马来亚铁路局管辖。1910年，在靠近马来半岛西海岸，从北部威斯利省的彼赖，到南部柔佛的巴鲁的、贯通南北的铁路线又竣工了。1918年，该线向北延伸到暹罗边界，成为沿半岛西部长达1000多公里的南北走向铁路线。1920—1931年，在马来半岛的中部从金马士到彭亨的立卑港，再延伸到通北、哥打巴鲁和吉兰丹的东岸铁路线建成。这样，火车可以从新加

---

[1] P. J. Drake, "The Economic Development of British Malaya to 1914: An Essay on Historiography with some Questions for Historians" *JSEAS*, Vol. 10, No. 2, 1979, p. 274.

坡出发一路向北到达暹罗的东、西边境。1923年，向南修建的堤道将柔佛与新加坡联系起来。1928年，连接柔佛的巴鲁与暹罗边界的公路也修筑竣工。此后，在东海岸与柔佛尚无铁路线的地方又兴建了不少的公路线。这样，马来半岛上西、东两条南北贯穿的铁路线，以及间插其中起到补充作用的公路线，使马来半岛的交通运输在20世纪30年代达到很高的水平。这些基础设施的改善，最初可能与方便马来亚大锡的出口相关。但是，在建成之后，它们的有益之处绝非仅在经济领域，尤其是对现代马来亚国家的疆域打造、人口流动与地理联通方面都起了作用。

马来亚的锡矿开采早在15世纪已经出现。但是，大规模开采且大部分被华人控制，是19世纪中叶才开始出现的现象。1848年和1880年在霹雳州的拿律与安达，人们发现两处储存量很大的锡矿，成为马来亚锡矿史上的重要事件。1877年，在霹雳州锡矿，人们开始使用蒸汽机和离心泵来解决矿区透水问题，还从澳大利亚引进水力开采法与砾石泵等新技术与新工具。1882年，第一家欧资企业即法国锡业采矿公司在马来亚成立，十年后英国投资的务边矿业公司宣告成立。此后，英资企业开始以排山倒海之势迅猛发展，到1898年，马来联邦已经成为世界上最大的产锡国。1900年，马来亚锡的年产量占世界总产量一半以上，其中的十之八九来自马来联邦，尤其是霹雳州。1912年，在马来亚锡矿工业人们开始使用新西兰的斗式挖掘机，这使人们对低品位锡矿石进行开采与利用成为可能，扩大了锡矿开采的范围，欧洲人的资本进一步大量涌入。第一次大战后，锡业的机械化生产飞跃发展，锡业生产的兴旺发达一直延续到二战期间。但是，随着锡业生产机械化的发展，欧洲人与华人的资本，在马来亚锡矿业中的重要性发生了倒转，两者的月平均锡产量也发生了变化。

表2-4"欧洲人与华人矿家在马来亚锡总产量中占比的变化"与表2-5"1941年马来联邦欧洲人与华人矿家月均锡产量及其占比"说明：第一，以英国人为主的欧洲人锡业产量在马来亚总产量中的占比，从1910年的22%上升到1940年的72%，三十年间至少翻了两番；华人锡产量的占比则从1910年的78%，下滑到1940年的28%，三十年间收缩了近两成。下滑幅度最大的时期正好是英国殖民政府1922年出台限制橡胶种植园经济生产的《史蒂文森方案》后的十年。尽管锡业生产与橡胶种植园经济发展看似无关。但是，此阶段正处于世界经济大萧条前夕以及萧条期间则不可否

认。华人锡业生产量占比大滑坡之原因尚待进一步研究。第二，到 1941年，欧洲人矿家与华人矿家的月均产量，从绝对数量与百分比上都有很大差距：华人厂家的月均产量仅占马来联邦总产量的 27.7%；欧洲人厂家的占比则高达 70.6%。可见，在 20 世纪上半叶，英国人为主的欧洲人的锡矿开采，因其雄厚的资本、先进的技术、规模的宏大，从月均生产量到在马来联邦锡总产量中的占比都在步步攀升。历史悠久的华人锡矿业则受到欧洲殖民者的挤压而逐步衰退。华人锡矿业发展不利的因素是：第一，华人矿家生产方式落后，无法与拥有斗式挖掘机的欧洲矿主竞争，斗式挖掘机不仅可以挖得更多锡苗，还大大降低锡产品的成本；第二，华人矿家资本不足、难于购置新设备，只好继续使用老式的砂泵开采法；第三，采锡业的机械化促进了资本的联合与垄断，这种倾向在欧洲人大型采矿公司中更加明显；第四，华人在土地征用、税收缴纳、定额分配、联合生产方面，都处于无法与欧洲人相比的劣势。

表 2-4　　欧洲人与华人矿家在马来亚锡总产量中占比的变化　　单位：%

年代	欧洲人	华人
1910	2%	78
1920	36	64
1930	63	37
1940	72	28

资料来源：根据薛君度《英国在马来亚的统治 1919—1939》及陈晓律《马来西亚：多元文化中的民主与权威》整理。

表 2-5　　1941 年马来联邦欧洲人与华人矿家月均锡产量及其占比

	产量（吨）	占比（%）
欧洲人	4732	70.60
华人	1857	27.70
其他	110	1.70
总额	6699	100

资料来源：根据薛君度《英国在马来亚的统治 1919—1939》及陈晓律《马来西亚：多元文化中的民主与权威》整理。

| 英国与殖民时期的马来亚和缅甸

沙捞越河上游传统的锑矿、汞矿开采，在 19 世纪 80 年代开始逐渐衰落，金矿开采在 20 世纪 20 年代基本枯竭，石油的开采也很缓慢，直到 1913 年才首次出口石油。但是，到了 1940 年，石油成为沙捞越出口创汇的最重要产品。北婆罗洲公司与沙捞越的商业发展在英属马来亚殖民地中处于边缘位置，两个地方的殖民政府都依赖欧洲人和中国人的资本，来发展诸如石油与木材等出口导向型产业，并与新加坡和马来半岛的大公司保持密切联系，以吸引华人与东印度群岛的移民，致使北婆罗洲在 1907 年有一半劳工是华人，出现依种族而划分职业集团的倾向。这些都表明马来半岛、沙捞越和巴沙的经济发展，虽然在殖民时期被卷入全球贸易体系。但是，倘若就经济发展多样性而言，由于殖民地初期传统的香料、热带水果等产业的存在，以及殖民后期北婆罗洲公司与沙捞越的金属与石油矿产开发的存在，马来亚的经济发展并不像缅甸那样，在殖民时期向稻谷种植与出口的单一化方向倾斜。

殖民时期，马来亚对外商业贸易的变化从其重要港口城镇的变迁可见一斑，这里存在贸易中心从马六甲—槟榔屿向新加坡—吉隆坡转移的历史过程。在英国殖民时期，海峡殖民地成为英国在远东各个殖民地的商贸中心，在这里农业发展微不足道，大锡及其他的工业发展基本上也付之阙如。但是，海峡殖民地作为国际贸易商品的转口中心，其财富更多地来自转口贸易，新加坡繁荣发展的原因之一是它处于马六甲海峡最优越的商贸航道之口，原因之二与海峡殖民地实行的自由贸易政策相关。两者相辅相成、发展共赢。来自欧洲与印度的各种商品，大多要先运至海峡殖民地，再由经槟榔屿或新加坡转运到中国、印度支那、东印度群岛等地。海峡殖民地也是暹罗、马来半岛与马来群岛本地产品的集散地，这些土特产由经槟榔屿或新加坡，又转运到英国、印度与中国，甚至远销欧洲大陆与世界其他地方。海峡殖民地商业网络的扩大，还涉及缅甸到澳洲、爪哇到中国的海运商业贸易。

英国殖民者对于这一点的认知有一个过程：东印度公司的理事们对槟榔屿的商业贸易极度失望，才成为英殖民者寻找新港口，从而开发新加坡的动力。1795 年英国殖民者占领马六甲，1811 年从荷兰人手中夺得爪哇。在此期间槟榔屿一度拥有成为马来群岛最好的贸易港口的机会。1786—1810 年，槟榔屿的贸易出现过快速增长的局面，但是此后十年不再有所发展。究其原因在于：槟榔屿地处东印度群岛的西陲，距离贸易中心区域有数百英里之遥；马六甲海峡遍布海盗，使本土运货小船感到威胁；槟榔屿还存在其竞争对手，这就是在它280英里以南的马六甲，以及新加坡附近的廖内口岸。这些对槟榔屿的商业贸易发展构成了不利于竞争的因素。但是，槟榔屿也有自己的有利因素，这就是：马来人对英国人没有对老殖民者荷兰人那么反感；荷属东印度各口岸一向对来往商船与贸易活动征收重税，槟榔屿的税收却十分低廉。尽管如此，从马来群岛出发的小船，大多宁可停靠在马六甲口岸与廖内口岸，也不愿意穿越海盗出没、险象丛生的马六甲海峡而抵达槟榔屿口岸。这样，槟榔屿的商业贸易活动主要依赖它与近邻之间的交易：穿越安达曼海与孟加拉湾可抵达缅甸，槟榔屿与苏门答腊北部的亚齐，与暹罗、中国之间，也有小规模的贸易。在远东，北苏门答腊也是极其重要的商业市场，1824年这里的胡椒产量占世界总产量的58%，从而成为最重要的香料市场，到了1867年，大部分英国与印度的制造业产品，还在苏门答腊转口或换取胡椒等香料产品。这样，在这些南部大市场的冲击下，当不利因素超过有利因素，制约了槟榔屿商贸发展的机会时，马来半岛槟榔屿旧港口的衰落与新加坡新港口的开辟都势在必行。①

新加坡自由港的开辟是马来群岛贸易史上的里程碑。从开埠之日起，新加坡的商业贸易业绩开始稳定地增长，发展速度在世界商贸史上首屈一指。新加坡发展的关键在于它十分有利的经济地理位置，开放的商业政策则成为这块风水宝地的灵魂，构成了地利之外最重要的人和因素：倘若新加坡也像荷属东印度港口那样向过往商船苛征重税，来自西里伯岛、在马来世界以航海著称的布吉斯人，就不会千里迢迢来到这里进行贸易活动。莱佛士的免税自由港政策使新加坡具有无法抵抗的吸引力，使散布于远东各个口岸与各个群岛的商人闻风而来、云集于此。刚刚开埠的1824—1825年，新加坡港口进出口收入的总额已是槟榔屿港口的两倍多、马六甲港口的八倍了②。

从另一个角度看，新加坡的开埠也造成了槟榔屿与马六甲的进一步没落。槟榔屿的贸易从1823年明显下滑，到1830年贸易量减少一半多。槟榔

---

① John Crawfurd, *Journal of an Embassy to the Courts of Siam and Cochin China*. Oxford: Oxford University Press, 1967, p. 549.

② [英] D. K. 巴西特《英属马来亚的商贸与农业》，廖文辉译，《南洋资料译丛》2013年第3期。

屿和近邻伙伴之间的贸易也受到重挫，它与暹罗的贸易中有近 3/4 转移到新加坡港口，除了爪哇之外，槟榔屿丧失了与马六甲海峡以东各个岛屿之间商贸往来的机会，过去从欧洲驶来停靠槟榔屿的商船，也直接航向新加坡港口，槟榔屿本身也不得不在商业贸易发展上仰赖于新加坡，只剩下它与中国的贸易仍然生机勃勃：槟榔屿商人在邻近地区收集胡椒、西米、燕窝等产品直接运往中国，无需通过新加坡港口转运。1830 年，海峡殖民地总督罗伯特·富尔顿（Robert Fullerton，1826—1830 年在位）在报告中写道，新加坡已经摧毁日渐没落的马六甲，有可能同时将槟榔屿的贸易也毁掉。槟榔屿议会提出要新加坡与马六甲向外商征收与在槟榔屿等同的税收，英国东印度公司的理事会同意槟榔屿议会的提议。但是，在伦敦，支持新加坡的议员将此议案提交给英国议会时，内阁秉承经济自由主义的传统，不但反对在新加坡征收消费税，还要求槟榔屿也要废止此类税收条例，反而促成整个海峡殖民地全面实施自由贸易的政策。

马六甲作为商业贸易的古老港口，受到打击并非始于新加坡开埠，槟榔屿建港后，马六甲及其西部地区的商业贸易几乎全部落入槟榔屿口岸。1824 年的《英荷条约》确立了马六甲从荷兰王国托管地转变为英国殖民地后，马六甲尚存的英属东印度商人开展的商业贸易，也被转手给槟榔屿口岸。更重要的是，马六甲港口的航运环境正在恶化，港口附近泥沙淤积，使大船难以通过，这个问题一直没有得到殖民政府的重视而加以解决。这样，新加坡开埠后短短数年内，马六甲口岸就永久失去了与中国和马来群岛贸易的机会。这个夹在槟榔屿口岸与新加坡口岸之间的贸易古城，仅剩下与马来半岛与苏门答腊商人的传统贸易关系。它沦落为收集邻近土特产等货物，转运至新加坡与槟榔屿的集散地。① 也就是说，在马六甲收集的海峡产品并非直接运抵目的地，而是经过槟榔屿与新加坡口岸的转运，在很大程度上马六甲只不过是新加坡商业贸易的一个站点而已。② 马六甲城市开发较早，基础设施建设较好，慢慢成为富有华商颐养天年的地方。

1830 年，曾经跌入谷底的槟榔屿港口贸易有所反弹，但贸易范围基本

---

① ［英］D. K. 巴西特：《英属马来亚的商贸与农业》，廖文辉译，《南洋资料译丛》2013 年第 3 期。

② Thomas Braddell, *Statistics of the British Possessions in the Straits of Malacca*, Pinang: Pinang Gazette Printing Office, 1861 p. 6.

上还是限于马来半岛西岸、苏门答腊北部、爪哇，以及婆罗洲、暹罗、缅甸以及中国的部分地区。1843年后槟榔屿的商业贸易出现增长趋势，主要是由于它维持与发展了1819年后得获的新市场，并以海峡殖民地的胡椒等地产货为主要交易品。作为本土贸易中心，邻近国家的农产品与英国和印度的制成品交换，以及与中国的贸易往来，形成槟榔屿商贸发展的生命线。例如，从中国进口丝绸用于交换东印度群岛与马来半岛的胡椒、甘蜜、西米、咖啡、乌木，以及婆罗洲的锑、龟壳、海参、沙金、檀香等。马六甲的商业贸易额在1825—1830年直线下降后，到1850年以后也出现较快的增长，1865年其贸易额达到1830年的六倍多。但是，由于无法开辟新的市场，其商业贸易往来仍然仅限于传统的马来半岛与苏门答腊，在邻近收集的地产货大多数还得通过新加坡与槟榔屿进行转港贸易。

表2-6　　　　1825—1864年海峡殖民地三个口岸贸易额增长表　　　　单位：英镑

年度	槟榔屿	新加坡	马六甲	总数
1825	1114614	2610440	318426	4043480
1830	780559	3948784	141205	4798548
1840	1475759	5851924	—	7327683
1850	1644931	5637287	439175	7721393
1859	3530000	10371300	920000	14821300
1864	4496205	13252175	821698	18570080

注：数据来源于［英］D.K.巴西特《英属马来亚的商贸与农业》，载《南洋资料译丛》，2013年第3期，第55页。

* 本表数据有误，原文数如此。

相比之下，英印殖民政府对新加坡的快速发展惊叹不已：1825—1867年，新加坡一直处于英国对东印度群岛、中国香港与中国广州的贸易中心，成为英属东南亚殖民地对中国开展贸易的大本营。在英国、印度、中国这三大国家之间进行交换的货物，大都要在新加坡进行转港：英国的棉布、呢绒、铁制品等；中国的茶叶、丝绸、肉桂等；印度的鸦片与布匹等；东印度群岛的海产品与森林产品；大都在新加坡市场上进行转口贸易。在1860年，整个荷属东印度的贸易总额达到1430万英镑时，新加坡的贸易额已经达到1037.13万英镑。除作为中国、印度、英国的国际贸易大港口外，新加坡的繁荣还依赖于它同东印度群岛与马来半岛之间的贸易。由于新加坡的自由免税政策，东印度群岛与马来半岛的本土商人更愿意冒险远航至新加坡，而不是就近将货物运往荷属东印度的港口。廖内是布吉斯人的古老港口，在新加坡的带动下，廖内与望加锡分别在1834年和1847年变为自由港。但是，它们的作用仍然不能与新加坡相比。新加坡从荷属东印度输入欧洲的制成品、大锡产品及海峡的地产货，出口大量英国和中国的布匹、鸦片、丝绸与铁器。新加坡与暹罗、印度支那的贸易往来也相当繁忙，从新加坡运出的是英国的制造业产品、鸦片与海峡地产货，进口的则是大米、象牙、食盐与蔗糖。随着英国殖民势力的扩张，新加坡与马来半岛腹地的交易也得到发展，1825—1865年新加坡与马来半岛东岸的贸易稳定增长，这类贸易主要依靠华人为主的当地居民使用小驳船进行，绝大部分在华人锡工集中的彭亨开展。到20世纪上半叶，对外贸易已经成为英属马来亚的支柱产业，它与各行业的发展又息息相关。从表2-7"1906—1953年马来亚主要出口商品价值"可以看出，英属马来亚的出口商品并不单一，尽管其主要出口赚汇的产品是橡胶与大锡产品，但是，椰子果、棕榈油等也在发展之中。

表2-7　　　1906—1953年马来亚主要出口商品价值　　　单位：百万　海峡殖民地元

年份	橡胶	锡	凤梨	椰子果	棕榈油	总计（含其他）
1906	11	89	3	9	—	293
1912	28	107	3	17	—	357
1920	280	128	7	52	—	879
1925	763	175	8	35	—	1282
1929	440	182	9	36	1	925
1932	80	56	8	22	1	323
1937	489	190	9	31	7	897
1947	787	109	—	29	23	1295
1950	2455	479	12	144	37	3961
1953	1232	391	20	103	38	2897

资料来源：Hua Wu Yin, *Class and Communalism in Malaysia: Politics in a Dependent Capitalist State*, London, 1983, p. 48.

上表中 1920 年及此前年代的数据仅指海峡殖民地，1825—1953 年数据指马来亚的出口；这里的总计还包括其他产品。作者认为此表中 1932 年的数据体现，在其发展链上存在一个明显的下滑期。这大概因为：一是，马来亚对外贸易历来以橡胶和大锡为主，两者在 1929—1932 年三年间跌幅太大；二是，1932 年的海峡殖民地出口额总计为 323 百万元，其他产品几乎占了一半，很难想象"其他产品"所指何物。对 1932 年马来亚出口业的大幅度下滑唯一能推测的是，它受到世界经济大萧条的影响。

三 下缅甸的经济政策

农业是缅甸经济发展中最重要的产业，英国殖民时期仍然如此，只不过是从一种自给自足的农业经济，变成带有出口导向并与世界市场密切联系的农业经济。但是，这样的变化在缅甸经济史上非同小可，对于一个基本上处于内陆的经济体而言，被卷入世界经济发展的大潮，以及与市场经济发生对接，都是一种值得注意的经济发展变化，这种变化主要以下缅甸的稻作业生产为代表。

19 世纪初，缅甸农业的基本格局是上缅甸的灌溉农业得到较大发展，尤其是在曼德勒、皎克西、瑞茂、任尾伸、密铁拉、敏巫一带的干燥地区。在这里，湖泊、河塘、沟渠、水坝组成纵横交错的水利灌溉系统，可灌溉农田的面积达到 100 万英亩。下缅甸没有这样的人工水利灌溉系统。但是，上、下缅甸最重要的农业生产都是水稻种植业。此外，上缅甸还种植豆类、玉米、烟叶、棉花，下缅甸还种植甘蔗、棉花与蓼蓝。那时，上缅甸干燥地区是整个缅甸经济最发达的地区。第一次英缅战争后，英国人开始把阿拉干与丹那沙林出产的大米出口到印度。丹那沙林的首席专员梅杰为解决非农劳动力缺乏的问题，从印度运来犯人与契约劳工，利用他们修筑交通与其他公共设备，还从槟榔屿等地吸引中国人到丹那沙林从事商业与手工业活动。这样，印度人与华人成为英国殖民后最早定居丹那沙林的侨民，他们在一定程度上推动了丹那沙林的经济发展。在阿拉干，吉大港专员管辖下的英国殖民者利用它邻近孟加拉的便利，放任大批的孟加拉穆斯林涌入阿拉干各个城镇。这一方面解决南印度人口过剩问题，另一方面也部分地解决缅甸西部劳动力不足的问题，但却为缅甸带来了一百多年后挥之不去的阿拉干穆斯林难民问题。

| 英国与殖民时期的马来亚和缅甸

1826—1852年，在阿拉干与丹那沙林，自给自足的农业经济仍然占主要地位。但是，海洋贸易与造船业得到一定的发展。由于实行自由贸易政策，实兑、毛淡棉等沿海城市因输出大米与柚木，得到很大发展并成为自由港，实兑在19世纪中叶成为世界最大的大米输出港口之一。阿拉干的皎漂、丹那沙林的毛淡棉是经营缅甸柚木输出的大港口。在这里，英国殖民者还利用当地的柚木与廉价的劳动力发展造船业，使毛淡棉一度成为东南亚造船业的中心之一。但是，在这些发展起来的新经济部门中，工人主要来自印度，商人与手工业者主要来自中国，缅甸人并没有得到充分的机会，参与自己祖国与世界经济发展相关的制造业与商业的发展。第一次英缅战争后缅甸西部出现的经济变迁，主要是殖民统治者个人及英国商人，自发地对经济发展做出的推动，英国殖民政府在缅甸实施的经济政策与措施，基本上在第二次英缅战争后才得以体现。第二次英缅战争后，英印殖民当局引进移民大力开发下缅甸，以便掠夺缅甸的农业产品与自然资源。他们取消了缅甸王朝对大米出口与自由贸易的限制，1861年开始在下缅甸发行纸币，推动印度的银行到缅甸开设支行。例如，孟加拉银行于1861—1866年在仰光、毛淡棉和实兑都开设了支行。

影响最大的是英国殖民政府实施有利于下缅甸开发的土地政策。鉴于下缅甸地广人稀，殖民政府在第二次英缅战争后，开始实行土地使用者缴纳税金的措施，并推行殖民政府保留土地收回权力前提下，将20英亩以下的土地无偿赠予当地居民与外来移民的措施。1876年颁布《下缅甸土地与税收法案》。该法案规定，下缅甸全部土地的所有权都归殖民政府。但是，凡是在土地上连续耕种十二年，一直没有拖欠税赋的任何人，都可以获得能继承、出卖、抵押和转让该土地的所有权。从此，土地私有制在下缅甸正式确立。英国殖民者吞并上缅甸后，又参照下缅甸的土地私有制以及印度的莱特瓦尔制，于1889年颁布《上缅甸土地和税务法》，允许土地私有制在上缅甸存在。[①] 这样解决大量发展稻作农业时，耕种者能够自由获得土地的问题。当然，在土地制度从王有制转变为私有制的过程中，大得其利的还是英国殖民者，"为了获得土地私有权，广大农民原来耕种和新开垦的土地都向殖民者进行了登记，并如期向殖民者缴纳土地税。英国殖民政府

---

① 何平：《缅甸殖民时期的地主土地私有制》，《世界历史》2007年第4期。

在缅甸的土地税收大为增加"。20世纪以后,土地税占殖民政府在缅甸的财政收入的一半以上。①

从表2-8"1830—1940年缅甸水稻业种植面积",可以通观缅甸水稻种植业百余年的变化,即稻作业种植面积一直处于不断增长的趋势:从1830年的2.7万公顷,增长到1880年的125.5万公顷,在这五十年间,水稻种植面积增长122.8万公顷,即增长了约四十六倍。此后三十年间每十年的增长幅度都在100万公顷以上。从种植面积增长看,1830—1880年是奠基时期,1880—1900年的快速增长尤其显而易见。到20世纪最初十年,种植面积增长速度有所下降,直到20世纪30年代又再次缓慢上升,此后基本保持不变。水稻种植面积的增长与英殖民政府私有制土地政策的实施密不可分。它形成了水稻种植业发展的第一个必要条件。

表2-8　　　　　1830—1940年缅甸水稻业种植面积　　　　单位:百万公顷

年份	种植面积（百万公顷）	增长量（百万公顷）
1830	0.027	—
1880	1.255	1.228
1890	2.329	1.074
1900	3.460	1.131
1910	4.026	0.566
1920	4.172	0.146
1930	5.006	0.834
1940	5.066	0.06

资料来源：U Khln Win, *A Century of Rice Improvement in Burma*, IRRI (International Rice Research Institute), Manila, 1991, p.18.

水稻种植业发展的第二个必要条件是大量农业劳动力。为了解决这个问题,殖民政府规定下缅甸的新来移民在数年内可以免交赋税。同时,政府对运送印度无地农民和破产手工业者,到下缅甸定居的英国轮船公司还提供大量的补贴:1874年提供10万卢比,1883年提供30万卢比。结果,

① 何平:《缅甸殖民时期的地主土地私有制》,《世界历史》2007年第4期。

在下缅甸谋生的印度人从 1862 年的 7.3349 万人，增长到 1881 年的 24.3123 万人，二十年间增长了两倍多。

稻作农业发展的第三个必要条件是农业生产开发资金。它需要为开始从事稻作业的农民，提供包括购买种子、农具、牲畜，以及雇工开垦荒地的大量费用，还涉及农民家庭生活开支的来源。为了以最低代价开发下缅甸，殖民地政府除了发放少量的专用贷款外，任由印度与缅甸高利贷资本在下缅甸肆意横行。英国殖民政府 20 世纪以后才开始对水稻种植进行专款发放，此前，水稻种植者的资金来源主要仰赖于私人放贷。1876 年《下缅甸土地法》颁布后，大量齐智人在 19 世纪八九十年代来到下缅甸，成为利用新移民发展稻作农业并从中牟取暴利的剥削阶层。到 1881 年下缅甸已经存在齐智人为主的职业高利贷者 587 人。这些因素客观上促进了缅甸稻作农业的快速发展。但是，这种发展是以传统的王有土地所有制瓦解，印缅大地主、尤其是高利贷兼大地主的齐智人的发达，失地与无地农民的增加，以及缅甸大众消费水平的低下，工商业发展的受阻为代价的。英国殖民政府的上述措施，在使下缅甸的经济奇迹般发展的同时，也是造成此后几十年缅甸经济发展不平衡的根源。

第二次英缅战争后，1852—1885 年短短的三十多年中，下缅甸以水稻为主的单一农业种植制度形成了。19 世纪初期伊洛瓦底江三角洲人口密度是 14 人/平方公里。这里存在大量沼泽地，下缅甸生产的粮食除自给自足外，只够运送到上缅甸缺粮地区，主要作为缅甸国家内部调配的粮食用品。1855—1856 年三角洲输出的大米中有一半运往上缅甸。1856—1857 年在伊洛瓦底江三角洲 66.2 万英亩耕地中，有 61.6 万英亩用于种植稻谷。可见，下缅甸水稻种植业的商品化与稻谷的国际贸易出口，主要是英国在第二次英缅战争后开发下缅甸的殖民政策产物。

外部因素与客观因素刺激了缅甸稻作业的迅猛发展：在 19 世纪 50 年代末，世界市场大米的主要生产地与输出国还是英属印度与美国南部。1857—1858 年印度士兵起义及 1860—1865 年美国南北战争，使世界市场最重要的大米产地受到影响；蒸汽动力轮船的使用与苏伊士运河的通航，降低了东南亚大米运往欧洲的成本；19 世纪 70 年代后，英国殖民者占领中国香港，马来半岛等地开始大量开发锡矿和种植橡胶，致使大量中国移民与印度劳工对口粮的新需要。1885—1910 年，下缅甸基本上没有发生过严重的水涝与旱灾，对水稻生产形成有利的环境气候条件。下缅甸水稻种植与出口呈现直线向上发展的趋势，还与该时期稻谷价格波动不大有关。仰光市场上的大米价格扶摇直上：从1851—1852年的每百箩（大约等于2100公斤）售价18卢比，上升到1861—1865年的每百箩40卢比，以及1876年的每百箩80卢比，1885—1910年连未脱粒稻谷，也从每百箩售价95卢比上升到110卢比。

在这种情况下，下缅甸的大米输出从1855—1856年的12.7万吨增长到1867—1868年的23.5万吨，以及1872—1873年的50万吨，甚至到1885年高达94.6万吨，三十年间下缅甸大米出口量翻了七倍，下缅甸成为世界上首屈一指的大米输出地。在英国殖民者开发下缅甸后，随着高度商品化和国际化的稻作农业发展，过去以家庭为主体、亦耕亦织的自给自足小农经济很难继续存在，连阿拉干、丹那沙林的家庭手工业者，都被卷入与世界贸易相关的水稻种植业。

"一战"以后，美国、意大利、西班牙的大米开始充斥欧洲市场，使得缅甸的大米出口受到挤压。在亚洲，缅甸大米还受到印度支那与泰国出口的大米的竞争，价格出现暴跌：从1927年的每百箩182卢比下降到1935年的83卢比。然而，水稻栽培在缅甸种植业总面积中的比例下降幅度不大：从1915—1919年的占种植业总面积的71.5%，下降到1935—1939年的66.7%。同时期，花生、芝麻、大豆种植用地的占比，从13.3%上升到占20.4%，上升的幅度也不大；棉花、甘蔗与橡胶的种植面积则成倍增长。尽管缅甸稻作业从20世纪30年代后，进入缓慢增长甚至停滞发展的时期，它仍然没有失去世界大米输出第一国的地位。

表2-9 "1905—1939年的政府提供的土地改良贷款与农业耕作贷款"说明：第一，英殖民政府在提供低息贷款方面，对缅甸稻作业发展所起的作用不大，它主要以"土地改良贷款"与"农业耕作贷款"两种形式出现。其中，土地改良贷款的数量除1921—1922年达到3.8万卢比，以及1923—1924年达到24.6万卢比外，1905—1906年度到1938—1939年度的三十多年间，都微乎其微，甚至没有达到能够以万计算的程度。第二，相比之下，农业耕作贷款的提供数量要大得多，而且，也是在1920—1924年达到其峰值期。

| 英国与殖民时期的马来亚和缅甸

表 2-9　　　1905—1939 年政府提供的土地改良贷款与农业耕作贷款　　单位：千卢比

年度	土地改良贷款	农业耕作贷款	总计
1905—1906	4	676	680
1915—1916	5	1299	1304
1920—1921	38	3161	3199
1923—1924	246	2206	2452
1930—1931	6	955	961
1934—1935	1	394	395
1938—1939	2	0	2

资料来源：Cheng Siok-Hwa (1968) *The Rice Industry of Burma, 1852-1940*. University of Malaya Press, Kuala Lumpur. Cf U Khln Win, *A Century of Rice Improvement in Burma*, Manila, IRRI, 1991, p. 24.

与殖民政府提供的低息贷款相比，齐智人高利贷起了更大作用。在20世纪20年代末，下缅甸齐智人高利贷钱庄已发展到1650家，每年放贷4亿—5亿卢比，到30年代末齐智人钱庄达到1900家，连上缅甸也有195家。在1930年缅甸农民的长期贷款中45%的借贷来自齐智人，15%的借贷来自缅甸人，11%的借贷来自华人，3%的借贷来自齐智人之外的印度人，只有26%的借贷来自政府和其他途径。

表 2-10 "1885—1939 年缅甸稻作业的发展"是使用中国著名缅甸史专家贺圣达先生的有关 1885—1939 年缅甸稻作业发展中种植面积、大米总产量与大米输出量的综合数据形成的。

表 2-10　　　　　　　1885—1939 年缅甸稻作业的发展状况

时间	种植总面积（千英亩）			大米总产量（百万吨）	大米输出量（百万吨）
	下缅甸	上缅甸	合计		
1885—1889	4011	—	—	—	0.946
1890—1894	4865	1196	6061	—	0.982
1895—1899	5765	1463	7228	—	1.226
1900—1904	6832	1903	8375	—	1.492
1905—1909	7532	1989	9521	—	1.937
1910—1914	8024	2145	10169	3.74	2.052

续表

时间	种植总面积（千英亩）			大米总产量（百万吨）	大米输出量（百万吨）
	下缅甸	上缅甸	合计		
1915—1919	8362	2143	10505	4.31	1.970
1920—1924	8912	2024	10936	4.58	—
1925—1929	9582	2282	11864	5.00	—
1930—1934	9720	2367	12017	4.87	—
1935—1939	9865	2404	12269	4.94	—

资料来源：贺圣达：《缅甸史》，第274、294页两表合并整理。

上表可见：其一，1890—1930年的四十年间，下缅甸水稻种植面积几乎始终是上缅甸的四倍左右。下缅甸水稻种植面积增长最快的时期是1885—1914年，三十年间翻了一倍。此后二十多年仍有小幅度的增长。前期种植面积的迅速扩大与后期种植面积缓慢增长的主要原因，是下缅甸通过开发沼泽和雨林，因而开垦为水稻种植用地的土地已经所剩无几。其二，上缅甸水稻种植面积增长最快的时期是1890—1914年，此后很少有增长，1915—1924年甚至出现了小幅度的负增长。其三，缅甸大米的总产量与出口量缺乏覆盖五十年的全面数据，很难看出规律。但是，总体上比较平稳。这与殖民政府的政策、国际市场的需求、齐智人高利贷者的资金投入等等，都有密切关系。

另外，缅甸专家吴钦文（U Khin Win）的统计数据，以表2-11到表2-14为参佐。将两位专家的统计数据并列于此的原因在于：吴钦文的表格是从近期发表的论文中获得，是根据殖民时期的缅甸居住与土地登记部（Department of Settlement and Land Record，DSLR）的统计数据，与殖民政府发行的英国官员格兰特（J. W. Grant）的作品形成的。从同时代官方统计数字和当事人的角度来看，可能会更加具有参考价值。从表2-11"1880—1930年下缅甸与上缅甸稻米种植面积增长"可以推衍出：1880年以后下缅甸水稻种植面积增长最快的时期是1890—1900年这十年，此前十年的增长幅度次之。上缅甸水稻种植面积增长最快的也在1890—1900年这十年。

| 英国与殖民时期的马来亚和缅甸

表 2-11　　　1880—1930 年下缅甸与上缅甸稻米种植面积增长　　　单位：百万公顷

年代	下缅甸		上缅甸	
	种植面积	增长	种植面积	增长
1880	1.225	—		
1890	1.78	0.525	0.549	—
1900	2.662	0.882	0.798	0.249
1910	3.16	0.498	0.867	0.069
1920	3.475	0.315	0.809	—
1930	4.011	0.531	0.995	0.186

资料来源：J. W. Grant（1939）*The Rice Crop in Burma*. Superintendent Government Printing and Stationery, Rangoon, Burma. Cf: U Khln Win, *A Century of Rice Improvement in Burma*, Manila, IRRI, 1991, p.19.

殖民时期缅甸稻作业发展中的最大问题是，在不断扩大耕地面积时，殖民政府、当地耕种者与农业专家，都没有注意耕作技术的改进与土地肥力的保持。因此，到扩大耕作面积遇到瓶颈时，单位产量与总产量的增长，都没有成为在扩大耕地面积不可能情况下的一种弥补。吴钦文的表2-12"1913—1940 年缅甸稻米的单位产量"依然使用来自缅甸居住与土地登记部的数据，表 2-13"1830—1940 年缅甸的（未脱粒）稻谷产量"使用来自缅甸居住与土地登记部，以及同时代人 J. W. 格兰特的双重数据。从前表的缅甸近三十年间稻米单位产量的变化，到后表的缅甸 110 年间未脱粒稻米总产量的变化，可以分析出缅甸稻作业发展的趋势。这两个表格中前者的数据是吴钦文从"笋/英亩"转换为"公斤/公顷"的，后者无法形成整齐划一的年度间隔数据。但是，由此得出技术改革与土地肥力保护缺失的结论无可厚非：1913 年缅甸稻米种植的单位产量还保持在最高位，即每公顷1769 公斤，1920—1935 年间单位产量比 1913 年减少至少 200 多公斤，1940年缅甸稻米的单位产量又有些许回升，但是，它与 1913 年的单位产量相比仍然少 100 多公斤。

表 2-12　　　1913—1940 年缅甸稻米的单位产量　　　单位：公斤/公顷

年代	产量（公斤/公顷）	年代	产量（公斤/公顷）
1913	1769	1930	1550

续表

年代	产量（公斤/公顷）	年代	产量（公斤/公顷）
1920	1528	1935	1560
1925	1511	1940	1640

资料来源：U Khln Win, *A Century of Rice Improvement in Burma*, Manila, IRRI (International Rice Research Institut), 1991, p. 20.

殖民政府的"居住和土地登记部（DSLR）"从 1913 年才开始进行统计。所以，下表中 1830—1913 年的缅甸未脱粒稻谷产量，是论文作者吴钦文以播种面积的 95% 作为收获面积，然后乘以平均单位产量即每公顷生产 1700 公斤，推衍得出的总产量，只能作为参佐数据大致估算，不能作为精确数据加以使用。即便如此，20 世纪 20 年代与 40 年代，缅甸未脱粒稻谷产量存在负增长显而易见。

表 2-13　1830—1940 年缅甸的（未脱粒）稻谷产量　　　　单位：百万吨

年代	稻米产量（百万吨）	增长量（百万吨）	备注
1830	0.044	—	—
1880	1.989	1.945	50 年内的增长
1885	2.418	0.429	5 年内增长
1900	5.588	3.17	15 年内增长
1910	6.502	0.914	10 年内增长
1920	6.008	-0.494	10 年内负增长
1930	7.295	0.793	10 年内增长
1940	6.894	-0.401	10 年内负增长

资料来源：U Khln Win, *A Century of Rice Improvement in Burma*, Manila, IRRI, 1991；由于殖民政府的"居住和土地登记部（DSLR）从 1913 年才开始做数据统计，1830—1913 年的产量是从播种面积乘以平均产量推衍而来，仅供参考。

上表中，1913 年以后的数据是殖民政府居住与土地登记部所统计，下文它证明了本书中由米彻尔·亚当斯提出的，20 世纪头十年成为下缅甸从多元共生社会走向危机四伏社会的转折点，与下缅甸经济特别是稻作业经济发展的状况密不可分，这一观点的正确性。

吴钦文提供的表 2-14 "1880—1940 年缅甸稻米产量及脱粒大米的出口

量及其占比"说明，1880—1940年的六十年间，缅甸脱粒大米出口量大多占脱粒大米总产量的60%左右，有时低至55%左右，有时高达70%以上。

表2-14　　1880—1940年缅甸稻谷产量及脱粒大米的出口量及其占比

年代	产量（百万吨）		脱粒大米出口量（百万吨）	占脱粒大米总产量的百分比（%）
	未脱粒稻谷	脱粒大米		
1880	1.989	1.253	0.807	64
1900	5.588	3.52	2.097	60
1910	6.502	4.096	2.381	58
1920	6.008	3.785	2.107	56
1930	7.295	4.596	2.839	62
1940	6.894	4.343	3.104	71

资料来源：U Khln Win, *A Century of Rice Improvement in Burma*, Manila, IRRI, 1991, p.32.

总之，在1886—1917年，缅甸水稻种植业的迅速发展在世界殖民地史上实属罕见。根据贺圣达的《缅甸史》，此期间缅甸水稻的种植面积、总产量、大米输出量都翻了一倍。这时，除了印度与海峡殖民地对缅甸大米的需求量大增之外，上缅甸与印度移民蜂拥入伊洛瓦底江三角洲垦荒种植，也对上述三项指标的翻番起了作用。一战后，缅甸农民的失地与贫困问题开始显现。此后，虽然殖民政府的部分官员与部门希望出台补救政策，殖民地立法议会也进行干预。但是，这些努力很难起效，因为英国殖民政府、齐智人高利贷者、印缅大地主已经形成了一条相互勾结的利益链，失地少地农民与广大居民的深度贫困，一直没有得到充分重视，这在下文关于英国殖民遗产的讨论中加以论证。

1927年，英属缅甸政府立法会议成员提出《缅甸农业法案》，规定小佃农可以租种30英亩土地，租期7年，借以部分地解决耕者有其田的问题。但是，这一提案遭到立法议会中地主与高利贷及其支持者的否决。1930—1932年，萨耶山领导的农民起义席卷下缅甸，殖民政府官员迫于形势提出《重新审查农业立法问题》，但是这个提案同样遭到了否决。1931年殖民地立法议会通过《农业贷款法案》。该法案规定，政府在1931—1932年以6.25%的低息，向农民提供460万卢比的贷款。但是，这仍然没有解决高利贷剥削的问题。1936年，殖民政府通过《缅甸农民债务解决法》，但没有落实到实处。印缅分治后，缅甸殖民政府设立农业土地委员会，颁布《租佃条例》和《土地租让条例》。但是，缅甸农民缺乏耕作资金，土地被抵押后落入高利贷者手中，这已经是几十年积重难返的问题，这些条例不足以改变现状。1941年，缅甸政府通过《土地购买法》，规定政府出面购买齐智人高利贷者等大地主的土地，然后转卖或出租给农民。同年出台的《借贷条例》规定对高利贷者进行注册登记、账目调查，并将借贷的年利息限制在18%以下。这种从土地与借贷同时入手的做法，或多或少能够解决一些问题。但是，日本人1942年入侵缅甸使这两个法案都无法实施。

四 缅甸的产业发展

缅甸采矿业以石油开采为主，油田主要集中在伊洛瓦底江流域中部的谷地，在这里从北向南沿江形成一条遍布油井的狭长地带。其中，又以仁安羌与新固的油井最为密集。"仁安羌"在缅文中是"油河"的意思，18世纪已经有人在这里进行土法开采。虽然新固在1902年才开始打井出油，但是勘查表明新固的石油储存量有可能超过仁安羌。然而，直到1930年，仁安羌的石油产量仍然占缅甸石油总产量的2/3，新固的石油产量仅占1/3；到1939年新固的石油产量才开始超过仁安羌的产量。缅甸石油的炼油厂集中于仰光附近的沙廉，这些工厂大多数是英军占领沙廉后才开始修建的。英国吞并上缅甸后，于1886年立即成立英缅石油公司，到1917年已经拥有1000万英镑资本，第二次世界大战前其资本已达到1850万英镑，垄断缅甸85%以上的石油生产。斯蒂尔兄弟公司起先垄断缅甸稻米出口量的3/4，并在柚木出口贸易中大发横财，1907年该公司开始投资石油生产，组建缅甸石油公司并采用新式采油法进行生产，当年的投资就在缅甸石油生产总投资额中占据1/8。此外，斯蒂尔兄弟公司还投资造船、水泥、橡胶等新兴产业，是一个业务广泛的垂直特斯拉。到缅甸独立时，英缅石油公司通过仁安羌与新固等地的石油开采，以及在沙廉的石油精炼，掠夺缅甸石油资源已达六十多年。缅甸的石油产量从1888年的近200万加仑，增长到1911—1915年的每年2.5亿加仑，到1917年缅甸石油产量下降到2.09亿加仑，1921年又上升到2.96亿加仑，1940年为3亿加仑。炼油厂从1899年的两家，增长到1911年的五家和1940年的十家。①

缅甸的金属采矿业在亚洲也占有重要地位，尤其是缅甸的钨矿产量在亚洲仅次于中国。第三次英缅战争后，缅甸金属矿藏开采业迅速发展，缅甸很快成为亚洲最重要的金属矿产地区之一，并以盛产锌、铅、锡、银而著称。② 在金属矿产开采方面，1902年成立的远东矿业有限公司，到1914年已经拥有100万英镑资本，并垄断缅甸85%以上的矿业生产。远东矿业有限公司后来更名为英国缅甸公司，成为缅甸金属矿产业最大的公司。相比之下，1910年成立的兴得昌采锡公司，是一个只有15万英镑资本的小公司。

缅甸的有色金属矿产大多分布在少数民族居住的掸邦高原。例如，钨矿主要分布在克伦尼邦的茂基与土瓦附近的黑敏枝。钨矿开采始于1909年，而1914年在世界钨矿总产量8000吨中缅甸的产量便已达2300吨，占世界总产量的1/4多，成为世界产钨最多的国家之一。1914—1918年，缅甸钨矿的产量仅次于中国，成为世界第二大采钨国。缅甸的铅产量为亚洲第一、世界第五，铜产量居于亚洲第四位。但是，由于缅甸没有炼钨厂，英国人把钨砂运到新加坡和槟榔屿的工厂去加工处理。缅甸的铅、锌矿位于掸邦高原北部，包德温矿区离腊戌很近。在这里，很早就有中国云南人从事铅、锌开采业。1909年，这里被英国缅甸公司占据，并开始使用新法开采，英国人在包德温钨矿区东南16公里处的南渡，设立铅、锌等有色金属冶炼厂，把精炼后的产品经腊戌—瓦城铁路，运送到仰光港口出口。仅在1936年，这个英国矿业公司就生产了7200吨铅、7700吨锌、59万两银。在缅甸非金属矿产的开采一向以宝石尤其是红宝石著称。红宝石产地以瓦城东北的孟拱为中心，玉石矿区主要在孟拱西北山区，开采者以中国云南人为主。③

---

① 任美锷：《东南亚地理》，中国青年出版社1954年版，第119页；贺圣达：《缅甸史》，第269—270、290页。
② 任美锷：《东南亚地理》，中国青年出版社1954年版，第119—121页。
③ 任美锷：《东南亚地理》，中国青年出版社1954年版，第119页。

表 2-15　　　　　1938 年与 1951 年缅甸石油与有色金属精矿产量　　　　单位：万吨

年代	石油	铅（精）	锌（精）	锡（精）	钨（精）	锡钨混合（精）	采矿工业生产总指数
1938	103.5	8	6.07	0.45	0.38	0.47	100%
1951	11.8	0.62	0.05	0.1	0.05	0.12	8%

资料来源：任美锷：《东南亚地理》，中国青年出版社 1954 年版，第 119 页。

从上表 1938 年与 1951 年的数据可以看出，十三年间缅甸石油与有色金属采矿业一落千丈，个中的原因耐人寻味：第一，独立后英国公司的撤离可能是最重要的因素，可见英国在殖民时期对缅甸采矿业的彻底垄断。第二，第二次世界大战中日本人占领缅甸，以及英军撤离缅甸之时，对当地造成破坏，在客观上破坏了缅甸经济环境，第二次世界大战结束时缅甸经济几近全面崩溃，矿产业当然也难以幸免。第三，在缅甸独立后的初年，新生政权忙于调解缅英关系并进行战后重建，发展经济还不能上重要的议事日程。对刚刚从英国殖民统治下独立，并跳出了英联邦藩篱的缅甸联邦共和国而言，首要的任务是建构国家政体与稳定社会秩序，对此下文第四章有所叙述。

在对外贸易方面，缅甸的出口总值从 1886 年的 1.5 亿卢比，上升到 1915 年的 5.6 亿卢比，仰光成为仅次于加尔各答、孟买的英属印度的第三大港口城市。第三次英缅战争后形成的缅甸省，在英印帝国中人口只占 4%、土地面积只占 13%，大米产量占 15%、森林面积占 25%，石油产量却占英印帝国总产量的 2/3，实为"大英帝国的印度王冠上的最光辉夺目的珍珠"[1]。为了便于出口把缅甸各地生产的农产品、林木产品与矿产品等运送到沿海港口，以及把英国的商品诸如棉纺织品等输送到缅甸各地，以便在殖民地市场推销，殖民政府十分重视发展交通运输业。在内河航运方面，早在 1863 年殖民政府成立英资伊洛瓦底江轮船公司，1868 年将此公司交由私人经营。1868—1869 年，殖民政府在缅甸相继开设仰光—曼德勒、仰光—八莫的航运班轮，充分利用了大自然赐予的，水上交通大动脉伊洛瓦底江及其可航运的支流。

---

[1] Frank N. Trager, *Burma from Kingdom to Republic*, New York: Frederick A. Praeger, 1966, p. 145.

在铁路建设方面，仰光－卑谬、仰光－东吁的铁路线分别于 1877 年和 1884 年通车，使缅甸成为当时中南半岛上唯一一个有铁路运输系统的国家。在通信设备建设方面，仰光到加尔各答、卑谬、兴实达、第阅茂之间的电报线路，也于 19 世纪 60 年代建成并投入使用，仰光与曼德勒之间的电报线路，则于 19 世纪 70 年代开始使用。第三次英缅战争后，1886—1889 年，在缅甸英国人又修建了东吁－曼德勒铁路线，1898 年将这条线向北延伸到密支那，1902 年又延伸到腊戌。1902 年建成礼不旦－勃生铁路线。1907 年又建成仰光－毛淡棉铁路线。在 1886—1914 年近三十年里，缅甸就建成了 2000 公里的铁路线。1914 年，缅甸的铁路总长达到 2500 多公里，超过法属印度支那的 2043 公里，是暹罗铁路线 1122 公里的两倍多。1919 年，缅甸的铁路线总长达到 2571 公里，形成纵贯南北的铁路网，且由仰光向东延伸到毛淡棉与易缪，向西延伸到伊洛瓦底江畔的勃生与卑谬。南起毛淡棉、北到密支那的南北贯通铁路线，与伊洛瓦底江内河航运构成运输网，英印帝国的商品倾销、高利贷者的蜂拥而至、农村社会的土崩瓦解、现代生活的渐次兴起，都在一定程度上与交通运输业的发展相关联。此后，在 1920—1940 年的二十年间，缅甸仅增建了 706 公里的铁路线，缅甸铁路总长 1940 年达 3314 公里，此法属印度支那的 3361 公里铁路稍稍落后，客运量与货运量也随之下降。到 1943 年年底，日本占领军曾强迫大批英国、印度的战俘，修筑从曼谷以西的纹磅（Bon Pong）到毛淡棉以南的坦漂籍耶（Thanbyuzayat）的泰缅铁路线，这条铁路因穿越丹那沙林山地的热带丛林，[①] 其修建的惊险与艰巨程度远非常人所能理解。时疫与虐待使修路的盟军战俘死伤无数，因此这条铁路线也得名"死亡铁路线"。

  缅甸的公路发展速度远远不能与铁路相比。1915 年，缅甸共有 8000 公里长的公路线。但是，每逢 5—10 月的雨季，不少公路无法通车。有两条从仰光出发到瓦城的公路线发挥着十分重要的作用。其中一条与铁路线基本平行，另一条是从仰光由经仁安羌油田到达瓦城，从瓦城以西经曼尼坡到达印度的公路线。从东枝向东直达景栋，与泰国北部的清莱相通的公路线，在 20 世纪 50 年代初便已经存在。但是，在缅甸北部最重要的公路线大概还是第二次世界大战期间，中国、缅甸和英国人共同修建的滇缅公路中

---

① 任美锷：《东南亚地理》，第 122 页。

的畹町—腊戌一段，因为它不仅连接中国西南与缅甸北部的公路交通，而且在腊戌与缅甸的铁路线交会。这条边修边用的滇缅公路，在第二次世界大战中对抗击日本封锁中国物资供应起了重大作用。

缅甸的水上航运业尤其是内河航运，总体上发展较快，1895年之前，缅甸的内河航运承载量，已是铁路运输承载量的两倍。伊洛瓦底江轮船公司在第三次英缅战争中因输送兵源而迅速发展。1916年，该公司已拥有大小船只500多艘、雇员1.1万人，以及在仰光、达拉、曼德勒建造的码头，与在仰光建造的船舶修理厂。到20世纪初，伊洛瓦底江轮船公司成为世界上最大的内河航运公司之一，20年代末拥有大小船只622艘，年均运载旅客量达900万人/次之多，货运量达到125万吨，它垄断了缅甸的内河航运和全部造船厂与船坞。海上运输尤其是印、缅之间的海运业发展更加迅猛。1907年总部设在加尔各答的英属印度轮船公司，开设了加尔各答—仰光—日本的远程海上航运线，该公司承担的印度与缅甸之间的货运量，从19世纪80年代的年平均177万吨，增长到20世纪头十年的年均523万吨。但是，最让人遗憾的是，在铁路与海运交通的发展中，居然没有缅甸人自己集资修建的铁路线，以及缅甸人自己经营的轮船公司。外国资本一直全面控制着缅甸的工矿、交通、银行与外贸等各个行业。尽管如此，到20世纪30年代末，外国资本在缅甸的投资，与在它们东南亚其他国家的投资相比仍然偏低。

表2-16"1939年东南亚部分国家的外资投放"表明，当年英属马来亚的外资投放量几近英属缅甸的两倍，1937年荷属东印度的外资投放量大约为1939年英属缅甸外资投放量的十倍。从表2-17"1939年外资（90%为英资）在缅甸投放的行业分布"来看，以英国资本占90%的外资投放，在当年主要投放在石油业与金属矿藏与宝石的开采方面，两者的投资量均在1500万英镑之上。该表没有统计外资对缅甸稻作业与碾米厂的投放，在第二次世界大战前仅缅甸农村齐智人的高利贷资本投放就已经达到5亿卢比，相当于4000万英镑，大概因为齐智人已经被看作缅甸社会人口的组成部分，所以并没有将这一部分投资列入外资投放。尽管如此，表2-17仍然表明，第二次世界大战前英国资本基本上垄断了缅甸的四大产业部门：石油开采与加工、金属与非金属开采、交通运输业、银行与贸易和制造业。

表 2-16　　　　　1939 年东南亚部分国家的外资投放　　　　单位：亿美元

	外资投放量
荷属东印度（1937）	22.64
英属马来亚	4.35
法属印度支那	3.84
美属菲律宾	3.76
英属缅甸	2.25
泰国	1.24

资料来源：据贺圣达《缅甸史》，第 287 页整理。

表 2-17　　　1939 年外资（90% 为英资）在缅甸投放的行业分布　　　单位：万英镑

行业	投放量
石油业	1600
金属与宝石矿业开采	1500
交通运输	600
银行、贸易、制造业（不含锯木业）	550
柚木开采与锯木业	350
橡胶、茶园为主的种植业	120
总计	4720

资料来源：据贺圣达《缅甸史》，第 287 页整理。

　　农林加工也是殖民时期缅甸经济发展中不可忽视的方面。其中最重要的是与水稻、柚木这两种重要资源的出口密切相关的加工业。1861 年，缅甸第一家使用蒸汽机驱动的碾米厂才在仰光出现，1940 年此类碾米厂增加到 668 家。1939 年缅甸全境共有 1019 家加工业和制造业工厂，其中碾米厂就有 683 家，占工厂总数的 67%。碾米厂雇佣的工人占缅甸工人总数的近一半。碾米厂主要开设在下缅甸，尤其是河岸、河口、铁路沿线与港口地区。即便到独立后的 20 世纪 50 年代初，雇佣 100 工人以上的大碾米厂仍然集中在仰光、毛淡棉、阿恰布、勃生。这四大商港在殖民时期就成为缅甸稻米的重要出口港。一般来说，大型碾米厂由英国公司持有和经营，直到 1938 年虽然英国人开办的碾米厂在数量上仅占 5%，但是，它们雇佣的工人却占碾米工人总数的 41%，其规模之大显而易见。中型碾米厂由印度人、中国人和缅甸人经营,此外还有一些缅甸人经营的小型碾米工厂。

缅甸林木业经济的独有之处是柚木的采伐与加工。柚木树干挺直、木质坚硬、气味芳香、色泽美丽,可以用来制造轮船、高端家具、火车车厢、高级建筑物,成为英国殖民者垂涎欲滴的资源。在印度,广泛使用柚木已有2000多年的历史。但是,世界上品质最好的柚木林,大多分布在海拔3000米以下的丘陵地带,热带雨林中生长的柚木,更因为其极耐腐蚀而价值最高。在缅甸,年降雨量在1000—2000毫米的季风落叶带森林,是高品质柚木生长的地方,柚木林主要分布在中部的勃固山,以及伊洛瓦底江上游与萨尔温江上游的一些地方。缅甸被殖民时期正是世界造船业与铁路大发展的时代,对优质木材的需求量不断增长,缅甸柚木占世界供应量的绝大部分。第一次英缅战争后,阿拉干的皎漂、丹那沙林的毛淡棉,成为柚木输出的大港口,仅在皎漂每年输出柚木达1万吨以上。在毛淡棉,殖民政府在19世纪50年代,年平均收取的柚木出口税达到20万卢比。倘若以值百抽十五计算,那么毛淡棉输出的柚木价值年均在130万卢比以上。

随着柚木采伐业的开展,锯木加工工业也开始兴旺。1877—1878年,主要开设在仰光与毛淡棉的下缅甸锯木厂有22家。柚木为主、铁木与红木其次的林业产品,成为下缅甸大米之外的第二大出口商品。在第二次世界大战之前,缅甸每年采伐的柚木约有45万吨,成为东南亚柚木采伐最多的国家。柚木采伐几乎都操控在缅甸孟买贸易公司、斯蒂尔兄弟公司、仰光-伦敦柚木公司等五家英国公司手中。其中,缅甸孟买贸易公司规模最大。柚木十分笨重,砍倒后要用驯象拖曳到河边,然后编成木筏再由水路运到港口。那时,缅甸有6000多头驯象,完全是伐木公司为拖曳柚木所驯养的。勃固山的柚木大多数经过黑楞河运到仰光出口,在萨尔温江上游与伊洛瓦底江上游地区采伐的柚木,则以瓦城为集散中心,河运到毛淡棉出口。到了1940年,与林产品采伐与加工相关的锯木厂在缅甸已经有161家,雇佣工人达到11756人。其中,拥有资本400万英镑的斯蒂尔兄弟公司,是大量投资锯木工业的公司之一。缅甸的林木采伐在第一次世界大战后,开始呈现下降趋势,年平均柚木采伐量从1916—1920年的93.8万吨,下降到1921—1925年的53万吨,以及1936—1940年的45.5万吨。

英国商人还就地取材,利用优质柚木和廉价劳动力发展造船业,使毛淡棉一度成为缅甸最重要的造船业中心。1834—1852年，英国人在毛淡棉一共建造107艘船舰，总吨位在3万吨以上。1841年建造的丹那沙林号，吨位达到756吨。19世纪50年代建造的船舰，排水量达到1000吨以上。第二次英缅战争后，毛淡棉的造船业发展达到顶峰，仅1853年一年就建造了10艘总吨位为4527吨的木船，其中的马六甲号载重量为1400吨。1854年建成的坎宁号、1855年建成的哥本哈根号也是上千吨位的大木船。1856年建造的1418吨位的康斯巴蒂号，是为毛淡棉制造的吨位最大的船舰。但是，随着世界上铁制船舰的兴起，与木制船舰展开竞争，毛淡棉的造船业到19世纪70年代开始全面衰落。

殖民时期的缅甸经济结构在1886—1917年基本定型，按照各个行业在国民经济发展中的重要性排序，基本上依次是以稻作业为主的农业、石油与金属矿产开采为主的矿业，柚木采伐为主的林业，以及碾米与木材加工为主的加工业。可见，直至第一次世界大战开始，缅甸仍然是一个以农林木为主、矿产开发为辅、加工工业弱小，缺乏全面发展且相对落后的农业国。1918—1941年，这样的格局没有发生太大的改变，只是石油与金属、非金属矿业的开采与加工在重要性方面有所加强，工业与服务业的重要性在一定程度上出现上升趋势。贺圣达教授认为，1940年缅甸雇工20人以上的工厂共有1027家。其中，与出口业相关的就有907家，占83%，仅碾米厂就有673家，占64%。可见，与资源掠夺和出口贸易无关的，缅甸的基础工业和民用工业在被殖民时期的经济最繁荣的时代，也未得到多大的发展。这在表2-18的数据中得到体现。

表2-18　　　　1916—1939年缅甸各行业在国民经济发展中的占比　　　　单位：%

年度	农业	林业	矿业	其他（工业和服务业）
1916—1917	64.6	5.6	7.8	24
1921—1922	50.4	5.2	12.7	31.7
1926—1927	51	4.7	12.8	32.5
1931—1932	57.6	2.3	7.2	32.9
1936—1937	54.5	3.7	7.6	34.3
1938—1939	51.3	3	9.2	36.5

资料来源：贺圣达《缅甸史》，第288页。

注：虽然1916—1917年的各项百分比加总为102%，但原表如此。

一直到20世纪20年代末，缅甸才成为中南半岛经济发展水平较高的国家。在石油与金属开采、铁路与内河航运、人均大米产量与出口量方面，缅甸超过了泰国和印度支那。英国的经济政策仍然是利用缅甸丰富的自然资源以及包括印度移民在内的廉价劳动力，来发展稻作业、林木业、矿藏开采业，相关的加工工业与出口业，这使缅甸成为英帝国的粮仓，并成为石油、金属与非金属矿产、稀有林木等重要资源的产地。

倘若对缅甸与马来亚在殖民时期的经济政策及其行业发展进行总结，那么，可以得出的结论是：第一，由于马来亚殖民经济开发较早，诸如"牛汝茇的布朗""疯狂橡胶理德利"等种植园家的坚持不懈，以及莱佛士建议新加坡种植胡椒、登特收购美国婆罗洲公司等个人行为，在促进马来亚的经济开发方面起到重要的先锋作用。在殖民早期与中期由殖民政府直接颁布的，与经济发展相关的法令反而不多。直到1913年颁布《马来人保留地法案》、1917年通过《稻作业土地法》与《椰子地保留法》，以及1922年颁布《史蒂文森方案》等，调整经济发展的政策，在20世纪以后才逐渐以法令形式出现。因为马来亚历来不以农业种植业为主，所以它的经济发展更加多元，虽然这些后期颁布的法律影响有限，但是先期经济开发中的个人作用不可小视。在缅甸第二次英缅战争后，1876年与1889年缅甸殖民政府颁布《下缅甸土地与税收法》与《上缅甸土地与税收法》，此类法令一直在颁布，如1931年的《农业贷款法》，1936年的《农民债务法》、《土地转让法》以及1941年的《土地购买法》等。显然，在颁布统一经济发展的法规法令方面，缅甸殖民政府要比马来亚更加积极。尽管这些法规不一定但落实到位，但是对于缅甸这样一个以农业为主的国家来说，仍然产生一定的影响。因此，马来亚的殖民经济政策凸显了自由主义与市场经济发展的特征，缅甸的殖民经济政策倾向于政府管控与世界经济结合的特征。第二，马来亚与缅甸的英国殖民经济发展政策或殖民者经济行为的共同点，都以进行资源的掠夺与利用，以及尽可能发展出口导向性的产业为目的。第三，在殖民政府促进单一经济作物发展，从而造成经济发展多样性不足方面，而缅甸的问题似乎比马来亚更加严重，至少在英国殖民的前期与中期阶段如此。

第三节 马来亚与缅甸的社会变迁

一 马来亚多元教育体系

英殖民时期，马来亚与缅甸都在不同程度地走向多元社会，这里既指它们成为一个种族分裂的多元社会，也关乎其社会分层结构发生的变化。文化政策主要围绕教育政策及其与宗教信仰相关的变化展开论述，探讨的目的则是在呈现殖民时期马来亚与缅甸的多元社会的同时，将以教育为主要发展方向的文化特征的基础作为前提，弄清楚殖民地传统社会生活方式的变化，以及土著人与移民各社会阶层是怎样在与英国殖民者相处中互动的。

殖民早期传教士在马来亚现代教育体系的发展中起到重要作用。1818—1843 年，伦敦传教士罗伯特·莫里森（Robert Morisson）与威廉·米尔尼（William Milne）在马六甲建立英华学院，旨在为东亚与东南亚培养基督教传教士，同时为马来亚的欧洲人后代提供西方传统教育。英华学院开办时学生人数极少：1821 年有 11 人，1827 年增至 30 人。英华学院设有欧洲语言、中国官话、福建与广东方言、马来语、历史、地理、神学等课程，重视语言教学的倾向体现了传播基督教的宗旨。除了马六甲的本部学校外，英华学院监管下的六所男校还另外招收 200 名学生。1843 年，英华学院迁至中国香港，但因校址没有落实而停办。这种重视殖民地教育的传统到 20 世纪仍然存在，殖民官员理查德·魏金森（Richard Wilkinson，1867—1941）创办私立学校就是对马六甲英华学院的继承。魏金森 26 岁时于 1889 年，开始成为海峡殖民地民政机构的实习生。他热心研究马来语与马来文化，1905 年创办马来学校，四年后改称马来学院，同时还建立公共图书馆。马来学院初期只招收马来贵族子女，因其课程设置与教学方法都尽可能地仿照英国公学，被人们戏称为马来亚的伊顿公学。从 1920 年起，马来学院的招生对象有所变化，学生中有一半是通过考试录取的平民子女，另外一半名额仍然留给马来贵族子女。

如果想要讨论马来人教育，那么对于伊斯兰教"棚屋"（pondok）的作用不可忽视。棚屋制度实际上是，信奉伊斯兰教的马来人的一种古老的教学体系。棚屋一般设立在宗教教师居所或清真寺附近，它们凭借宗教研究的声誉、诠释《古兰经》的能力以及伊斯兰文本的收藏量来吸引马来人学生。19世纪，马来人棚屋教育体系，作为伊斯兰教的活动中心，以及向穆斯林下一代传授本土知识的载体，在马来人宗教凝聚与民族认同上都起到至关重要的作用。棚屋教育也在后来马来属邦的居民一致反对暹罗君主，强调马来人特性中产生影响。马来属邦被纳入英帝国殖民体系较晚，没有遭到殖民政府西式教育体系的挑战。到了20世纪，这种小型的棚屋学校在除柔佛之外的马来属邦各地还十分兴盛。在柔佛，邦教育局在1885年正式成立后，统一管辖世俗教育与宗教教育。

1909年，马来半岛北部诸邦转由英国人间接控制后，棚屋成为马来人反对英国殖民者的民族主义活动中心。在吉兰丹，著名的宗教教师图·吉诺在1908年建立的棚屋，因吉诺在宗教界的声望，以及伊斯兰现代主义思想的发展而生机勃勃，一度拥有300多名来自马来半岛、苏门答腊、柬埔寨、北大年等地的学生。这些学生中有的成长为宗教教师、社会评论家、文学家等。在马来属邦，棚屋的学生很容易成为在殖民体系内寻求马来人归属感的社会改革先锋。1915年，吉兰丹的宗教与马来习俗咨议会成立。1917年，使用英语、阿拉伯语、马来语进行三语教学的穆罕默德伊斯兰大学成立，成为1915年吉兰丹咨议会的"副产品"。这所学校的学生毕业后，有不少人到瓜拉江沙王公学院、槟城自由学校、苏丹伊德里斯开办的师范学院等院校继续深造。

这类伊斯兰学校在课程设置、管理机构方面，已经开始向世俗学校靠拢。它们提供诸如数学、科学、历史等现代课程，还开设商务管理、水稻种植、肥皂与酱油制造等实用性课程。但是，它们的主要目的仍然是强调"马来人就是穆斯林"之类的信仰原则。因此，在英国殖民者统治下，棚屋与伊斯兰学校成为围绕《古兰经》教育，使学生认同马来人属性的教育体系。所以，英国殖民时期除了英式学校外，所有的马来人教育机构都强调其特殊的民族历史与文化属性。在这里，一个特殊的原因是，英国殖民者与马来人，都把华人与印度人看作是到马来亚辛苦挣钱后，要衣锦还乡的暂住居民。在很大程度上华人与泰米尔人自己也持有这样的观念。例如，

1921年在槟城有19.1043万中国人迁入,同时有9.8408万华人离开;当年,印度人迁入者为9.5220万人、迁回者为5.5481万人。暂住者几乎占据中国与印度移民中的一半。这样,移民社区在居住环境、饮食习惯、社会交往、教育体系方面,都与土著人和欧洲人保持一定的距离。这些社区就像独立王国一样处理自己内部的事务。

　　早在1821年使用泰米尔语教学的学校在马来亚出现,它们的创办目的是向印度移民子女提供本民族的文化教育。19世纪上半叶,有一位欧洲传教士试图在槟榔屿与马六甲开办泰米尔语学校,但未获得成功。19世纪70年代,泰米尔语教育才逐渐兴盛。1900年,尽管殖民政府在霹雳州和森美兰建立泰米尔语学校,殖民当局仍然期望由种植园主、传教士来承担起印裔儿童的教育。但是,橡胶种植园主很少有能力自愿开办师资合格、设备充分的学校。在泰米尔语学校中,从印度引入的教科书充斥印度的历史、地理与文化等内容,马来语与英语课程,这些课程教学时间短且缺乏实际练习的机会。加之,印度移民的孩子大多在10岁左右开始在橡胶种植园干活,为了节省成本种植园主不鼓励12岁以上儿童继续接受教育。所以,印度移民儿童的中等教育在马来亚几乎是空缺的。直到1937年,懂得泰米尔语的官员到殖民政府教育部任职,才开始启动培训泰米尔语教师的工程。随之,印度移民儿童的教育得到一些发展。1949年之前,寻求高等教育的印度人只能让孩子进入英国人开办的高等学府,其费用对普通家庭来说也是无法承担的天价。

　　马来亚的印度人移民,大多数在栽种橡胶、可可、甘蔗的种植园就业。所以,城市中只有少数的泰米尔语学校,专门为在铁路部门、公共工程以及其他职业部门中的,印度雇员子女提供教育服务。种植园里的印度劳工普遍贫困,无力像华人那样为后代教育慷慨解囊。所以,泰米尔语学校普遍面临的问题是:第一,师资严重短缺,一个教师负责几个年级的现象十分普遍,多个年级学生同堂教学的复式班也存在。第二,教学设备简陋不堪,泰米尔语教材因用量不大而价格昂贵从而使教材质量与数量无法保证,以及不同教学阶段相应的衔接性也是一个问题。第三,泰米尔学校的教育内容,主要以印度文化与印度教精神为中心,大部分家长把孩子送入学校,除了就近读书和便于同代人沟通外,客观上起到捍卫自己文化属性的作用,因为只有母语教学才能充分表达母国文化,更加适应种族成员原有的心理意识。直到1937年，海峡殖民地的泰米尔语学校占全部学校总数的比例不足7%，只是华文学校数量的约1/9。1957年，马来亚独立时泰米尔语学校有888所，但是大多数学校规模很小。

在初、中等教育方面华语教学相对发达。中国人传统上把孩子的识读能力与文化素养，看作其未来走向成功的基础。弗朗西斯·莱特在1794年对中国人的这一传统感触颇深，他指出槟城华人的孩子，愿意接受来自任何地方的教师的指导，一些男孩子在中国就完成了学业。1829年，新加坡开埠才十年，就设置有广东人的粤语学校、福建人的闽语学校。到1884年，仅槟城、新加坡与马六甲就设有114所华文学校。这些学校通常由华人社区首领、宗教团体、富商大贾资助成立，教师或兼职教师来自各行各业，学费十分低廉，启蒙教材充满道德训诫与人生故事。学校的语文与算术课程，对华人孩子的发展起到重要的奠基作用。华人办学的主动性、积极性与经费来源的自主性，大大减轻英国殖民当局为出生于马来亚的华人孩子提供教育的负担。自1904年开始，华人新式学堂中开设地理、物理、英语等现代课程，有的地方还专门开办华文女子学校。辛亥革命后，国民党开始推动华语学校政治化和民族化，主张海外华语学校回归汉语学习与参加白话文普及运动。① 结果，各种方言学校在走向统一使用国语进行教学的过程中，也推进了中国特性和中华民族文化教育的发展。

为此，1919年英国殖民政府在华人聚居中心新加坡、槟城等地实行军事管制，第二年颁布《学校注册法令》，防止"不受欢迎的政治理论侵入"华语学校。② 法令规定华语学校教科书中，要删除有排外倾向的教学内容；对在中国出生的教师进行严格审查；任命更多英籍官员监督华文学校等。在20世纪二三十年代，北婆罗洲与沙捞越的华文学校在某种程度上体现了中国国内国民党与共产党的斗争，这种政治化倾向使英国殖民政府倍感威胁，因为它们对殖民国家的意识形态构成挑战。实际上，在马来亚使用斗式挖掘机进行锡矿开采后，对华人劳工的需求量开始大大减少。1937年，马来亚殖民地70%的华人男性被排斥在锡业生产之外，不得不务农或涉足

---

① Chee Beng Tan, *The Baba of Melaka: Culture and Identity of a Chinese Peranakan Community in Malaysia*, Kuala Lumpur: Pelanduk Publications, January 1, 1988, p. 59.
② Tanl Liok Ee, *The Policies of Chinese Education in Malaya, 1945–1961*, Kuala Lumpur: Pelanduk Publications, 1997, p. 20.

商业。但是，1931年马来亚华人居民中，已有30%的人口是出生于马的"本土"华人了。华人劳工需求量的减少对华语学校的发展产生不利影响。1935年，殖民政府教育部奉命对华语学校的教育模式进行改革。然而，数十年来政府一直忽视华语学校的作用，政府给予的财政补贴很少，使英国人改造华文学校的想法成为泡影。陈祯禄等华人上层名流，坚持倡导保持和发扬汉语教学与中国文化，反对马来文化在半岛占据主导地位，华语学校也坚持拒绝殖民政府的财政资助，这些都使得殖民政府直到第二次世界大战前，几乎无法插足华文教育体系。除了华人社区上层与富商自行开办的初、中等学校教育之外，华人中上层家庭尤其是居住在发达城市的富裕家庭，充分利用殖民政府及马来人上层开办的所谓公学与准高等教育，这使这些学校中的华人子女在在校学生人数中的占比上不断攀升。就读于英式学校的马来人仅从1919年占学生总数的9%上升到1936年的15%，华人学生在英式学校学生总数中的占比则从1919年的48%上升到1936年的50%，印裔学生的占比从30%下降到28%。[1]

在殖民时期马来亚准高等教育的发展过程中的早期，英国殖民者与马来人上层都起到积极作用。殖民时期，在马来亚传统统治阶层中，只有苏丹的权威得到一定程度的保留，邦议会中马来酋长人数很少，诸如地方法官、彭古鲁监督人等低级职位也不足以把传统马来统治者及其子女都吸纳进殖民政府。所以，莱佛士预见到对马来社会上层子女进行英式教育，以改变其意识形态的必要性。1823年，他在新加坡建立莱佛士学院的目的就在于此。但是，1878年和1883年在霹雳州开设的两所英文学校，在吸引马来名门子弟和鼓励马来精英接受英式教育方面并不成功。霹雳王公伊德里斯在作为继承人到伦敦访学后，坚信英式教育是推进马来社会发展的关键。1887年他继位为苏丹后，马上在江沙王宫开设王公学习班，学习班虽然只坚持了一年，但它起到的带动作用却不小，这种私人办学的传统促使江沙的殖民官员克劳福德在1927年创办以自己名字命名的第一所英式学校。在雪兰莪，1890年王公学校创建，教师由受过牛津大学培训的英国牧师担任。雪兰莪驻扎官 W. E. 麦克斯韦尔指出，接受王公学校的教育是马来王公及其后代，按照维多利亚英国公学标准塑造人格并使自己获得能力以担任殖

---

[1] ［澳］芭芭拉·沃森·安达娅、［澳］伦纳德·安达娅：《马来西亚史》，第278页。

民政府低级官员的途径。这些学校与英国公学在维护英国统治阶级利益方面的作用一样，对马来社会上层子弟在公平竞争、忠诚合作、特权意识方面，进行观念与行为的塑造。

殖民地官员与马来统治阶层逐渐开始拥有相似的观念和教育背景。1894年开办了四年的雪兰莪王公学校关闭，大多数学人员转入1893年在吉隆坡成立的维多利亚学校。1896年马来联邦的成立，导致行政人员、技术专家、教会人士的需求迅速增长，殖民政府为出身好、地位高的马来人设立奖学金，使他们能够顺利进入槟城自由学校、雪兰莪维多利亚学校、太平中心中学（爱德华七世学院的前身）、森美兰圣保罗学校等教学质量高的马来亚公学读书。这些学校也招收一部分来自马来语学校的平民尖子学生。尽管如此，受过英式教育的马来人，仍然不能满足各级政府对记录员、低级职员与翻译人员的需求。1899年，维多利亚学校、巴生英华学校等，增设专门教授英-马双语的系列课程，通过同时提供英式教育与马来本土教育的方式，帮助土著中上层家庭的孩子顺利进入在马来亚开办的以及在英国开办的更高层的英式教育体系中学习。19世纪末年，海峡殖民地总督瑞天咸指出这样培养出来的学生中，有一部分人可以成为马来人教师，在马来初、中等学校帮助孩子们学习工业与技术知识。在英属马来亚针对广大平民子女的教育一直没有多大发展。这是一种双重标准的教育理念及教育体系：用高等教育机会安抚马来贵族，以及尽量不参与马来平民教育，一直是英国殖民者教育政策的核心。

20世纪初，因为雇佣太多欧洲人会增加政府经费支出，马来联邦与海峡殖民地的政府开始雇佣当地的中低级职员。于是，为了培养马来贵族子女进入政府部门工作的能力，1905年马来亚学院在吉隆坡成立，每年学费约140英镑，这所为传统精英服务的教育机构，有着"东方伊顿公学"和"马来高层大门"的美称。在这里，马来学生要遵守伊斯兰教教规、学习《古兰经》、穿戴传统服饰，同时要参加板球、橄榄球等活动。它加强了马来亚上层阶级的种族混合性：马来人、华人、印度人、欧洲人及各种混血儿就读同一所学校，拥有相近的家庭背景、共同的理想与观念，遵循相同的教育规则，由此创造出一种跨越种族的阶级联系，在一定程度上淡化了社会上层的种族分离性与文化背景差异性。共同语言与教育经历使他们易于跨越种族文化的鸿沟，共同肩负马来亚发展的重任，为去殖民化时期马来亚跨越种族的联合反英，客观上奠定了一定的基础。这在缅甸是一种不容易被看到，甚至可以说不存在的现象。

马来半岛居民的阶级分离与殖民政府希望的种族上层融合，在吉隆坡马来亚学院成为一个微缩。1924年后，英国殖民者希望把英式公学的招生数量，与行政部门的空缺岗位直接联系起来。在马来联邦，官办的英式学校主要坐落于华人与印度人集中的城市，绝大多数居住在农村的马来人只能接受官办的马来语初等学校教育。英式学校与本族语言学校的主要差别在于，前者的教学水平在中级及以上，后者大多处于初级教育水平。除了普通中等教育外，1926年和1931年联邦贸易学校、色唐农业学院、技工学校相继成立，它们提供的职业教育使殖民地时期马来亚教育体系包含实用性职业学校，而且更加多元化。

20世纪初，在英国本土颁布的《英国1876年义务教育法》的推动下，儿童也应该接受义务教育的观念开始风行。一部分马来亚殖民官员受此影响，力图为英属马来亚创建现代教育体系。但是，大多数殖民官员仍然言行不一。而且，早期殖民政策中就存在的行业与职业岗位的种族角色分离，以及创办教育的出发点与殖民政府统治需要相关的理念，仍然制约着英属马来亚教育的发展。在英国殖民者看来，大部分普通居民的子女只要粗通本族语言与劳动技能，就可以适应殖民体系下各社会阶层的分工角色：欧洲人与马来人上层担任政府官员和管理者；华人与印度人要么充当采矿工人、要么在种植园工作，其中少数富有的华、印居民从事商业活动；马来人应该是耕者有其田的农夫，所以土著人的教育发展一直是不易解决的问题。究其原因为：第一，《古兰经》释读与伊斯兰教在学校教育中，究竟应该占据何种位置一直存在争议；第二，农家子弟要早早成为田间地头的半劳力，所以马来文读写与算术对马来村民用途有限；第三，马来文分用拉丁文书写的卢米文与用阿拉伯文字书写的瓜夷文，前者重历史经典、后者重叙事传说，使用何种文字作为教材用语一直存在争议。直到1904年，马来文拼读标准化，以此对马来文教科书做出重要改进，并建立一些小型图书馆，这种状况才得到改善。因此，直到20世纪初，马来文学校的吸引力仍然十分有限。早在1867年海峡殖民地改为直属伦敦政府民地事务部时，政府就在推进马来文教育方面进行尝试，他们认为马来儿童能够阅读马来文经典，是他们要成为马来亚居民的必要条件，这对原住民文化认同方面很重要。殖民政府教育部官员魏金森等帮助马来人播下的强调马来文化教育理念的种子，直到 1957 年马来亚独立后才开始发芽。

在沙捞越与北婆罗洲，其教育体系与当地殖民体系一样，有着独立王国自成一体的特征。沙捞越与北婆罗洲的教育发展路线与各自统治者的理念息息相关。第二代白人罗阇查尔斯在世纪之交在首府古晋，建立了用马来语与中国官话施教的公立双语学校。1904—1911 年此类学校在沙捞越各地纷纷建立。1912 年后独立华文学校数量剧增，基督教传教团也开始创办英语学校。为此，沙捞越政府从华人教育领域撤出，在增进中国移民团结方面，起重要作用的华语学校在政府撤资后仍然生存了下来。因而，华文学校、公立双语学校、教会学校在沙捞越并存。虽然查尔斯·布鲁克坚守不损害土著人生活方式的信条，反对将伊班族儿童纳入西方教育体系，但是他仍然允许英国的福音教团、罗马的天主教团分别承担第二区与第三区伊班人学校的经费，并允许传教团开设学校和其他，提供资金。伊班人和达雅克人子弟在官办双语学校与穆斯林学校的入学率很低。1936 年，25 所此类学校共有在校生 2086 人，其中只有 6 个伊班人和 1 个达雅克人学生，而教会学校里有 339 个伊班人和 296 个达雅克人学生。同年，沙捞越在校生总数 14000 人中，3/4 是就读于独立华文学校与教会学校的中国儿童。1941 年在华人李高洁的敦促下，沙捞越政府任命了教育部部长，并建立了一所马来人师范学院。

在北婆罗洲，1909 年前已经存在一些小型华文学校与穆斯林学校，但是，北婆罗洲的教育主要受西方教会控制。1915 年，在亚庇、哥打巴鲁分别成立一所用马来语授课的公立学校。但是，由于缺乏《古兰经》研习课程，马来酋长仍然坚持不让子女到此类学校读书，居住于毛律的人则乐于让子女到公立学校就读。1919 年北婆罗洲教育部成立，它仿效马来半岛的殖民政策，在承认教会学校合法性的同时，鼓励马来语学校取代英语教会学校。1923 年，北婆罗洲殖民政府要求公立学校增设《古兰经》研习课与英语课程，才使马来语公立学校得以复兴。但是，直到 1934 年北婆罗洲仅存在 8 所马来语学校，共有学生 400 人。此后，马来语公立学校在课程设置方面模仿马来联邦相似学校，视本土语言教学与劳动技能教育为基本目标，目的在于培养马来孩子成为北婆罗洲的好农民，同时也引入诸如体育、算术、地理、卫生等现代教育的课程。北婆罗洲教会学校的水平很高，学生有能力通过 1933 年剑桥大学的综合考试。1940 年，北婆罗洲大约有 10993

名在校生,分别在马来语学校、华文学校、教会学校就读。在 28 所公立学校读书的只有 1163 人,大约占北婆罗洲在校学生总数的 11%。可见,北婆罗洲公立学校教育的规模很小。

直至 1919—1939 年,与其他东南亚国家相比,英属马来亚学校教育体系相对发达。当然,这种结论主要是基于对海峡殖民地进行的考察。那时,就教学用语分类,在英属马来亚境内主要有英语学校、华语学校、马来语学校与泰米尔语学校四种;就开设机构进行分类,主要有政府公立学校、教会学校、私立学校三种。一般来说,马来语学校是政府开办以实施强迫义务教育的免费学校,泰米尔语学校中很少为政府开办,绝大多数是印籍劳工聚集的大橡胶种植园园主自行开办,并且劳工子女免费就地读书的初级小学;华文学校与英式学校基本上是私立学校,尤其是华文学校很少接受政府津贴。因为一旦接受津贴,殖民政府对课程设置、教育目标和学校设备都有所限制,对行政管理也横加干涉。马来亚著名的华文学校有新加坡华侨中学、南洋女子中学、槟榔屿钟灵中学等。反之,华文学校的存在也成为殖民政府一大心病,这里常常成为反殖民主义和反帝国主义的温床。1928 年,海峡殖民地政府借口中国教科书有反英宣传内容,强制关闭了 13 所华文成人夜校。

1900 年海峡殖民地与马来联邦共有在校学生 2.3 万余人,1938 年猛增至 26.1 万人左右,三十八年间在校学生增长 11 倍,其中 1938 年女生已经占在校学生的近 1/3,这是一个不小的进步(见表 2-19)。1914 年马来联邦的学校总数是 407 所,在校学生 2.6 万人,二十六年后学校数量翻了四番,在校学生人数翻了五番。在表 2-20 "1938 年海峡殖民地与马来联邦的学校数量、类别及其百分比"中,马来联邦的统计数据不全,能够看到的只有 1938 年马来联邦的 472 所华文学校,占学校总数的近 1/3。那时在华文学校注册的学生人数有 3.1 万人,约占马来联邦在校生总数 13 万人的 1/4。可见,马来联邦的华文学校与华语学生的占比不在少数。

表 2-19　　　　1938 年海峡殖民地与马来联邦在校生人数及女性学生占比

	海峡殖民地与马来联邦(万人)	百分比(%)
在校女生	7.4	28.35
在校生总数	26.1	100

注:此表根据薛君度《英国在马来亚的统治 1919—1939》文自行整理(近似值)。

表 2-20　1938 年海峡殖民地与马来联邦的学校数量、类别及其百分比

	海峡殖民地	百分比（%）	马来联邦	百分比（%）
英文学校	132	14.13	—	—
马来文学校	219	23.45	—	—
泰米尔文学校	65	6.96	—	—
华文学校	518	55.46	472	29.50
学校总数	934	—	1600	—

注：此表根据薛君度《英国在马来亚的统治 1919—1939》文自行整理（近似值）。

1938 年，海峡殖民地与马来联邦的各类学校的总数为 2534 所，其中，海峡殖民地各类学校的在校生总数至少 11 万人，但是在比例上海峡殖民地华文学校占其各类学校总数的一半以上（见表 2-20）。表 2-21 "1914 年与 1938 年海峡殖民地与马来联邦教育经费及其在政府开支中的占比"表明，教育经费在政府总支出中的占比，海峡殖民地在 1914 年的基数已经比较高，开支为 43 万元，占政府总开支的 4.2%，而到 1938 年海峡殖民地教育经费的数字增长了 4.8 倍，占政府总开支的比例却只增长了约 2%。马来联邦在 1914 年的政府教育经费基数较低，为 45 万海峡殖民地元，占政府总开支的 1% 都不到，到 1938 年马来联邦教育经费为 420 万海峡殖民地元，增长了 8.3 倍，在政府总开支中的占比增长近 3 倍，达到 4.1%。如果结合马来联邦与海峡殖民地在占地面积和人口数量进行分析，后者政府对教育的投资显然一直大于前者。除了马来联邦地广人稀，海峡殖民地开发早，英国人与华人聚集于此之外，本表对马来联邦与海峡殖民地的人口数量缺乏相应年代的统计。但是，英国人与华人历来重视私立学校的设置，故政府干预与投入较少。马来联邦 1896 年才成立，海峡殖民地 1826 年早已存在，前者包括马来半岛中部占地面积很大的霹雳、彭享、雪兰莪、森美兰四个邦；后者只包括沿马六甲海峡占地面积十分小的槟榔屿、威斯利、马六甲与新加坡四小州。不可否认的是马来联邦政府对教育的投入在大踏步地前进。马来属邦不存在统一的政府，基本上 5 个州各行其是，教育经费占各州政府支出比例差别很大，例如丁加奴州教育经费占政府经费支出的 2.2%，吉打州的占比则高达 7.5%。

| 英国与殖民时期的马来亚和缅甸

表2-21　　1914年与1938年海峡殖民地与马来联邦教育经费及其在政府开支中的占比

年份	海峡殖民地（万元）	占政府开支百分比（%）	马来联邦（万元）	占政府开支百分比（%）
1914	43	4.20%	45	0.82%
1938	250	6.20%	420	4.10%

注：此表根据薛君度《英国在马来亚的统治1919—1939》文自行整理（近似值）。

总之，20世纪初的几十年英属马来亚的教育发展成就巨大。在高等教育方面，1900—1913年英属马来亚有两所准高等学校建立，这就是马六甲师范学院与霹雳州师范学院。1922年，苏丹伊德里斯创办的师范学院位于丹绒-马林，其学生大多来自平民阶层。1924年，马来翻译局从吉隆坡迁往丹绒-马林，它负有为马来语学校出版教科书、为马来人开设家庭图书馆的责任，并创办半月刊《教师杂志》与马来文报纸。所以，自苏丹伊德里斯师范学院成立到第二次世界大战爆发，丹绒-马林一直是马来人教育与文化活动的中心。1935年，马来女子师范学院在马六甲成立，主要针对马来女性进行家政技能等方面的培训。

1941年之前，严格意义上的英属马来亚最高学府，是设立在新加坡的爱德华七世医学院与莱佛士学院。爱德华七世医学院是新加坡早期的高等学府，其前身为1905年海峡殖民地英籍华人公会捐资筹办的医科学校，它以为海峡殖民地与马来联邦培养医疗卫生人才为宗旨。1912年，该校接受爱德华七世基金会的捐赠。为此，它于1921年更名为爱德华七世医学院。莱佛士学院是一所1918年开始筹办，1928年开始招生的正规大学，首任院长为英国殖民官员、马来亚史与马来语学者理查德·温斯泰德（Richard Winstedt）。这个来自牛津大学的学者，在教育管理方面有丰富经验。在1902年温斯泰德于24岁时，他开始就任霹雳州的学监，研究马来语言与文学，1916年出任海峡殖民地与马来联邦的教育副总监，1921—1931年出任莱佛士学院首任院长，退休回国后在伦敦大学任教，曾四次担任过皇家亚洲学会马来亚分会的会长。莱佛士学院的建校资金由新加坡政府拨款和富商捐赠，主要培养英文教师与殖民政府公务员，起初其学制仅为两年，1934年改为三年，拟担任高中教师的学生需再增加一年的学习时间。李光耀、吴庆瑞、杜进才、拉贾拉南等20世纪新加坡的重要领导人，都毕业于莱佛士学院。1949年，莱佛士学院与爱德华七世医学院合并，成为现今的马来亚大学。这两所大学合并为马来亚大学时，其校址仍然分设在新加坡与吉隆坡。1962年，马来亚大学的新加坡分校改名为新加坡大学，吉隆坡分校仍然称为马来亚大学。著名教授钱穆、郑德坤、王赓武都曾任教于此。马来亚大学在初期以英文为教学语言，20世纪80年代后，逐渐改用马来语为主要教学语言。1980年吉兰丹的伊斯兰高等学院并入马来亚大学，成为马来亚大学的伊斯兰学院。

二 缅甸教育体系的变化

缅甸教育体系发生深刻变化的议题之一，是英国殖民者在19世纪中期至20世纪初期，如何改造缅甸的传统教育体系，民族主义者又如何应对外国势力对传统民族文化与教育的侵蚀？与此同时，英国殖民时期新的世俗教育体系在不断地创建之中，为缅甸现代教育体系起了奠基作用。两者间的关系是冲突、融合还是并存，这也是不可回避的议题。同时，在缅甸无论探讨佛教寺院学校的衰落，还是西式教育的起步，都会涉及教育发展与宗教活动间的不可分割性。宗教推动了教育，教育传播了宗教，而教育世俗化是一个漫长的过程，这一现象在缅甸比在马来亚要显著得多。前殖民时期，缅甸的教育和宗教不可分割，小乘佛教寺院和僧侣作为缅甸本土教育机构的重要支柱。缅甸被殖民后，英国人试图改革现存的佛教教育制度，最初的努力是将一些世俗课程纳入寺院教育体系，后来建立了进行世俗学校教育的现代教育体系，培养能够向殖民政府提供本地行政人员，以及少量的技术性人才。随着20世纪缅甸民族解放运动的兴起，作为努力重建民族认同感的一种活动，缅甸人要求对殖民时期的教育进行改革，他们又开始建立国民学校。

英国人到来前，除了基督教传教士建立的少量学校，以及当地寺院学校外，几乎没有其他类型的学校是缅甸男童学习文化知识的地方，女孩们一般在家里接受父母的教育，独自习得诸如家政与家庭商业活动的粗浅知识。那时，男童接受寺院教育的重点，主要放在背诵佛教经文上，这些经文将帮助他们习得在崇尚佛教文化的社会里，应具有的道德理想与生活技能，包括最终成长为僧侣伽所需要的知识与智慧。[①] 宗教信仰与寺院教育间的强烈联系反映在，缅甸单词"Kyaung"（上学）是用来指宗教性教育，因

[①] Jacques L. Fuqua, *A Comparison of Japanese and British Colonial Policy in Asia and their Effect on Indigenous Educational Systems through 1930*, M. A. Thesis, Indiana University, 1992.

此，大多数缅甸男子能够通过寺院学校获得阅读、书写和简单计算的能力。英印政府在 1891 年对缅甸省进行第一次人口普查后指出，在缅甸 5 岁以上男性的识字率达到 53.2%，女性的识字率只为 1.5%；在 15—24 岁男性中，有识读能力和在校学生的比例为 59.2%；25 岁及以上男性中，有识读能力者高达 62.5%。如果不包括非缅族的人口这些比例可能还要高。[1] 而且，由于寺院学校的教育在上缅甸更加完整，上缅甸人口中文盲率要小于下缅甸人口的文盲率。但是，男性与女性之间在获得受教育机会上几乎是天差地别。

传统上，寺院与僧人的工作，包括教育活动是通过村民以自愿捐赠和施舍的方式来提供物质支持而开展的，这一点使寺院与僧人能够免费地向村里的男童，提供一种普遍而平等的初等教育，不论其家庭和宗教背景如何。[2] 这些乡村学校的主要问题是学生出勤率不高，一些学生刚获得基本识读能力就辍学，因为在田间劳作比去寺院上学对家庭的贡献更大。寺院教育的一个目的是传播佛教的传统文化、道德观念和宗教信仰，另一个目的是尽可能地通过提供教育机会，来促进社会各阶层之间的平等。因为入学是免费的，一如寺院是开放的，从理论上说，在宗教教育面前人人享有同等地位，也都要遵守同样的纪律约束。在城市地区的中心寺院，缅甸人可以获得更高水平的教育，例如佛教研究、古典文学、法庭辩论、工程建筑、工业制造等知识。除了寺院学校外，缅甸男性还可以通过职业教育，以亲身实践的方式在工作中接受必备技能的训练。根据殖民地官员约翰·弗尼瓦尔的说法，缅甸国王还派人到加尔各答的高等教育机构，接受医疗卫生和工程技术领域的专门培训。所以，从缅甸男性识读能力在东南亚的居高、免费义务教育的存在，通过教育与宗教的联系凝聚民族精神的角度看，传统寺院教育在某种程度上是成功的，尤其是在英国殖民者到来之前。

关于第一次英缅战争后殖民者在阿拉干与丹那沙林如何进行教育改革的资料很少，或许因为初入缅甸英国人尚无暇顾及这样的小事，或许是英国人对殖民地教育实行自由放任政策，这与 19 世纪初中期英国本土的教育

---

[1] East Indies (Census), *General Report of the Census of India, 1891, Imperial Series*, London: Printed for Her Majesty's Stationery Office, 1893, pp. 137, 142-143.

[2] Burma. Ministry of Education: Supdt., *Octennial Report on Education in Burma, 1947-48 to 1954-55*, Rangoon: Supdt, Government Printing and Staty., Union of Burma, 1956, pp. 74-80.

处于自由放任阶段，以及英国政府指示在殖民地采取不干涉政策，避免与缅甸当地居民发生对抗相一致，他们并不试图改变与宗教有关的教育制度。① 这样，在阿拉干与丹那沙林，1834年只有三个镇具有政府开办的学校，到1852年公办学校的全部学生只有316人。然而，基督教传教士在缅甸少数民族，如克伦人、克钦人和钦人的人口相对稠密的农村地区，却开始创办西式学校。这些西式学校的兴起与基督教的传播密不可分，所以有必要先了解基督教传入缅甸的过程。

1807年后，英国传教士马登、查特、卡莱从印度相继进入缅甸。1801—1812年期间，伦敦安立甘教会也派传教士前往缅甸。他们学会缅语并将《圣经》重要章节译为缅文。但是，基督教与佛教在理念上格格不入，传教士的活动对虔信佛教的缅族人不起作用。贾德逊为首的美国浸洗礼派传教士，从1813年开始由马德拉斯进入仰光、毛淡棉、土瓦、实兑、丹老等沿海城市。贾德逊翻译的第一部缅文《圣经》于1826年在加尔各答出版。第一次英缅战争后越来越多的美国浸洗礼派传教士到达缅甸，在人数上远远超过英国的传教士。1837年金赛特在英国驻缅使节帮助下深入八莫活动，进入少数民族山区传教，使以克伦族为主的一些少数民族皈依基督教。在缅甸的美国传教士及夫人从1836年的约50人增加到1848年的近100人。1842年，美国传教士在土瓦发行英文版《晨报》。皈依基督教的缅甸人从1834年的大约600人，增加到1845年的1000多人，再次增加1853的约有1万-1.2万人。但是，基督徒绝大多数是原来信奉拜物教或不信奉任何宗教的克伦人。1875年，美国传教士在仰光建立贾德逊学院。到1919年，仅克伦人浸洗礼派信徒就多达5.5万人。

出生于瑞典的欧拉·汉森，16岁到美国成为传教士，他谙熟瑞典语、英语、德语、希腊语。1890年汉森来到八莫，开始在克钦人中传教，他把《圣经》译为克钦文，于1906年正式出版。汉森以罗马字母为基础创制克钦文字，并编写克钦文的教科书与语法书。这些传教士还通过创办学校等文化活动，推动不同于传统寺院教育体系的西式教育的发展。在因地理障碍难以到达的农村偏僻地区，传教士办学成为当地人接受教育的有效途径。

---

① Jacques L. Fuqua, *A Comparison of Japanese and British Colonial Policy in Asia and their Effect on Indigenous Educational Systems through 1930*, M. A. Thesis, Indiana University, 1992.

到第二次世界大战前，浸洗礼派传教士在缅甸创建了 708 所学校，拥有学生 35294 人，其中高校学生 3130 人。克伦族人口在缅甸人口总数中仅占 1/10，在仰光大学的学生总数中克伦族学生通常占 1/4。可见，克伦族青年接受教育的程度要高于其他民族，在殖民政府行政机构、学校、医院中工作的克伦族知识分子的比例也很大。①

从殖民政府的角度看，1854 年英印殖民当局开始将其影响扩大到教育系统，其目的是"向广大人民群众传授与社会生活中各种工作岗位相适应的有用和实用的知识"，以及"传播文明"以消除迷信与偏见②。他们还希望使缅甸教育系统开设的教学科目更加接近英国殖民统治的需要，因为殖民当局需要有英文读写能力和口语流利的当地人，来担任地方行政人员和下属公务员的职位③。1844—1858 年，殖民政府开办三所英语学校来培养文员。但是，当时的政府工作岗位很少，对建立此类学校的需求不大。第二次英缅战争后，缅甸在很长一段时间内处于英印帝国行省的位置，行政人员、医生教师、专业技术的岗位相当一部分被印度人填补，这也是导致在缅甸新式教育不受重视的原因之一。

缅甸殖民政府在 1866 年才成立教育局。1862—1867 年担任英国驻缅甸专员的亚瑟·费尔，试图创建一种类似英国人在印度建立的西式教育体系。但是，殖民者没有考虑缅甸与印度的差异：在印度不存在"一种单一机构管理和提供全面和平等的教育"的系统，人们受教育的机会取决于他们在种姓制度中的地位、财富占有和性别；在缅甸已经存在一种自治程度很高、寻求宗教指导下社会平等理想的寺院教育制度。④ 结果，虽然少数寺院学校进行殖民政府要求的课程改革，并采用英国的教科书。但是，大多数寺院学校抵制这些变化，僧人们拒绝教授地理和科学等"邪恶"学科，他们不接受非佛教徒的监督，拒绝对学生出勤率进行登记。⑤ 他们进行抵抗的部分原因是

---

① 贺圣达：《缅甸史》，第 184、413—416 页。

② Jacques L. Fuqua, *A Comparison of Japanese and British Colonial Policy in Asia and their Effect on Indigenous Educational Systems through 1930*, M. A. Thesis, Indiana University, 1992.

③ Owen Hillman, "Education in Burma", *Journal of Negro Education*, Vol. 15, No. 3, 1946. pp. 526-533.

④ Nick Cheesman, "School, State and Sangha in Burma", *Comparative Education*, Vol. 39, No. 1, Feb. 2003, pp. 45-63.

⑤ Alexander Campbell, "Education in Burma", *Journal of the Royal Society of Arts*, Vol. 94, No. 4, June 1946, pp. 438-448.

对小乘佛教的信仰，部分原因是佛教知识分子对英国文化侵略做出的反应。费尔试图改革佛教学校的失败，使英国人在缅甸推广西式教育的希望破灭，他们没法统一管理数百所不受中央权力干预的寺院学校，没有考虑寺院学校学生出勤率低，以及教学方式特殊与农业社会的生产与生活方式相关。费尔之后，几个英国驻缅专员不再积极考虑对缅甸传统教育进行改革。

但是，在19世纪60年代后英缅殖民政府，开始在仰光、勃固、卑谬等较大城镇设立世俗中学，富裕人家与城镇居民选择把子弟送往世俗学校。70年代后，殖民政府允许缅甸学生通过考试，进入加尔各答大学接受高等教育。这样，对数量众多的寺院学校进行改革，又一次受到殖民政府的关注。随着第三次英缅战争后缅甸王朝的崩溃，佛教、寺院与寺院学校的衰落在所难免。1891年，佛教国师禁止寺院学校开设世俗课程，并抵制地方政府向寺院学校委派教师，继续维持封闭的宗教文化教育体系。结果，殖民政府在1895—1903年使缅甸首次出现国师缺位现象，并努力在寺院学校增设现代教学课程。1908年殖民政府规定开设现代教学课程的为"A"类寺院学校，其余的为"B"类寺院学校，前者能够得到政府津贴，后者只能自生自灭。在这种情况下，不仅僧人失去施教者的地位，地方政府自己注册的A类寺院学校，也从1916年的3418所迅速减少到1925年的1182所，十年间锐减大半。可见，英殖民者对缅甸传统教育的改造并不成功，更谈不上找到现代教育与传统教育的结合点。这种从教育体制改革上体现的文化断裂，不仅伤害缅甸人的民族感情，在一定程度上还影响缅甸初、中等教育的发展。

在现代世俗教育的建设方面，1871年，缅甸的英国殖民当局设立一个由公共教学主任，及视察员组成的世俗学校监管系统，并建立三种类型的学校：缅语学校、英缅双语学校和英语学校。这些学校主要开设科学课程、英国历史、英国宪法等科目。同时设置一至四年级为小学、五至七年级为初中、八至十年级为高中，这样一套延续性很强的初中等教育的学制。初级教育的教学语言分别是缅语、英语与英缅双语，到八年级英语开始成为唯一的教学用语。在这三种学校就读的学生必须支付学费，无力就读于这三种学校的儿童，则继续在寺院学校上学。在缅语或英缅双语学校读书但学习能力很强的学生，可以争取到政府的财政援助和通过过渡方案转到英语学校就读。现今缅甸教育体制中的初、中等教育十年制，即小学四年、初中三年、高中三年的学制，基本上沿袭殖民地时期的学制。①

　　苏伊士运河的开通推动了缅甸经济的发展，行政管理体系进一步扩展和对技术人才需求也在上升，对缅甸的英语学校和双语学校的需求也在增加。缅甸人开始意识到就读英缅双语学校，使他们容易获得在教育、卫生、林业和农业部门以及在其他政府部门工作的机会。随着英缅双语学校学生人数的增长，大学的入学人数也在增长，造就了一个受双语教育的新的缅甸公民阶层。人们对社会地位和经济利益的渴望，推动了国家管理的现代教育体系的发展，以及加剧僧侣管理的寺院学校制度的衰落。弗尼瓦尔认为，寺院教育的目的是教会男孩如何生活，而不仅仅是如何谋生。西方意识形态为基础的现代学校教育，传授给学生的技能具有一定的市场实用价值，使他们能够为缅甸殖民者的利益和国家经济发展做出贡献。对学生进行职业或技能的培训以便他们进入劳动大军，帮助英国人在缅甸最大限度地获得经济利益，其中优秀学生获得接受高等教育的机会，使他们在殖民政府中工作。所以，倘若能够在西式教育与传统教育中，寻找一条在传统中变革的道路，在殖民时期的缅甸最好不过了。而且西式教育制度允许女性进入世俗学校就读，对缅甸女性产生了积极影响，提高了缅甸女性的识字率，这一点无可厚非。

　　关于殖民时期缅甸高等教育的发展，殖民前缅甸不存在现代意义的高等教育机构。知识高深的佛教学者通过在寺院长期修行，得到博学佛教大师的引导，自己对佛教经典的深度钻研，成长为缅甸王朝的高级知识分子。这种传统在英缅战争后没有彻底消失，但是敏同王时期出现国王派遣王室子弟到欧洲或印度深造的做法。由于现代意义的缅甸本土大学尚处于空白阶段，要接受高等教育的缅甸人，大多到印度或英国去寻找机会。1869年，加尔各答大学同意在仰光举办入学考试。但是直到1876年才有2名、1880年才有9名缅甸学生，获得加尔各答大学的入学资格。殖民前期英国人在缅甸不发展高等教育的原因之一是，英国人不打算在中等教育层面之上正式引入英式教育，因为缅甸人应在多大程度上接受高等教育，主要基于殖民政府对政治与社会稳定的考虑。有一份1871年殖民政府官员的报告指

---

① 刘利民：《试论英国殖民统治对缅甸教育的影响》，《云南师范大学学报》2007年第7期。

出，他们担心高等教育会在缅甸造就"扰乱社会稳定、动摇宗教信仰、制造虚荣愿望，以及一大批不忠不满还寻求庇护的人"。①

1885年，英缅政府设立隶属于加尔各答大学的仰光学院。但是，直到一战前夕，贾德逊学院和仰光学院的学生仅仅只有453人。1918年受过高等教育的缅甸人只达到800人。他们大多数选择学习法律和文学专业，对政治、经济、物理、化学等专业鲜有涉及。实行双元政治后，缅甸的高等教育有所发展，其中一个原因是缅甸教育事务开始由缅甸人担任的教育部部长主管，教育经费从"一战"前占财政支出的比例不足5%，提高到1926—1930年的年均占财政支出的10.2%，以及1931—1935年的年均占8.9%。1920年，仰光学院与贾德逊学院合并成为仰光大学。这所造价350万英镑，由大学学院、贾德逊学院、医学院、农学院与师范学院组成，并在曼德勒设有分校的大学，很快成为中南半岛学科设置全面的，屈指可数的综合性大学。到20世纪30年代，仰光大学年均在校生达到1500—1600人，缅人为主的佛教徒在其中占3/4。第二次世界大战前，仰光大学明确地分设医学、农学、文学、理学、法学、工学与师范等学院。

进入20世纪后，一些间于中、高等教育之间的专业学校陆续出现：1907年建立的医学院、1913年设立的工程学院。这些学院教学设备简陋、师资条件有限，要成才的学生到英国深造仍然必不可免。但是，它们的存在毕竟表明在现代科学发展潮流下，缅甸开始设置本土的专业性学院教育体系。中等专业学校也在发展：伊盛的技工学校、阿摩罗补罗的纺织学校、勃固的漆工学校、彬文那的林业学校，仰光的工艺美术学校、护士学校与卫生学校都相继出现。从1900—1937年，缅甸的初中生数量增长近6倍，高中生则增长24倍。②

在20世纪的教育改革中，接受中等和高等教育的缅甸人数在增长，它推动了缅甸民族解放运动的发展。

缅甸民族解放运动的发展，还受到许多同时期发生的事件的影响。例如，英国在印度实施的改革，使缅甸人看到成功抵抗殖民主义者的可能性。

---

① C. B. Tipton, "The Beginnings of English Education in Colonial Burma: Provision and Response, 1830-1880" *Journal of Educational Administration and History*, Vol. 8, No. 2, July 1976, pp. 19-29.

② 贺圣达：《1824—1948年缅甸的宗教和教育》，《东南亚研究》1991年第4期。

殖民政府建立的现代学校教育系统在客观上以两种方式促成着民族解放运动的发展：首先，越来越多的人希望通过获得高学位而进入政府部门工作，但是行政机构的职位到20世纪30年代已人满为患，深受挫折的大学生通过罢课和抗议，引起缅甸的政治动荡和经济衰落。仰光大学成为最早的学生运动中心与民族解放运动发祥地。1920年，仰光大学学生因反对殖民政府的《仰光大学管理条例》开始罢课，1936年他们反对殖民教育制度再次罢课，1938年大学生们开始发起全国性抵制运动：他们支持石油工人罢工，为抗议提高大学入学标准举行全国学生罢课。这些活动标志着学生作为缅甸中产阶级中最有战斗力的一部分，开始登上了国家政治舞台。其次，西式教育与传统的佛教爱国主义都赋予缅甸人，从殖民者手中争取国家独立的思想，出国深造的缅甸人看到自己在海外处于二等公民地位，还通过耳闻目染逐步形成了关于现代政府、民主政治和民族自治的新观念。

随之，缅甸的现代新闻媒体也在兴起：1909年约翰·弗尼瓦尔带头成立缅甸研究会（又称"缅甸学会"），这个民办官助的学术团体出版了英文版的《缅甸学报》，对缅甸及其周边国家的文化艺术、自然科学、地理风貌、经济发展开展研究。1911年，在缅甸佛教青年会领导人吴巴配指导下，《太阳报》创立。它支持佛教青年会的活动、讽刺殖民统治、号召人民投身民族解放运动。最初《太阳报》每周发行三版，1915年改为日报。20年代著名缅甸作家和民族运动领导人吴欧德马、德钦哥都迈等，都为《太阳报》撰稿或担任编辑。1912年，吴瑞久创办《缅甸之光报》（后更名《缅甸新光报》），并使这份刊物逐步从月刊转变为半月刊，最后以日报形式发行。吴通欣等缅甸佛教青年会领导人，留英留法学生，曼德勒佛学院校长都曾经在该报刊担任职务。缅甸佛教青年会先后创办的《缅甸人周刊》《缅甸佛教徒月刊》等，也是以宗教名义进行爱国宣传的传播媒体。这些新闻报刊使人们对缅甸的历史、艺术、文学、政治产生浓厚的兴趣。缅甸青年佛教会等民族主义团体，以基督教青年协会为榜样，积极开展爱国主义青年运动。后来其他的大学生团体，如塔金社和我缅人协会开始加入其中，后者提出"缅甸是我们的国家、缅甸文是我们的文字、缅甸语是我们的语言。我们热爱自己的国家、提倡自己的文字、尊重自己的语言"的口号。他们开始使用印刷品来动员全国人民的民族情绪。这种民间社团与新闻报刊的风起云涌，以及它们较早统一地指向缅甸要独立的宏大目标，是英属马来亚不曾存在的现象。尽管缅甸现代高等教育在发展程度上不如马来亚，但是受过高中乃至高等教育的中产阶级知识分子的爱国热情与反英情绪，却不是马来亚中产阶级知识分子能相比的。

这些社团与媒体的抗议主要集中在教育问题上，缅甸人开始意识到，缅甸的语言与文学在殖民时期被深深地侵蚀与湮没，除了农村地区，英语已成为缅甸人的主要语言，大多数学校没有充分开展缅甸的语言与文学的教学。缅甸青年佛教会承认现代化是必要的，但不能完全抛弃传统教育，他们担心西方教育对缅甸民族认同的影响，试图支持在课程中增加佛学教育内容。民族主义者还支持寺院与僧侣学校，请求政府免除这些学校的税收，并劝阻这些学校不要举行昂贵的宗教仪式。20世纪20年代，缅甸民族运动者开始创建私立学校，这些学校独立于殖民政府的控制之外，并得到民众的支持。但是，它们没有足够的资金。缅甸青年佛教会要求政府建立缅语为教学语言，独立于政府教育体系之外的国民学校，他们的目的是建立一种能够与英国殖民教育制度竞争，并最终取代英国殖民教育制度的新体系。所以，英国殖民者在缅甸改革寺院学校与兴办现代教育，实际上培养了殖民制度的掘墓人，这一点在缅甸比在马来亚更加明显。

三 马来亚多元社会的种族分裂与阶级分层

马来亚多元社会的形成有历史原因及殖民时期开发马来亚外向型经济带来的现实原因。历史上，马来半岛就是世界商业贸易与远洋航海的必经之地，各国商人云集，多元种族社会早已存在。英国殖民者到来前，马来半岛基本由一个个小的苏丹国组成，是一个分层简单的等级制社会：金字塔顶端是政治与宗教的最高统治者苏丹，但其政令未必能够通行全国；苏丹之下的地方首领处于王国的中上层，他们握有地方政治、经济与文化的实际权力；被称为"彭古鲁"的基层管理人员，属于马来亚社会的中下层；为数众多的农民与奴隶构成马来亚社会的下层。在这个并非严谨的等级制社会体系中，马来农民最重要的思想观念是要绝对服从统治者，因为在马来人看来，带有神圣的统治者超越世俗人群而高高在上。① 赛义德·阿拉塔

---

① ［澳］芭芭拉·沃森·安达娅、［澳］伦纳德·安达娅：《马来西亚史》，第83页。

斯将这种现象称为"心理封建主义"（psychological feudalism），他指出，马来农民面对强制劳役和腐败官僚时，采取溜之大吉而不是自卫反抗的方式。① 除了中下层对统治者不可反抗的观念外，社会上层中王位世袭的血统观念十分牢固，加上伊斯兰教实行一夫多妻制，使各种各样的王公贵胄充斥于宫廷，那些经济窘迫、继位无望的王公与群岛上强悍的海洋世居人群，如奥朗—劳特人、布吉斯人等，相互勾结而一起游弋大洋、掠夺商船，成为无法根除的海盗力量。居住于海岛区域较大岛屿腹地的奥朗—阿斯人，其社会发展尚处于采集与渔猎阶段，他们通过采集海洋产品与丛林产品，用来与过往商船进行交易而维持生计。

在英国人成为马来亚殖民者前，马来亚就存在着非马来人的影响：印度人大多是来自科洛曼德尔海岸的穆斯林，其中一些印度移民担任马来宫廷的商人、秘书、翻译，并成为印度人在马来半岛与群岛进行商业贸易的中介，在吉打州等地富有的印度人组成自己的种族社区。马来苏丹国的经济发展也吸引着中国移民，使马六甲王朝时期就兴起的中国移民社区有所扩大，并造就了中—马混血社区。到1750年，马六甲的中国人已达到2161人，占其总人口的1/5还多。中国人主要作为小商人与小店主而从事小本买卖。18世纪中叶以后，中国人里有越来越多的人从事矿业开采与农业耕作：廖内-柔佛的王公主动将中国劳动力引入岛内，以发展槟榔种植业，制造印染与医疗需要的槟榔膏；丁加奴的中国人拥有自己的胡椒种植园；吉兰丹有广州迁来的金矿开采工、福建迁来的商人与胡椒种植者；雪兰莪、霹雳州的统治者与荷兰人合作，由经马六甲招募从事锡矿开采的中国契约劳工。可见，18世纪，中国人在马来半岛从事采矿业、种植农业、小型商业已经十分普遍，并获得一定的成功，只是随着英国殖民者霸主地位的确立，及其对马来亚自然资源的开发，中国移民的迁入更加规模化而已。

欧洲殖民者的到来增加了马来社会的复杂性，这既表现在种族多样性与种族分离程度的增强上，也表现在社会走向更加细密的分层方面。前者常常掩盖了后者，使人们在研究马来社会的多元性时，侧重于种族分离及与之相关的社会地位差异，对各种族内部的社会阶段分层，及整个马来亚

---

① Syed Hussein Alatas, "Feudalism in Malaysian Society: A study in historical continuity" *Civilization*, Vol. 8, No. 4, 1968, pp. 579–592.

社会普遍存在的，由职业、财富、社会地位、生活方式等所体现的社会阶级分层研究不足。当然，这种复杂性随着殖民时期中国移民与印度移民的到来，得到进一步的发展。到19世纪30年代，中国移民已经在新加坡种植胡椒与槟榔，在威斯利种植甘蔗与木薯，其中一些产品远销中国与欧洲，槟榔膏成为英国皮革染色与制作中必不可少的原料。英国于1834年和1853年分别取消对锡产品和槟榔膏的进口关税，从伦敦到新加坡的蒸汽轮只需五周航行时间，苏伊士河的开通更是缩短了航程。由此价格的优势刺激人们对中国与欧洲所需土特产与锡产品的投资。19世纪初，中国移民已经开采锡矿与种植香料，这两大产业的生产活动处于重要地位。到19世纪中叶，马来各邦人口大约只有30万人，远远无法满足英国殖民者开锡矿、种橡胶，以及开发诸如香料、水果、西米等土特产的人力资源所需。所以，从中国与南印度规模化地吸引移民是马来亚殖民地经济发展的必要条件。

马来人在历史上就是活跃的商人，他们一般不愿意在矿山与种植园谋生。到马来半岛与群岛谋生与发财的愿望，也成为中国东南沿海居民前往马来亚的动力，这使马来半岛诸如新加坡、吉隆坡、霹雳、彭亨锡矿区的华人人口增长很快。1845年，他们在新加坡总人口中的占比超过半数。1840年，后来成为柔佛首都的古晋还只是一个马来人小村庄，半个世纪后它成为中国移民占绝大多数人口的大城镇。沙捞越的白人王公政府也鼓励中国人迁入北婆罗洲。1851年太平天国运动爆发后，中国国内动荡不宁，成为催生福建、广东、广西人离开祖国的推力。在航海中历经疾病与死亡而生存下来的中国人，以一种寻求生存的精神与衣锦还乡的愿望，在马来亚的经济开发中贡献自己的力量，只为寻求更好的生活与更多的财富。

在马来亚印度移民大增长在时间上稍稍晚于中国移民大增长，他们在境遇上却与中国移民相差甚远。印度人也有世代迁徙马来世界的传统，只是在英国殖民时期，由于橡胶种植园的迅猛开发，使橡胶种植园经济的劳动力严重短缺，印度人才大规模地在殖民政策的鼓励下迁入马来亚。1833年，在整个马来亚印度人不足15000人，19世纪下半叶到世纪末印度人有组织、大规模地迁入马来亚。究其原因有：第一，英国认为继续使用奴隶劳动是一种罪恶，英国本土《废除奴隶贸易法案》与《废除奴隶制法案》在1807年与1833年相继在英国议会通过，此后英国的奴隶贸易彻底终止。随后，人们倡导废除英国海外殖民地的奴隶劳役。1846年与1873年，法国

| 英国与殖民时期的马来亚和缅甸

与荷兰追随英国出台废除奴隶制的法案。在马来亚殖民地人口资源缺乏，废除奴隶制影响了马来亚劳动力的来源。加之，多数殖民者认为，雇佣欧洲人到远东殖民地服务成本太高，他们要求的高额薪金、优质居所、家眷福利、孩子教育等问题很难解决，年轻单身的欧洲人普遍难以管理，他们不易适应殖民地艰苦且缺乏娱乐的生活。①

第二，19世纪中期，印度已经完全沦为英国的殖民地，这使印度人移居马来亚在法律上的障碍不复存在，当马来亚殖民政府大量需要外籍劳工时，印度殖民政府直接参与印度人迁居马来亚的事务。1872年，印度人向海峡殖民地移民合法化。1884年，印度人向受保护的马来亚各邦迁徙也合法化。1887年，向印度移民迁徙活动提供船票补贴受到英印政府的鼓励。但是，1907年之前，英属印度政府仅允许印度南部的劳工移民迁徙马来亚。所以，19世纪下半叶以来，迁徙到马来亚的印度劳工，主要是来自泰米尔社会底层的人群，招募者主要是曾经在锡兰工作过的英国人与欧洲人。他们自认为泰米尔穷人熟悉英国人的管理方式，比中国劳工更加容易服从英国人的纪律约束。

第三，虽然1813年英国政府取消东印度公司对印度贸易的垄断权之后，但是半个世纪以来，英国棉毛纺织业、冶金业、煤炭业、五金工业等方面的一些厂主到印度淘金，使印度本土产业诸如著名的棉纺手工业遭受灭顶之灾。1901—1911年有50万印度手工业者失去生计，有些人不得不移居海外寻求生路。19世纪以来的土地私有化与高利贷盘剥，也使印度农民到1906年丧失了大约1/3土地，② 移居海外不失为无地农民的一种选择。总之，印度人口大幅增长，农业与手工业发展出现的困境，本土资源不足以应对南印度人口暴增的巨大压力，都致使印度人口急剧外流。

在东南亚海岛地区的华人移民社会管理中，从甲必丹制度到华人护卫署有一个历史发展的过程。"甲必丹"是西文Capitan、Captein与Kapitan的音译，意为"首领""船长""队长"。甲必丹制度是欧洲人在马六甲、荷属东印度、西班牙人在菲律宾群岛等地，对种族社会分而治之过程中产生

---

① Kernial Singh Sandhu, *Indians in Malaya: some aspects of their immigration and settlement 1789-1957*, London: Cambridge University Press, 2010, p. 32.
② 罗圣荣:《英属时期印度人移居马来亚的原因及其影响》,《东南亚研究》2012年第3期。林承节:《殖民统治时期的印度史》,北京大学出版社2004年,第202—203页。

的一种管理制度。葡萄牙人于17世纪初在马六甲首创这种管理制度,后来荷属东印度群岛殖民者也采用华人甲必丹制度,并使之变得显著。荷兰殖民者于1641—1785年,在马六甲任命有影响的华人富商与地主为甲必丹,来处理纠纷、征收税赋、筹集巡船、征集苦力等事务。19世纪英国到马来亚后仍然沿用甲必丹制度。19世纪六七十年代的著名华商叶亚来,先后担任过双溪乌戎与吉隆坡的甲必丹。英国设置顾问官制度后,甲必丹叶亚来逐渐失去权力,但是他仍然拥有吉隆坡2/3的地产。英国为加强马来亚锡矿的开发,鼓励中国人迁徙马来亚充当矿工,华人劳工的招募、旅途费用的承担、劳动契约的签署,一应由契约承包公司垄断。为此,1877年,英殖民政府在新加坡设立华民护卫司(Chinese Protectorate),任命毕麒麟为护卫司的首任司长,负责监管招募华工、管理华人社团、处理诉讼案件与民事纠纷等。历史上存在的华人秘密社团,诸如山海会与义兴会仍然存在,19世纪后期相当多的华人方言协会和互助社团也随之出现。

1891年,殖民政府在马来亚进行第一次人口普查时,霹雳、雪兰莪、双溪乌戎的总人口中,已经有一半是中国人,他们大部分迁到锡矿附近的新建城镇。在吉隆坡,中国人已占其总人口的79%。1893年,雪兰莪政府的财政收入中,有89%的由中国移民社区提供。当年,中国政府取消对中国人出国的限制后,马来亚的中国移民更是不断增长。但是,英国殖民者对马来人与华人性格的刻板印象,英国人对两个种族关系的离间,使来到这里的华人与原住民接触不多:华人把马来人看作强大精明的民族,马来人把华人视为放债者和店主。1891年,马来亚的中国新移民与土生华人在比例上达到3:1。20世纪初,福建方言一度取代马来语成为马来亚商界的用语。尽管越来越多的中国移民选择留居马来亚,但是,英国人始终把他们看作暂住民。除了邦议会有个别华人外,华人群体并不参与当地政治活动与社会管理。这样沿着种族界限进行的居民类型划分,是殖民者分而治之政策的产物,却为后来马来亚沿着种族界限形成的职业划分与社会地位的差异奠定了基础。当然,对于受英国保护的马来统治者和王公贵族来说,设立华民护卫署的做法,远不如他们自己与华人上层保持交流重要。

英国殖民者建立的马、华分离的二元制管理体系,在大规模的印度移民到来时受到挑战。印度人迁徙马来亚并非殖民时期的新事物,查替尔亚种姓的放债人、锡克教警察在前殖民时期,已经是马来亚人熟悉的身影。

后来，一批批来自锡兰北部的泰米尔人来到马来亚，他们使用流利的英语、谙熟英国人工作方式，有机会在殖民政府低级岗位和技术岗位找到工作。这些移民大都是因马来半岛与南印度地理上的邻近而零零星星地来到马来亚的。19世纪80年代以后，大规模移入马来亚的印度人多是来自社会底层的泰米尔人。他们比华人更容易服从殖民政府的纪律，比马来人更愿意为低工资而劳作。1907年，殖民政府与种植园主协商设立泰米尔移民基金会（Tamil Immigration Fund），以维持在印度招募移民劳工的补给站。但是，契约移民劳工发病率与逃亡率高，并且很难适应马来亚种植园的艰苦工作。

所以，通过签署契约招募劳工的做法到1910年完全不复存在，代之于称为"凯加奈"（kangani）的新方法。咖啡种植园主借鉴锡兰的经验，用自由劳动力代替契约劳工：监工大多为种植园的老工人，在得到殖民政府和种植园主批准后，他们回原籍寻找本村男劳力来充当种植园的新工人，并因此而得到一笔佣金。这样，到1901年马来亚印度人已达58211人，十年间增长188%，同期华人移民的增长率仅为83.4%。新的印度移民主要为橡胶种植园提供源源不断的劳动力。但是，工资低廉、负债累累、地位低下、地理隔绝，使他们在马来亚社会处于无声无息的状态，与先期到达城市的富裕印度商人及行政人员，在社会地位上有天壤之别。在种植园担任监工的主要是印度的马拉雅拉姆人与锡兰人，进行劳作的主要是泰米尔人与特拉古人，这两个印度人群体语言不通、地位不同。

这样，英国殖民时期的马来亚出于经济发展的需要，逐渐形成由三个主要种族，即由马来人、华人、印度人组成的多元社会。英国殖民当局也据此来识别和管理马来亚地方社会，被边缘化的其他种族如槟榔屿的阿纳克—阿瓦克人，吉打、霹雳与玻璃市的萨姆—萨姆人，奥朗—劳特人和奥朗—阿斯里人，新来的米南加保人、罗沃人、曼特宁人、亚齐人等，以及各种各样的混血儿要么被忽略不计，要么被统称为"其他马来人"。1931年人口普查时，除了华人与印度人之外，大部分在马来亚出生的海岛东南亚少数民族后裔都自称为"马来人"。这种身份转变是英国殖民者整合马来人的基础，因为这些种族与真正的马来人在体貌、语言、信仰上基本相同。所以，在后期殖民者对马来人的界定与其说是种族的，不如说是文化、情感与宗教的。

除了上述马来亚社会的种族分离外，英国在马来亚的殖民统治还强化了社会阶级的分层。这种社会阶级的分层既有种族之间的，也有种族内部的，以及跨越种族而形成的。例如，在华人中，受中文教育的华人新移民，与受英式教育、出生于海峡殖民地、成为规化民的华人之间的阶级分层就十分明显。1929—1933 年的世界经济大萧条更加深了这种阶段分层。马来亚共产党在 1930 年成立的背景之一，是大量华工失业与华人移民社团组织的存在。那时，一旦锡价下跌，失业华工不得不擅自占地务农自救，殖民政府则出资遣送华工回国，留在当地的华工薪酬微薄、无以为生，不得不退隐丛林。英国殖民政府优待马来人的土地政策，使这些华工务农处于不合法的地位，使他们更加容易成为马来亚共产党成员。马来亚的印度人，由于种姓、方言、职业、宗教的不同，相互沟通很少，团结一致谈何容易。20 世纪三十年代印度人里的中产阶级，尤其是接受英式教育的进步人士，希望与种植园中大量的泰米尔劳工建立联系。但是，大萧条使种植园里的印籍劳工举步维艰，造成他们与城市富裕印度人间阶级矛盾的尖锐化，同样体现了种族内部的阶级分野。

20 世纪二三十年代，世界经济大萧条暴露了马来亚外向型经济脆弱的一面，也加剧了种族间、阶级间的经济利益竞争。这种竞争在社会上层不明显，马来统治者与华商领袖历史上长期合作，他们共同接受的英式教育，各自职业身份地位的明确，在联邦会议与州议会中华人民代表与马来官方成员的互动，都使上层华人与马来人统治者的联系更加密切。即便如此，马来精英仍然对华人与印度人要求政府部门对非马来人开放的提议忧心忡忡，因为在 1931 年马来亚的华人居民有 170.9392 万人，马来人居民只有 164.4173 万人，在绝对数字上华人居民超过了马来人居民。从殖民时代开始，种族分离在某种程度上掩盖了社会阶级的对立。在漫长的殖民统治时期，随着以英语学校为中心的精英教育体系的形成，以马来人中低级官员为核心、华人与印度人专业人士参与而共同组成的马来亚的中产阶级在逐步形成。沿着种族—教育—职业的分界线，对马来亚殖民地独特的社会分层仍在起作用：从总体看，殖民时期马来社会沿着种族界限分为：政治上受优待的马来人、经济上有实权的华人、地位不高的印度人、高高在上的英国、欧洲和美国的居民。由此可见，在与种族相关的分层社会中，形成了包含马来人、华人与印度人在内的全马来亚的中产阶级，体现了跨种族阶级分层。

英国与殖民时期的马来亚和缅甸

英国人在政治上实行马来人优先政策，对这个多种族社会沿着种族分裂界限分而治之，为的是防止出现政治与经济双赢的单一种族，以保持马来亚殖民统治的稳定。英国殖民者的主观愿望，正好与华人与印度人移民可以满足在马来亚进行大锡开发与橡胶种植业的人力资源需求相关。这样，实行沿种族—职业—教育的社会分离政策，既有英国殖民者有意为之的主观因素，也有现实发展需要的客观因素。英国人认为，自己的统治地位是通过与马来各邦统治者签约确立的，苏丹们并没有将全部主权让渡给他们，马来人首领在政治统治方面的参与自然合法。同时，他们一贯奉行政府官员不参与经济活动的理念，历史上主要从事工商业活动的华人，形成马来亚经济发展的倚重。处于社会中下层的马来人等种植稻米、终身务农，成为以保有土地为其前提的英国人所称的"大地之子"的下层农业劳动者。这样，英国人在马来半岛建立统治后，对传统马来社会进行了调整：把苏丹与地方首领吸收到邦议会和本地法院，对贵族青年进行英语为主、马来语为辅的奴化教育，使他们转化为具有现代西方治理观念与能力的职业官僚阶层。到20世纪二三十年代，马来人充斥政府的中低级官位，行政部门的种族排他性已经固化。

在经济领域，马来人虽然在占有土地资源与发展稻作业方面获得独占鳌头的机会，却没有被卷入世界经济发展的大潮，整体上以农业为主的马来社会下层，很少共享到马来亚经济现代化及国际贸易发展带来的利益，反而成为马来亚社会的贫困阶层。这种将职业集团按种族界限强行规划的做法，与马来联邦政府1913年颁布的《马来人保留地法案》、1917年通过的《稻作业土地法》与《椰子地保留法》相关。前者授权各邦驻扎官划拨只能由马来人占有，以稻作业为主，不可抵押或出租给非马来居民的土地，后两者规定某些土地只能种植指定农产品。这样将马来农民束缚在土地上，使他们与锡矿开采和橡胶种植不发生联系。殖民政府出于马来亚粮食自给自足的良好愿望，反而使马来农民陷入低成本—低收成—低生活水平的封闭圈而不能自拔，有的马来人不得不向齐智人与华人借贷，因此总是负债累累。在三大种族社会中，马来人社会贫富分化最严重：富有阶层身居官位、收入可观，子女接受英式教育与大学教育，有望成为政府官员与专业人才；贫困阶层政治无权、负债累累，子女接受马来文扫盲，只能成为贫穷的农业劳动者。这是马来亚种族社会内部阶级分化的一个典型例子。

当然，在英属殖民期间，客观上现代马来亚民族文化认同的基础已经出现。马六甲王朝出于商业发展需要而皈依伊斯兰教，伊斯兰教苏菲派神秘主义与马来半岛原始宗教的结合，奠定了在伊斯兰教本土化过程中，铸就半岛马来人一个宗教、一种语言、一种心理文化的基础。"伊斯兰教的传播与蔓延为马来人形成一个以宗教为纽带的新民族创造了必要条件，成为马来半岛以至于东南亚马来人世界赖以维系民族认同的精神支柱，在心理上为一个现代马来民族的形成做好了必要的准备。"紧接着，"英国的殖民统治给马来人一种统一的感觉"，尤其是1874年后马来亚开始使用共同的货币，即海峡殖民地货币，并推动共同对外贸易的发展，对马来半岛上不同民族在经济发展中赋予各自的角色与分工。[1] 加之，尽管英国殖民者对待英语学校、马来语学校、华文学校的态度不平等，但是，创办教育本身推动了马来亚各个种族内部以及各个种族之间的交流、融合与认同。通过海峡殖民地、马来联邦、马来属邦的建立，一个共同的地域、共同心理素质与政治和经济发展趋同的实体已经形成。白人罗阇统治的沙捞越及英属北婆罗洲公司治下的沙巴，则属于英属马来亚共同民族国家与共同地域的另一种形态。虽然松散但有联系的共同经济生活，实际存在的共同地域，以及伊斯兰教为主的共同心理素质，正在打造一个现代的民族国家。同时，还把半岛马来人与向半岛移民的来自苏门答腊、亚齐、加里曼丹等地的马来人区分开来。

19世纪末马来亚最重要的出口产品是橡胶与大锡。20世纪三十年代投资总额占比最大的仍然是橡胶种植业：1897年马来亚开始普遍种植橡胶，橡胶种植园的占地从1900年的2.02万公顷，快速增长至1938年的132.2万公顷，38年间翻了65倍。随着种植园经济的发展，印度移民迅速增长：1911年为26.8269万人，1931年为62.1847万。[2] 这些种植园印度劳工，处于孤立无助状态，与中心城市的印度先期移民之间的相互联系无从谈起。由于印度人涵盖了各种姓与亚种姓、来自不同地区的语言群体与职业群体，他们很少有社会文化的联系，语言上也很难沟通。因此，印度

---

[1] 罗圣荣、汪爱萍：《马来亚现代马来民族形成初探》，《广西师范大学学报》（哲学社会科学版），2009年第1期。

[2] 罗圣荣：《英属时期印度人移居马来亚的原因及其影响》，《东南亚研究》2012年第3期。

移民在民族凝聚力、民族利益代表人与民族意识上,与马来人与华人无法相提并论。

表 2-22 "1891—1957 年马来亚人口增长及三大族群人口占比的变化"显示:第一,在 1891 年到 1957 年的六十六年间,马来亚的总人口增长了 622.5 万人,增长率为 415%。第二,三大族群人口在马来亚总人口的占比中,马来人口的占比呈现下降趋势,而华人人口与印度人人口的占比基本上呈现上升趋势。第三,在 1891 年华人人口的占比与马来人人口占比之间相差 40 个百分点,即华人人口不足马来人人口的 2/5。但是,到 1957 年华人人口的占比,比马来人人口的占比高出近 2 个百分点,基本上处于一种持平状态。第四,印度人人口占比在这六十六年间一直在缓慢增长,但是,即便是 1921—1931 年期间印度人也没有达到马来亚总人口的 1/6。

表 2-22　1891—1957 年马来亚人口增长及其三大族群人口占比的变化

年代	总人口数（千人）	占总人口的百分比（%）			
		马来人	华人	印度人	其他
1891	1500	65.00	25.00	5.00	5.00
1901	1800	60.00	30.00	6.60	3.40
1911	2645	53.30	34.60	10.10	2.00
1921	3327	48.80	35.20	14.20	1.80
1931	4348	44.40	39.20	14.30	2.10
1947	5849	43.50	44.70	10.30	1.50
1957	7725	42.90	44.20	10.60	2.30

资料来源:罗圣荣《英属时期印度人移居马来亚的原因及其影响研究》。
注:1891 与 1901 年为估计数。

移民数量的快速增长与英国殖民者的移民政策有关:1930 年以前对于华人与印度人进入英属马来亚,殖民政府没有采取任何限制措施,1929 年经济大萧条带来劳动力需求的减少及失业人口的上升,殖民政府从 1933 年开始实行移民入境配额制度,但是,家庭团聚没有受到限制,华人移民的性别比从 1931 年的 384∶1000,变化为 1947 年的 833∶1000。第二次世界大战前后,华人与印度人成为更加稳定的定居群体,他们在马来亚总人口中的比例,以及当地出生的华人与印度人在各自种族移民人口中的比例都在增长。土生华人与印度人在各自总人口中的占比从1931—1947年都至少都翻了一番。

表2-23说明,在1921—1957年的三十六年间,土生华人在海峡殖民地华人人口中的占比至少翻了一番,在马来联邦与马来属邦则翻了两番多;土生印度人在印度人口中的占比上升得还要快。

表2-23 1921—1957年"土生"华人与印度人在各自种族总人口中占比的变化

单位:%

年代	海峡殖民地 华人	海峡殖民地 印度人	马来联邦+马来属邦 华人	马来联邦+马来属邦 印度人
1921	31	18	21	12
1931	38	23	30	21
1947	63	46	63	51
1957	79	65	76	65

资料来源:陈晓律等《马来西亚——多元文化中的民主与权威》,第52页稍作改动。

至于种族内部的及马来亚整体的社会分层,历来是英属马来亚研究中最薄弱的一部分,也是笔者希望有所贡献的部分。大概从三大种族各自的内部分层进行分析,然后再努力做出英属马来亚整体上的分层描述,这是一种可取的方法。那么,在缺少其他诸如财富占有、社会地位等方面的资料的情况下,在行业职业方面的划分常常具有一定的代表性。

这样,行业与职业的种族分离本身就构成了社会分层的一部分。1931年马来半岛三大产业中存在按种族构成分类的倾向。在稻米种植业中马来人处于垄断地位,从事橡胶种植业的绝大多数为印度人,华人在橡胶业与锡业两大产业中均有分布。下表的统计与马来人种植稻米、华人经商开矿、印度人胶园劳作的基本行业分布保持了一致性,更重要的是,殖民者策划、加强并固化了种族性行业职业分工。

表2-24"1911—1947年英属马来亚三大种族在各种职业中的就业人数"是殖民晚期英属马来亚社会职业明细表。它粗略地说明以下的倾向性:第一,诸如水稻等种植业与渔业是马来人专属的就业岗位,20世纪中叶后,

当大锡工业与橡胶业萎缩时，才使得部分失业华工流入这两个部门。第二，打字员、速记员、办事员几乎是印度人专属的职业范畴，这与印度更早成为英国殖民地，印度移民比华人和马来人能够熟练地使用英语有关；军警、看守等与国家机器运作密切相关的职业，是马来人与印度人的专属职业，与华人几乎不相干。第三，木匠花匠、编织缝纫等工艺性强的手工业，以及相当艰苦、数量很大的矿工，几乎是华人的专属职业。第四，在三大种族中泛指的劳工在数量都不在少数，1911—1921年期间，华人劳工最多，1931年，华、印劳工在数量上相差不大；1947年，印、马劳工在数量上超过华人，这大概与华工失业及被强行遣返中国有关。第五，倘若把商业主或管理者、小商贩、店员都看作商业从业人员，那么，华人在商界从业的人数远远超过马来人与印度人的总和。第六，在交通运输部门，如大车主、驾驶员、人力车主、人力车夫、售票员、铁路工人等部门从业的人数，20世纪前期印度人居多。但是，1911年海峡殖民地有7800个华人人力车主或车夫，1947年有9900个马来人担任汽车司机与售票员，铁路工人数量不多，但几乎都是印度人。

表2-24　　1911—1947年英属马来亚三大种族在各种职业中的就业人数　单位：千人

年份	1911(仅海峡殖民地)			1921			1931			1947		
类别	马来人	华人	印度人	马来人	华人	印度人	马来人	华人	印度人	马来人	华人	印度人
水稻种植	108.2	—	—	452	—	—	336.2	—	—	417.2	44.6	—
橡胶种植/管理	—	—	—	—	—	—	139.5	351	189	170.1	153	141.5
椰子/油棕种植	4.6	—	—	—	—	—	19.3	—	9.5	21.8	—	14.1
其他农场种植	20.7	—	—	56.2	29.6	—	50.9	34.1	12.9	—	—	8.9
果蔬与家禽/畜饲养	—	16.9	—	—	25.7	—	—	50.9	—	19.7	90.8	—
农业劳工	29.2	39.8	80.4	94.8	144.4	213.5	—	—	—	—	—	—
渔民	3.2	—	—	35	—	—	35.4	—	—	41.4	—	—
木匠花匠/编织缝纫	6	14.5	—	11.2	15.6	—	—	18.3	—	18.2	—	6.5

续表

	1911(仅海峡殖民地)			1921			1931			1947		
	马来人	华人	印度人	马来人	华人	印度人	马来人	华人	印度人	马来人	华人	印度人
商业主（含管理）	—	—	—	10.8	37	7.9	—	37.5	8.7	—	35.7	7.3
小商贩（含店员）	—	—	1.6	7.2	36.5	3.2	7.8	59.8	13	14.8	66.3	12.7
仆人	—	11.8	4.6	7.7	24.6	11.2	7.9	55.2	14.5	—	25.6	7.7
车主/驾驶/售票员	—	—	7	—	—	6.6	11.6	—	—	9.9	—	—
警察/军人/看守	—	—	4.6	—	—	16.3	—	—	—	—	—	—
打字/速记/办事员	—	—	4.9	—	—	3.6	—	—	5.1	—	20.8	5.7
铁路工人/人力车夫	—	15	4.3	—	—	6.2	—	—	5.2	—	—	—
矿工/制造业工人	—	155.2	3.1	—	71.4	—	—	78.9	—	—	30.2	10.9
劳工（泛）	2.9	12.5	11.1	8.2	43.2	16.1	17.4	56.1	51.7	18.8	18	33.5
所有其他职业	37.4	94.3	23	94	166.8	55	98.7	171.6	71.5	129.3	231.8	82

资料来源：根据陈晓律等《马来西亚——多元文化中的民主与权威》第67—72页整理。

上述分析中可以得出的结论是：1911—1947年英属马来亚的社会职业构成具有种族倾向性：第一，橡胶业是各种族居民都从事的产业，各种劳工在三大种族中也为数不少；第二，商业部门以华人为主，稻作等种植业与渔业是马来人的传统产业；第三，充当矿工、种植果蔬花卉、木匠与编织缝纫等以及仆役以华人为主。第四，军警监管、行政与技术部门多雇佣印度人和马来人，1947年才开始出现雇员种族背景多样化的趋势。

倘若依据表2-25，对1911—1947年马来亚三大种族就业人口排行前八的职业进行分析。那么，稻作业在马来人职业结构中一直稳居榜首，这既是传统经济文化作用的结果，也与英殖民者土地政策密切相关；马来人第二大职业是各种农业劳工，以及1931年后的橡胶种植者；第三大职业仍与农业、渔业有关。1911—1957年基本如此。当然，警察与军人等与殖民地政府治安有联系的职业，以及驾驶员/售票员等与交通运输相关的岗位，也更多地使用马来人；马来人商业主、小贩、店员、仆人很少，但是并非全然没有。马来人非农职业结构多样化的趋势已经出现。

表 2-25　　1911—1947 年马来亚三大种族中排行前八的职业

		1	2	3	4	5	6	7	8
1911	马来人	稻米种植	农业劳工	农业主/管理者	聂帕榈制销	椰果种植	裁缝/缝纫工	劳工（泛指）	渔民
	华人	矿工	农业劳工	果蔬种植	劳工（泛）	仆人	裁缝/缝纫工	人力车主/车夫	花匠
	印度人	农业劳工	劳工（泛）	大车主/司机	政府劳工	仆人	铁路劳工	矿工	看守
1921	马来人	稻米种植	农业劳工	渔民	农业主/管理者	种植者（泛）	编织/藤条工	商业主/管理者	劳工（泛）
	华人	农业劳工	矿工	劳工（泛）	商业主/管理者	果蔬种植	仆人	小贩	店员
	印度人	农业劳工	劳工（泛）	政府劳工	仆人	商业主/管理者	大车主/司机	铁路工人	监督
1931	马来人	稻米种植	橡胶种植	农场工作	渔民	椰果种植	劳工（泛）	家禽畜饲养	驾驶/售票员
	华人	橡胶种植	矿工	劳工（泛）	仆人	果蔬种植	商业主/管理者	农场工作	店员
	印度人	橡胶种植	劳工（泛）	仆人	农场工作	椰果种植	商业主/管理者	店员	小贩
1947	马来人	稻米种植	橡胶种植	渔民	胶园主/管理者	椰果种植	果蔬种植	劳工（泛）	编织/藤条工
	华人	橡胶种植	果蔬种植	稻米种植	小贩	商业主/管理	店员	矿工	仆人
	印度人	橡胶种植	劳工（泛）	椰果种植	生产工人（泛）	胶园胶厂工人	商业主/管理者	小贩	店员
1957	马来人	—	橡胶种植	渔民	警察	劳工（泛）	教师（？）	商业主/管理者	军人
	华人	橡胶种植	农场工作	劳工（泛）	店员	商业主/管理者	小贩	生产工人	打字/速记/办事员
	印度人	橡胶种植	劳工（泛）	店员	—	—	商业主/管理者	小贩	打字/速记/办事员

资料来源：根据陈晓律等《马来西亚——多元文化中的民主与权威》，第 67—72 页整理。

1947 年前，华人就业岗位的统计中矿工稳居第一、二位；1931 年后，橡胶种植者一直居华人职业结构的榜首；更重要的是商业主（含管理）、仆人、小贩、店员、果蔬种植、花匠木匠等技术性与个体性强的职业，大多是华人独特的职业种类。华人农业劳工与其他劳工也不在少数，一直位居第二与第三，可见大多数华人尤其是新移民要从艰苦的劳作中慢慢兴起。

印度人职业结构中，1931年后橡胶种植开始位居于榜首，此前农业劳工一直位居榜首。在近半个世纪中，其他各种劳工在印度人职业类别中一直排位第二。可见，印度移民劳工化是无法抹去的历史事实。印度人职业结构在半个世纪中发生着变化：排行前五的也有商业主含管理者、农场主、仆人等，1931年后他们也像华人一样进军橡胶种植业，使橡胶种植者成为1931—1957年稳居榜首的印度人职业。由于英语使用方面的优势，印度人在打字员、速记员和办事员等新型职业中占有更多岗位，部分印度人以监督、看守的身份参与社会控制，印度人中也不乏小商贩、店员等。大而化之地把印度移民的职业归为胶园劳工的做法值得商榷。20世纪前半期，三大种族人口的职业结构向多样性发展，这是马来亚经济发展融入世界经济体系的产物。

需要说明的是两表格的统计并非全面。例如，对教师的统计，由于英国殖民政府认定与资助的学校，大多是使用英语与马来语进行教学的学校，大量不寻求政府资助并以此规避政府限制的华文学校，以及种植园主提供印地语教学而没有获得政府资助的学校，其教师显然不在被统计的范围内。尽管如此，人们仍然可以看出，英国殖民后期马来亚社会存在由各种职业集团和专业人士组成的跨种族的中产阶级，包括中小锡矿主及其管理者、中小胶园主及其管理者、个体小胶农、各种车辆拥有者及其驾驶员、中小商业主及管理者、警察、监督、看守、教师、打字员、速记员、办事员、花匠、木匠、小贩、店主等。这既是英国殖民统治的社会遗产，也与马来亚外向型经济发展有必然的联系。

在中产阶级之上，马来亚殖民地的上层社会显而易见。他们由英国殖民政府上层官员，尚握有部分权力的马来苏丹与王公，欧洲与美、日大矿主与大种植园主，华人与印度人中的大商人、大矿主、大种植园主等组成。尽管其中一部分人的经济实力与政治权力不对等，但是这个社会上层在马来半岛、巴沙与沙捞越被纳入英国殖民地版图时逐渐形成；尽管他们之间存在英国人、欧洲人、马来人、华人、印度人等沿着种族界限区分的权力差异，但是在政治经济文化的综合考量中，这个跨越种族的界限英属马来亚上层阶级的存在不可否认。

在中产阶级之下，马来亚存在着一个由马、华、印及其他种族中，诸如农业劳工、其他劳工与制造业工人，下层农民与贫困劳动者，下层仆人、铁路工人等，就业人口及其家属组成的社会下层。这个阶层人口众多，占有的社会财富极少，是马来亚走向世界资本主义时代的受难者。他们在英属马来亚对经济社会发展做出的贡献，与他们在政治经济文化上的权利严重不对等。他们之所以不能像在西方国家那样，形成具有共同阶级意识的劳动阶层，与殖民时代的种族分离不无关系。只有理解英属马来亚在种族分离之外，仍然存在着阶级的社会区分，才能够理解为什么在第二次世界大战后的独立运动中，形形色色的族属、地属、职别、分层别的政党与社团组织风起云涌，其中不少昙花一现。但是，这些组织的一度存在，催生了马来亚多元文化社会中在民主与威权之间的政治体制选择。总体上看，英属马来亚这个类移民社会的构成十分复杂，穷人与富人间在财富占有上的差距、政治权利上的不公、社会文化方面的不平等，都是殖民社会晚期存在的事实。

四 缅甸的多元共生社会及其阶级分层

首先，印度移民加强了缅甸社会的种族多元性。殖民时期大陆东南亚最引人注目的现象是，从殖民前相对简单并有着一体化趋势的社会，发展成复杂多元且相对分散的社会。殖民者的到来及随之而来的外来移民，加强了缅甸社会的种族多样性。

其次，随着殖民地经济被卷入世界经济大潮，殖民地社会的职业群体变得越来越多样化，部分成员的社会地位得到再造，随之而来的是权利不平等加剧，各种族、各阶层、各种人群在经济发展中的受益程度差距拉大，这些使缅甸的殖民地社会越来越多元化。这里的复杂性与多元化包括种族与职业群体，社会地位及社会流动的多样性，以及社会权利与经济受益程度的多样性，如此等等。这些变化无一不在殖民时期的缅甸有所体现。但是，它们主要集中在种族多样性与职业群体反映的社会分层多样性方面。在种族的多样性方面，民族仇恨在缅甸比在东南亚其他地方发展得更快。那些来自英印帝国的印度人无限制地向缅甸南部移民，他们来到新开发的伊洛瓦底江三角洲，穷人作为农业劳动力、富者成为地主和债权人，受过教育的印度人和英印混血儿进入殖民政府民事部门就业。在城镇里，印度移民与缅甸不发达的中产阶级在商业贸易与专业行业开展竞争。① 印度移民经济实力的迅速发展，使缅甸人与印度人在人口规模与他们具有的政治经济权力方面形成反差。

上缅甸被吞并后，英国行政官员按照印度的殖民制度，以极端方式取代缅甸王朝重建公共管理系统，他们并不顾及缅甸村庄和城镇原有的管理模式，造成了对缅甸社会的巨大创伤。缅甸王朝的政治和社会秩序的崩溃使整个缅甸面临巨大的危机。殖民者切断了传统乡村社会与中央政府的联系，殖民官员实施行政制度改革。但是，他们不懂得也不关心缅甸的实际情况。这样，英国人平定缅甸的第一个后果是，缅甸人与英国人之间很少互相信任、第二个后果是英国人在缅甸支持山区少数民族，造成缅甸中心地区与少数民族地区的对峙。第三个后果、也是最重要的后果是，大量印度移民成为英国殖民者与缅甸人之间的夹层。对缅甸人来说殖民压迫是英国人与印度人共同造成的，对人数不多的英国官员而言印度人成为了他们的挡箭牌。英国政府在缅甸的士兵和警察大多数来源于印度人，后来英国人又通过训练克伦人与克钦人充当军警，使印度人、克伦人、克钦人组成的军警驻守和监管缅人、掸人与钦人居住的地区。②

这种基于种族的社会分裂虽然具有一定的历史原因，但是，更重要的是英国人分而治之政策的结果。在缅甸本部，传统的政治力量与管理制度被彻底摧毁，在缅甸山区少数民族上层人士的传统势力得以保留。在这种情况下，仅仅从政治治理方式的角度看，缅甸被分割为实施直接统治与间接统治的地区，这种划分主要沿着地理区划与种族界限进行。当缅甸低地地区的英国殖民者以残酷方式实施现代化，而且使大量印度移民涌入缅甸低地地区的时候，缅甸山区的人们要么被西方传教士以基督教和英语，或者为他们编撰的本土拼音文字进行改造，要么把自己民族原有的传统生活方式送进了历史博物馆。这样，通过印刷文字与宗教传播激发的少数民族的民族主义，成为分裂缅甸社会并难以消除的力量。本来就存在的种族分

---

① ［新］尼古拉斯·塔林主编：《剑桥东南亚史》第二卷，第95页。
② ［新］尼古拉斯·塔林主编：《剑桥东南亚史》第二卷，第98—99页。

裂，加之英殖民者对缅甸中心区与少数民族山区采取不同的统治方式；少数民族信奉的基督教或万物有灵论与缅甸本部缅人和孟人佛教信仰产生对立；缅人上层、少数民族上层和英印殖民者关系的亲疏存在差异；以及大量涌入的印度人；这些都成为缅甸多元社会的离心力，而不是走向一体化的向心力。

早在第二次英缅战争前，就有英国官员表示，伊洛瓦底江三角洲会成为解决印度帝国人口稠密、饥荒频发问题的安全阀。① 印度总督达尔豪西在通过第二次英缅战争占领下缅甸后，开始倡导在公共工程方面进行开发，他特别强调要建立一个公路网。② 然而，三角洲地区的河流运输条件已经非常发达，缅甸官员并不把公路建设工作放在优先地位。结果，到1873年大约建成公路800英里，其中没有一条主干道。殖民政府还资助若干运河的建造或修浚，最重要的是在三角洲东部的端迪运河、勃固—锡塘运河和勃固—斋拓运河。③ 交通运输的改善，有利于季节工、定居者、放债人和商人进入三角洲边区，印度移民当然是最大的受益者。交通运输条件的改善还对人们在市场上收集稻谷，运送到仰光、勃生、毛淡棉碾制，然后将脱粒大米运到海外市场产生重要作用。它对于扩大农村地区对英国廉价商品的依赖，以及使缅甸农民走向市场化生活方式也产生了刺激作用。

1852—1907年有大量印度移民来到下缅甸，相比之下，经商为主中国移民进入下缅甸的极少。在下缅甸被吞并后，英国官员认为，从缅甸干燥地带和其他地区迁入的国内移民，不能满足三角洲农业发展需要的劳动力，他们把印度视为下缅甸潜在劳工的主要来源地。当缅甸西部与南部成为英印帝国一部分时，正值濒临孟加拉湾的印度地区人口暴增、饥荒频发，海上交通却得到了迅速改善。那时，英国人在早期公共工程的建设里雇佣中

---

① Henry G. Bell, *A Narrative of the Late Military and Political Operations in the Burmese Empire*, Calcutta: D'Rozario and Co., 1852. pp. 57, 62; William Griffith and John McClelland, *Journals of Travels in Assam, Burma, Bootan, Afghanistan and the Neighbouring Countries*, Calcutta: Bishop's College Press, 1847, p. 151; J. J. Snodgrass, *A Narrative of the Burmese War*, London: John Murray, 1827, p. 28.

② George D. Bearce, *British Attitudes towards India 1784-1858*, London: Oxford University Press, 1961, pp. 220-21; William Wilson Hunter, *The Marquess of Dalhousie*, Oxford: University of Michigan Library, 1890, pp. 27-29.

③ J. W. Grant, *The Rice Crop in Burma*, Rangoon: Superintendent Government Printing and Stationery, 1939, p. 2.

国移民，所以，缅甸首席专员亚瑟·费尔等认为，应该优先考虑吸引中国移民而不是印度人。① 但是，前往东南亚的中国移民大多来自福建和广东两省，对于福建人与广东人来说，缅甸是不易到达的远方。中国华南到暹罗等国有定期客轮服务，到缅甸的班轮尚不存在。此外，与暹罗、马来亚、印度支那、菲律宾和荷属东印度的华人社区相比，缅甸华人社区在规模上与影响力方面都很弱小。在历史上，中国移民大多去缅甸经商，作为农民或劳工迁徙缅甸的并无先例。因此，仰光的中国商会强烈反对中国人作为苦力迁入缅甸。费尔的想法也不切实际，英国在缅甸殖民近半个多世纪后，1901年下缅甸的中国人只有3.44万人，不到其总人口的1%。相比之下，下缅甸的两个重要城市仰光和勃生，在成为大米出口贸易主要港口前，已经是印度移民和西方消费品进入缅甸的大港口。1852—1941年，来自缅甸其他地区和印度的移民大多集中在这两个城市。这意味着缅甸三角洲城市地带，是殖民时期缅甸社会多元化最有代表性的地方，英国殖民统治时期爆发的种族冲突在下缅甸也最频繁。为此，本书讨论殖民时期的缅甸多元社会形态将以下缅甸为中心。

1872年下缅甸有3.75万印度人，占下缅甸总人口的2%。1901年下缅甸的印度移民达到29.7万多人，占人口比例的7%，是该地区中国人口的8.6倍。而且，直到1900年下缅甸的印度人中86%以上的并非土生移民，即在缅甸出生的印度人。迁徙到下缅甸的印度人大多来自马德拉斯和孟加拉这两个地区。19世纪最后几十年，缅甸60%以上的印度人来自马德拉斯，从1881—1930年印度移民中有25%—30%的来自孟加拉。1891年人口普查中，许多印度人声称自己在下缅甸的社会地位比在印度要高得多，而且有些人对自己的种姓讳言不谈。② 印度移民积极迁入下缅甸的原因，除了上文提及的地理就近的优势，处于同一个殖民政府的统治下，英帝国缓解印度人口过剩、饥荒频繁的问题，殖民者开发下缅甸需要劳动力等因素外，很大一部分原因是印度移民有着逃避种姓制度压迫，并改善自身社会地位的需要。

---

① Michael Adas, *The Burma Delta: economic development and social change on an Asian rice frontier, 1852-1941*, Wisconsin: The University of Wisconsin Press, 2011, p. 84.

② Michael Adas, *The Burma Delta: economic development and social change on an Asian rice frontier, 1852-1941*, p. 86.

但是，在下缅甸印度移民原有种姓等级及其原籍地，对他们在缅甸寻找就业岗位与所处社会分层产生了一定的影响。除了农业人口外，人们仍然根据各种姓中大多数人从事的职业以及移民的来源地，将他们按照职业岗位划分为五大类：在政府部门服务的人；在军队和警察部门服役的人；法律、教育、医务等专业人士；银行与贸易部门的就业者；以及家政服务者。来自北印度的卡亚斯萨斯人和婆罗门种姓的移民，占据了英属印度缅甸省政府部门中的岗位；拉吉普塔人和锡克教徒占据了印度人军队和警察中的主要岗位；来自不同地区的婆罗门种姓家庭的人员，从事专业技术服务；三角洲经济发展中的金融业和商业界人士，主要有来自南印度泰米尔等地的齐智人，来自北印度从事零售商业的班尼亚人、查特里人和马尔瓦尔人；提供各种各样家庭服务的低种姓人群，绝大多数来自德比和坎大哈。①

所以，下缅甸的绝大多数印度人来自那些在印度就从事农业生产的种姓。在三角洲港口工作的码头工人和碾米厂工人，与在农村从事水稻生产的劳工多来自低种姓群体。1872年，下缅甸的印度教徒和穆斯林在人数上相等。1901年，印度教徒已经占下缅甸印度移民的67%，穆斯林只占31%。在下缅甸的印度人中高等种姓的群体在行政部门、专业技术部门和商业部门处于垄断地位，他们主要在应对未来社会变化或扩大自己经济收益的拉动下，才迁移到下缅甸。在印度社会中处于较低层面的人，是在印度生存条件恶化和缅甸富有机会的双重影响下迁徙而来。对印度移民劳工迁徙动机的分析，说明南印度移民被吸引到下缅甸的一个主要原因，是因为他们是印度次大陆受种姓制度压迫最深的群体。对于南印度的低种姓农业劳动者来说，迁往缅甸、锡兰、马来亚，哪怕成为下层移民，也为他们提供了向上社会流动的潜在可能性。

与缅甸的国内移民相比，下缅甸的印度移民集中在仰光和其他城市。大多数印度人通过仰光港进入缅甸，有些人干脆滞留于仰光及其附近。第二次英缅战争后不久，英国殖民政府将大本营从毛淡棉迁往仰光，使仰光成为缅甸新的行政、商业和工业中心，加上仰光本身具有核心港口的地位，

---

① Michael Adas, *The Burma Delta: economic development and social change on an Asian rice frontier, 1852-1941*, p. 88.

来自各个社会阶层、具有不同职业技能的印度移民,在这个不断发展的城市中很容易找到就业岗位。19世纪70年代初,下缅甸的印度人口中已经有70%生活在仰光。由于印度劳工在19世纪最后几十年越来越多地流入农业生产部门,1901年仰光的印度人在缅甸印度人口中的占比一度下降到42%。但是,在1852—1901年仰光的印度人一直在迅速增长,1872年他们占仰光总人口的26.5%,1901年上升到51%。在英国殖民统治的大部分时期,仰光几乎成为印度人的城市。①

除了仰光之外,印度移民还集中在伊洛瓦底江三角洲的各大城镇,以及在仰光、勃生和毛淡棉等港口城市的周边农村地区。印度人专业人士、公务员和军警聚集在兴实达、东吁和渺弥亚等城镇,因为英印缅甸省的地区行政、地区法院和军事驻地位于这些中心城镇。这些城镇还是地方市场的中心点,它们吸引了印度来的金融家、商人及专业人士。在仰光和勃生等港口中心的周边地区,是移居缅甸的印度劳工、小商人和放债人最容易到达的地方,对于在碾米厂用工淡季必须离开仰光和毛淡棉而外出兼职的劳工,由于地理上的便利,他们也在上述城镇之间迁来迁去。印度放债人通常集中在这些城镇周边交通便利的大村庄里,或者集中在铁路沿线的小城镇里。

随着印度地主阶级在下缅甸三角洲地区的形成和发展,到19世纪下半叶,一种庄园—村庄的居住模式发展起来了。这种类型的居住点以一所地主及其妻儿以及地主代理人和监工们居住的大宅子为中心,耕牛、工具棚、粮仓、劳工与苦力棚屋,则位于大宅子的周围,无法住在庄园—村庄里的印度租佃农、农业工人和耕畜饲养员,要么住在缅甸人村庄的边缘,要么住在稻田里临时搭建的小棚里。这类住所通常只用泥巴和荆棘简单建造而成,与缅甸农民宽敞的木屋形成鲜明对比。

有的学者指出,在英国殖民时期选择缅甸作为迁徙地的移民,占印度向外移民人口总数的42%,迁往缅甸的印度人比移入锡兰的多100万。对于印度劳动者来说,到缅甸去寻找机会成本小、收益大,远远超过迁徙到东南亚的其他地方。首先,除了公共工程、农业生产、家政服务等方面的

---

① Michael Adas, *The Burma Delta: economic development and social change on an Asian rice frontier, 1852-1941*, p.99.

就业岗位外,在缅甸的工业制造和港口运输方面还存在不少的空缺岗位,这些岗位在东南亚其他地方没向印度劳工开放。随着下缅甸加工工业的发展和港口设施的扩张,工业部门和码头运输的就业岗位也在增加。这些部门工人的工资比农业劳工的工资增速更快。在英国殖民时期的大部分时间里,在下缅甸三角洲的农业部门,印度移民作为自由劳工都存在很大的需求。相比之下,在锡兰和马来亚印度劳工通常与各种农业种植园,尤其是与橡胶种植园捆绑在一起,在那里劳工的工作条件很差,工资也低于印度劳工在缅甸三角洲的标准。对印度移民业劳工而言,缅甸在改善其经济地位方面存在更多的潜在机会:社会流动的可能性更大,劳动报酬也更高。这些因素与缅甸开发晚、幅员广、资源多密不可分。只是到20世纪以后,殖民政府在下缅甸的过度开发与规划不周,使下缅甸的资源存量与迁入人口在比例上严重失调,加上印度人把自己看作准殖民者,他们对下缅甸土地的掠夺,使这里出现了严重的印、缅种族对立情绪,使一个在1852—1907年显现为多元种族共生的社会,出现了不可抑制的逆转。

J. F. 弗尼瓦尔把这种通过人为组合而产生的社会称为"多元社会"。他指出各种各样的混合人群:欧洲人、中国人、印度人和缅甸人,从严格意义上说是一种杂乱的混合,他们混合在一起而没有结合起来。每个种族群体有自己的思想观念和生活方式,只是在市场经济的运作中相遇。在英国人的统治下,缅甸的一体化被转变为一种称为多元社会的形态,即在同一个政治单元内种族之间是分隔的。弗尼瓦尔关于多元社会的理论思想在其早年著作中有所表达。但是,在他的《殖民政策和实践:缅甸与荷属东印度比较研究》一书中,这一概念才得到充分发展,并被后来的作者经常使用。他为后人理解英属缅甸殖民社会的特征奠定了基础。[1] 这样,在殖民时期缅甸的四个主要种族群体是欧洲人、印度人、中国人和缅甸人。他们各有一套不同的社会制度体系,包括亲属关系、教育体系、宗教信仰、财产观念、娱乐方式和居住社区。每个群体都有"独特的行动体系、思想观念、价值观念以及社会关系",每个群体使用不同的语言,拥有不同的物质文化。[2] 这四个种

---

[1] J. S. Furnivall, "The Political Economy of the Tropical Far East" *Journal of the Royal Central Asian Society* (JMBRAS), Vol. 29, No. 3-4, 1942, pp. 195-210.

[2] M. G. Smith, *Plural Society in the West Indies*, Berkeley: University of California Press, 1965, pp. 79-87.

族群体被组织成不同社会行为体的"合作"部分,他们在地位上和对资源控制上至不平等。这成为在缅甸的种族文化与社会结构特征中的极端形式,这种多元且分裂的社会形成的一个最重要因素是印度移民的大量到来。

下缅甸经济变革也加速了缅甸社会分层的多样性变化。1852—1907年,在英国是资本主义自由经济发展时期,下缅甸英国自由资本主义的影响表现在调整现有生产方式以及引入新的生产方式上。它们正在为缅甸经济融入全球经济体系创造条件。所以,这时下缅甸经济发展的特征也是自由放任。问题在于这一阶段取得的成功,大多依靠投入越来越多的劳动力,以及使用越来越多的自然资源,特别是对土地资源的疯狂开发而获得的,英印政府和英国商人资本投入很少。当然,这一时期的经济发展也是殖民者废除贡榜王朝,限制国际市场力量进入缅甸的结果。伴随着经济发展并对生产起促进作用的,是个人主义与利益至上的新价值观念。结果,一些人抓住机会富裕起来,大多数人则深受其害,经济变革就这样造成缅甸社会分层的多元化,最后导致严重的阶级对立。从第二次英缅战争后,英国殖民者直接或间接地创造了一个以下缅甸为主要生存地区的小土地所有者阶层。直到20世纪20年代缅甸的经济发展依旧非常迅速,英国人在这里建立了现代商业贸易经济体系,一些缅甸人通过各种途径进入现代经济体系的就业部门。

英国人对下缅甸的吞并使此前自给自足、很少变化的农业社会发生了分化,他们在下缅甸培养了拥有小块土地的稻作业生产者。这一目标的实现是通过以小生产者种植为基础的土地税收制和土地租赁法达到的,其目的在于最大限度地让小土地拥有者或租赁者拥有自己的土地所有权或使用权。但是,小土地生产者所面临的资金不足问题却没有得到妥善解决,大规模地利用借贷资本,成为伊洛瓦底江三角洲农业耕作者中普遍存在的现象。19世纪下半叶,是下缅甸小农迅速壮大及其社会地位上升的时期,那时最贫穷的自耕农也拥有自己的土地、房舍,并具备购买普通消费品的能力,生活水平一度达到前所未有的高度。租佃农也因为待开垦土地的大量存在,以及农业劳动力的严重不足,共同分享了这种突如其来经济繁荣的成果。1885—1906年,下缅甸的耕作面积增长了八倍,稻米出口增长了十二倍。

但是,由于下缅甸人口的自然增长率高,缅甸干燥地区及印度南部的农民和手工业者的迁入,使下缅甸的人口在19世纪下半叶增长了四倍。到

20世纪初土地资源的增长速度也远远赶不上人口的增长速度。传统上，下缅甸的农田依靠一年一度的洪水泛滥，所带来的淤泥来恢复其土地肥力，防洪堤坝修筑后使三角洲农田的这种机会不复存在，稻作业的单位产量开始下降，土地价格却在不断上升。这些因素使小农的剩余产品逐渐减少，也使他们很难扩大耕作面积。更重要的是他们深受高利贷的盘剥，各种大土地所有者和中间商，诸如稻米商人、掮客、高利贷者趁机加强对小土地所有者的控制，使越来越多的自耕农因债务而失去土地。非乡居（不在籍）的地主所拥有的土地从1907年占总耕地面积的18%上升到1930年的31%。20世纪初，佃农交付的地租一般只占其收成的10%，到30年代末，已经占其收成的一半。在下缅甸有60%的农田采取租佃制耕作，使来自上缅甸和南印度的劳工大多成为无地或少地的农业劳动者。这就是英国殖民时期下缅甸社会下层形成的一个主要原因。在下缅甸的城市与城镇中，劳苦大众大部分是靠体力劳动维持生计的移民，包含缅甸国内移民及其后代以及候鸟式的临时务工人员，这些人通常居住在市区内类似当今贫民窟的聚居区。例如，1931年，在仰光印度人聚居区十分醒目，这里的居民除了在加工厂做工外，大多数是家庭佣工、车夫、修理工、码头工人、运稻驳船工。而且，来自不同种族和不同地方的人群，倾向于从事特定的职业，并居住在城市中特定的地方。他们很少拥有自己的土地与住房，长期贫困与他们终身相伴。由于中产阶级与下层劳苦大众，都在殖民时期缅甸的城市与城镇中成长。因此，这里成为结束殖民统治的策源地，这在殖民时期的仰光尤其突出。可见，无地失地农民与城市贫民共同构成英国殖民时期缅甸的社会底层。

在英国殖民统治时期，经济发展在缅甸造就了一个人数不多但确实存在的中产阶级。这个阶级得以形成的原因之一，是19世纪末20世纪初在缅甸实施的一系列行政制度改革，这使专门化的管理部门得以形成，如土地登记与税收、货物运输与转运、司法与监狱等部门。此后负责林业、农业、渔业、交通、教育、信贷、卫生等的公共部门也相继设立。下缅甸的仰光、勃固、勃生、毛淡棉这些在殖民时期兴起的现代城市，其经济上的中心职能是进行稻作业产品加工和开展国内外的商业贸易。这些城市从来没有成为缅甸的工业发动机，而是进出口商品的集散地，以及碾米厂、锯木厂、炼油厂等农林产品和其他资源初加工，以便出口欧洲和其他地方的加工工业和商业贸易的中心城市。其中，毛淡棉的柚木造船业一度勃兴，但没有引起殖民政府的关注，在三四十年间很快衰落。尽管如此，在这些城市与城镇的居民中，除了西方人、世袭贵族、非乡居大地主和实力强大的少数民族首领组成的社会上层外，形成了一个以当地人为主但包括部分外来移民的中产阶级。它由政府部门的职员、个体商人、小企业家，教师、医生、工程师之类的专业技术人士，以及食利者、代理商与掮客之类的人组成，在仰光中产阶级还包括在校的大学生与高中生。

其中也有例外，例如，南印度的齐智人在1880年前后开始涌入缅甸，他们传统上对货币信贷业有着从业经验与经营网络，并与西方和印度的银行与金融公司联系密切，这些关系使齐智人容易获得流动资金，通过严格控制的家族网络进行信贷业的经营。当时，齐智人主要对信贷业感兴趣，并不插手农林矿业产品的收购和日常消费品的买卖。这些活动由缅甸人和其他移民经营：缅甸人利用齐智人的贷款，与印度人和华人在工商业中间环节进行竞争，他们充当小型碾米厂、锯木厂的厂主，充当小商贩把从印度人与华人那里批发来的商品零售给农业生产者。缅甸人中也有一部分规模较小、主要对农村地区提供信贷、大部分资金来源于齐智人的信贷业主。结果，殖民时期缅甸人经营的商业并不发达，经营的本土工业也十分弱小。但是，这些加工工业的厂主、代理人、掮客、店主等等，无论是本地公民还是外来移民，也共同构成缅甸中产阶级的一部分。倘若从纯粹的社会等级分层看，缅甸的社会分层并非殖民时代的产物，只是英国殖民的确加深了此类分层，并使之向更多层级发展，以及加快了在殖民地经济大潮中人们社会地位的流动、重塑与再造，使社会分层更加难于把握。

在下缅甸，农村社会的阶级分层和社会流动有着阶段性的区别。在米切尔·阿达斯的著作《缅甸三角洲：1852—1941年亚洲水稻边区的经济发展与社会变化》中，他把1852—1907年界定为"下缅甸农业发展的第一阶段"。他指出，那时农村社会结构的主要特征是，社会阶层之间存在高度流动性，社会阶层本身也因其经常发生大变化而很难以区分，只是为了分析才将从事水稻种植业生产的人区分为四大类：地主、农场主、租佃农和无地劳工。在19世纪后半叶，没有土地的劳动者有可能通过辛勤劳作而向上流动，其中只有很少的人最终能够成为大地主。但是，大量农民在社会流动的升降梯上，只可能向上或向下流动一两个阶梯：租佃农成为自耕农、劳工成为租佃农，自耕农扩大土地而取得小地主身份，失去土地的人或被迫租用他人土地，或到三角洲寻找季节性劳工的岗位。①

米彻尔·阿达斯认为，从理论上说，对处于不同社会阶层的人们进行阶级属性的划分，常常会因地区不同而存在差异，并且会发生个体身份重叠的现象。例如，20世纪初，在缅甸的汉塔瓦底，自耕农平均拥有60英亩的土地，同时期印度北部的大地主只拥有71英亩的土地。在一些地区大土地所有者与雇工一起耕作部分土地，其余的土地才承租给他人。② 在三角洲下游的许多地区，如果仅看自耕农持有的土地数量，以及他们雇用劳工的数量，而不对其土地质量进行考量。那么，以印度一些地区或东南亚其他地区作参照，他们会被人们认为已经处于地主的地位。那时，在三角洲下游某些土地所有者既经营自己的土地，同时又向他人租种土地，甚至兼作农业工人而劳作。有些土地所有者亲自参与种植活动，有些只作为监工而监督劳工干活。租佃农在租赁的农田上完成作业后，也会到附近地区去充当雇工，以便储蓄钱财购买自己的土地，或使自己有能力到稻作业前沿地区去垦荒。这种身份重叠的现象，在阿达斯所谓的三角洲农业发展的第一阶段不在少数。可见，身份重叠存在与社会等级划分的艰巨性，在19世纪下半叶的下缅甸都存在。

在当时的下缅甸人成为地主的途径多种多样。例如，貌觉丁在19世纪70年代末到20世纪头十年，从国内移民自耕农发展成大地主、信贷人和稻谷交易商；同时期，萨亚特从小商人发展成大地主兼稻谷贸易商。擅自占用土地的自耕农，要连续耕作十二年才能出售或抵押该土地，土地掠夺者常常向耕作者提供贷款，并以未报税的土地抵押形成债权人与种植者的债务关系。如果耕种者不能按期履行偿还贷款的承诺，其土地在十二年期限结束前就会被迫"卖"给土地掠夺者，成为债权人的财产。掠夺者还使用代理人和家臣的名义占有土地，这些行为掩盖了下缅甸非农业耕作者强占大量土地的事实。这些不事农业的地主来自放债人、商人、律师、公务员、

---

① Michael Adas, *The Burma Delta: economic development and social change on an Asian rice frontier, 1852-1941*, pp. 69-70.

② Burma Government Reports and Manuals, *Settlement Reports-Thongwa* (1889-90), p. 16; *Thaton* (1894-95), pp. 42-43; *Myaungmya*, (1897-98), p. 15; *Hanthawaddy* (1898-99), pp. 16-17; *Myaungmya-Thongwa* (1902-3), p. 10; *Myaungmya* (1903-4), p. 13, Burma (Rangoon): Superintendent, Government Printing, 1891-1905.

教师和医生等职业。在下缅甸,还存在团体性的土地强占现象,仰光汉天公司(The Hon Tein Company of Rangoo)占有渺弥亚地区的2358英亩土地,并将这些土地出租给租佃农。另一家公司以退休站长帕佩里·索米作为代理人,在东吁大量收购土地,在1898—1899年该公司已经拥有近653英亩的自有土地,以及3300英亩的贷款抵押土地。

下缅甸经济增长的早期阶段,自耕农是农村地区人数最多的社会阶层。除了原来居住在下缅甸的缅人之外,大多数自耕农来源于国内外的移民农业劳动者。这些人是奔着下缅甸广袤的可开垦土地,以及英殖民政府颁布的耕种者连续作十二年并按期纳税后,可拥有土地所有权的政策而来的。他们在三角洲克服了清理荒地和耕种新地的困难,希望通过多年辛勤劳动而获得到回报。那时,自耕农大多拥有自己的土地,这使他们肩负的债务很少。因此,自耕农在下缅甸开发的初期阶段,能够获得水稻生产的大部分利润。①

在1852—1907年的下缅甸稻作业开发第一阶段,租佃农是下缅甸另一个人数众多的社会群体。那时,租佃农在来源、组成与生活水平方面,与自耕农相差不太大,连殖民政府的统计官员也很难区分这两个群体。土地的租金通常低廉而且固定,租佃农耕种土地的数量很大,勤奋的租佃农能获得可观的利润,并常常以此资金来购买房子、购置土地。因此,租佃农通常认为自己租种他人土地是暂时性的,是自己向土地所有者迈进的第一步。直到20世纪头十年,租佃农的流动性以及他们对地主进行讨价还价的优势地位,都因下缅甸尚存大量未被开垦的土地而得到保障。

那时,在下缅甸的大多数地区,水稻种植业发展对租佃农的需求,远远超过租佃农在劳动力市场上的供应,所以,地主很难过分地压迫其佃户。租佃农的来源与身份很复杂,下缅甸的租佃农主要来自四个群体:上缅甸的移民、开始独立创业的年轻农民、因债务失去土地的小地主,以及要租用更多土地的自耕农。对于一些自耕农来说,租赁是一种向上流动的手段,对另一些人来说,租赁意味着现有地位的丧失和无法保住自己的财产。在三角洲地区,大部分租佃农曾经是自食其力的自耕农,他们债台高筑后不

---

① Michael Adas, *The Burma Delta: economic development and social change on an Asian rice frontier, 1852-1941*, p. 74.

| 英国与殖民时期的马来亚和缅甸

得不将自己的土地转让债权人。有些负债小地主眷恋自己被抵押的土地，就以租佃农身份继续耕种原有的土地，这种情况在新定居地区尤为多见，在这些地区抵押贷款者丧失抵押品赎回权，债务缠身和土地流失的现象都异常严重。许多前业主对新地主负债累累，但是他们选择在同一块土地上劳作，这样更容易回避租金的增长。在缅甸，租佃农使用的土地份额，从1885年占下缅甸总耕地面积的9%，上升到1906年占总耕地面积的25%。

农业工人是下缅甸开发时期兴起的另一个社会阶层。农业工人主要来自三种人：上缅甸的季节性和永久性移民、临时性印度移民、无地的下缅甸农民。上缅甸季节性移民大都在每年6月的开犁季抵达三角洲，到来年2月份的收割季节结束后又返回上缅甸，有些人在每年11月下旬的收割季开始时来到下缅甸，在来年的旱季即1—4月份仍然留在下缅甸。季节性移民一旦找到收入满意的就业岗位，就会逐年往返于上、下缅甸之间，并服务于同一个雇主。印度的农业工人包括来缅甸做全职农民的移民，以及农忙季节来兼职收割稻谷的碾米厂和码头的工人。下缅甸本土的农业工人，主要来自伊洛瓦底江三角洲上游地区，他们在那里占有的土地很少，连自耕农家庭都不足以维持生计。而且，大多数三角洲上游地区的农业工人没有自己的土地。例如，在卑谬和兴实达的许多大村庄中，有一部分人是无地的长期农业工人，他们依靠在附近的地主庄园劳作，以及协助小地主栽种水稻和收割稻谷来养家糊口。在某些情况下，自耕农让自己儿子在地里干活，也向他们支付农业工人的固定工资。在这个阶段农业工人的工资给付情况及其趋势，可以通过栽种季节的平均工资加以说明。在19世纪80年代，三角洲农业工人在栽种季节的平均工资是50—80卢比外加食物提供；90年代农业工人在栽种季节的平均工资略有变化，为55—78卢比外加食物；1900—1907年他们在栽种季节的薪酬保持在60—76卢比外加食物提供。在下缅甸三角洲，农业工人在历时9个月的稻作业季节里其薪酬，平均从19世纪80年代的60—110卢比外加食物提供，上升到1900—1907年的102—122卢比外加食物提供。可见，在下缅甸现代市场经济建立的初期，在水稻出口、碾米厂建造，以及占人口绝大多数的农民获利方面，都给人留下深刻的印象。

第三章 马来亚与缅甸的英国殖民遗产

第一节 介于民主与威权之间的马来亚政治制度

一 政党组织与政党政治的创立

从 1786 年英国人占领槟榔屿及威斯利，到 1957 年马来亚正式脱离英国而独立，在这 171 年的历史中英国人在政治、经济、社会文化方面，进行了大范围、深层次的殖民活动，这些活动对马来亚现代国家的建构产生深刻影响。这种影响在国家疆域范围的界定，国家政治与法律制度的选择，三大种族组成的公民社会结构，马华印政党联盟代表的上层精英的养成，市场分工体现的现代经济体建立等方面，都得到了体现。尤其体现在经济发展上，殖民时期的马来亚开发了国际市场，建立了种族分工，促进了工业化与城市化发展，建成了基础交通设施。在文化教育与社会一体化方面，马来亚初步建立多元现代教育体系，促进行业/职业结构的多样化，以及一定程度的行业与职业结构的种族分化趋势。这些都使得马来亚社会分层趋向细密，同时加大了贫富两极的分化，留下难以治愈的农村贫困，以及对华人与印度人待遇不公的问题。

这一切使英属马来亚在去殖民化运动中，出现了在国家政体与政治上对英国威斯特敏斯特议会制度与政党政治的模仿，并在殖民遗产的基础上打造现代独立国家的政治体制。其中，风起云涌的政党组织和类政党社团的兴起，与殖民时期马来人、华人与印度人历经现代教育，使民主自由意识和国家独立意识得到发展有关；也与经历过两次世界大战的历练，新一代中产阶级知识分子的兴起，以及本土社会上层精英走向开明政治有关；更与战后世界上风起云涌的去殖民化运动，以及新的民族国家在各殖民地的纷纷建立相关。在政党政治方面，马来亚的特征是各种各样的选举党得以建立，并在此基础上政党联盟产生、确立并不断地发展壮大，马华印联盟党一党独大，但同时允许其他政党或政治组织，甚至互惠性社团组织，有自己在政治上的一席之地和存在的可能性。政党政治与选举制度相互匹配，使马来亚在民主与威权之间，选择了一条独特的道路。这就是首相与内阁有绝对的政治权力，但是首相及其内阁的行政权力与马来亚最高元首的形象权力互补。这其中华人领袖陈祯禄，在马来亚独特的政党政治即政党联盟的创建时期，不仅起到了先锋作用，而且在关键时期以大局为重、谨识时务并成为政党联盟即马华印联盟党的领袖之一，以及巫统与马华公会之间、巫统与印度国大党之间的桥梁。

马来亚的类威斯特敏斯特议会制度以上文描述的，在被殖民的历史长河中一步步打造的海峡殖民地议会，马来联邦议会以及各邦的议会为基础而确立，而议会制度的基础则是选举制度。所以，"英国殖民时期留下的最重要的政治遗产应该是各种各样政党的合法存在"[1]。在英属马来亚，早在20世纪三十年代就有诸如马来亚共产党等政党的兴起，到了20世纪四五十年代，马来亚人民争取民族独立与进行国家建构的时候，各种各样的政党更是不断出现，成为本书将各种政党并类分析的困难。但是，为了使马来亚历史上纷纭复杂的政党政治最活跃的时期得以呈现，不得不在这里对马来亚的政党进行归类分析。

在马来亚，第一类政党是受国际主义政党影响较大、与国际同名政党组织联系密切、具有一定意识形态倾向的政党。例如，马来亚共产党、马来亚国民党，分别与共产国际和中国国民党有较密切的联系。马来青年民族党、马来亚民主同盟具有泛印尼主义或泛马来主义的性质，前者与印度尼西亚共和国联系密切，后者与新加坡的马来亚共产党联系密切。在这些外来影响与国际性较强的政党中，存在时间较长、影响最大，也最值得做

---

[1] 陈晓律等：《马来西亚——多元文化中的民主与权威》，第122页。

个案分析的是马来亚共产党。马来亚共产党以华人为主,是国际共运的衍生组织。在第二次世界大战中,它为马来亚的反法西斯主义斗争与配合盟军作战做出了巨大贡献,战后却相继遭到殖民政府与马来西亚政府的镇压而被边缘化。马来亚共产党对殖民时期开始建构的议会民主政治缺乏经验,在战后去殖民化时期未能很快地转化为选举党,也成为它没能发展壮大的原因之一。马来亚共产党的前身,是1928年成立后立即就被殖民当局取缔的南洋共产党。1930年4月马来亚共产党在森美兰正式成立,在1934—1936年它先后领导吉隆坡汽车公司工人罢工、新加坡建筑工人罢工、森美兰农民运动,1941年前后它曾经发展成为拥有5000个成员的马来亚最大的政党组织,且英国殖民当局公开承认它的合法性。它与马来人左翼组织共建的马来亚人民抗日军,在1943年前后的全面抗日战争中起到了中流砥柱的作用,并成功地解决了华人内部因地域、祖籍与方言性而不够团结的问题,在丛林游击战时又与奥朗—阿斯里人建立密切关系。除了与盟军特种部队联合作战外,直到日本投降,马来亚共产党领导的抗日军还在单独抗击日军,[①] 1945年它发展为拥有10000人的武装力量。

战后,在英国殖民统治恢复的初期,马来亚共产党选择继续与英国人合作的道路,他们在大城市和一些乡镇建立人民议会,希望得到殖民当局的承认,并建议将抗日军改编入马来亚国防军,其有限的目标是建立统一战线、争取国家独立。但是,重返马来亚的英国殖民者,连让马来亚共产党继续保持合法地位,以便在殖民政府的统一战线中发挥补充作用的谋划都不能容忍。他们要求日本军队只向英军缴械投降,在某种地方甚至允许日军继续维持秩序,以此掣肘第二次世界大战中已经发展壮大的马来亚共产党。英国殖民政府除了给马来亚共产党三个政府席位外,一概不理睬共产党的其他要求和政治主张。马来亚共产党谋求以合法手段参与国家政治未获成功,不得已在1948年6月发动殖民当局称为"紧急事件"的起义,6月底殖民当局公布《紧急条例》,迫使共产党转入农村与边区,建立马来亚民族解放军,开展地下武装斗争。1949年,殖民政府任命擅长丛林战的布里格斯将军为马来亚作战部队的总司令,采用强制华人垦荒者迁入新村的办法,对民族解放军进行坚壁清野、切断供养、武力镇压。历经四年时

---

① [澳]芭芭拉·沃森·安达娅、[澳]伦纳德·安达娅:《马来西亚史》,第310页。

| 英国与殖民时期的马来亚和缅甸

间，布里格斯于 1953 年镇压了马来亚民族解放军。1955 年，新当选的马来亚总理拉赫曼，要求马来亚共产党对政府无条件投降，双方谈判未果后共产党游击队逐渐萎缩。直到 1990 年，马来亚共产党与马来西亚政府签约，才完全结束武装斗争。关于马来亚国民党、马来青年民族党与马来亚民主同盟的基本情况，见表 3-1"马来（西）亚政党一览表"。

第二类政党是立足马来亚本土，基本上沿着种族分离的界线建立的，较多政治经验和经济能量的现实主义选举党。他们的目标集中于通过和平谈判的道路，使马来亚摆脱殖民统治而独立建国。当局势发生有利于殖民地各族人民共同抗英的转变，英国殖民者不再坚持《马来亚白皮书》和建立马来亚联盟时，这些相对成熟的政党审时度势地迅速走向跨种族的政党联盟，并以殖民时期已经存在的议会制度与选举制度为基础，走上在民主与威权之间建立马来亚独具的多元文化政治机构的道路。这些政党中最重要的是，马来民族统一机构（简称"巫统"）、马来亚华人公会（简称"马华公会"）与马来亚印度人国大党（简称"国大党"）。

巫统的前身是 1939 年成立的马来人协会。这个政治组织主要由新加坡、霹雳、彭亨、雪兰莪等地的，马来人地方协会中受英式教育的知识分子组成。马来亚建国之父拿督·翁（Dato Onn, 1895—1962）是其中最重要的领导人。最初，协会只是一个坚持出版马来文书籍，提倡马来文学艺术的文化活动组织。后来马来人协会主张实行改良主义与实现马来亚的独立。但是，其政治活动力避与英国殖民当局和马来人统治者发生冲突。1940 年，马来人协会在马来半岛的大多数邦、沙捞越、文莱都建立了分支机构。日本占领期间马来人协会一度停止活动。1946 年，巫统成立时马来人协会的成员构成巫统的中坚骨干。

倘若沿着历史回溯，1914 年在新加坡创刊的英文报刊《马来亚论坛》，为马来人协会的建立奠定了一定的基础。这份反映新加坡土生华人与欧亚商人利益，拥护英国在马来亚统治的日报，在 20 世纪的三四十年代日发行量已经达到 2.5 万份。《马来亚论坛》的首任主编 E. 格鲁弗尔，在 1914—1931 年同时发行马来文刊物《马来联盟》，并任命马来人尤诺斯·阿卜杜拉为其主编。《马来联盟》有助于提高马来人知识分子的政治觉悟，在日本占领新加坡后《马来亚论坛》一度停刊。但是，这两份刊物加深了马来人与华人知识分子对英国政治理念的了解。起初，巫统是马来亚最大的种族性选举党。1946年1月，创始人拿督·翁开创半岛马来人运动，4个月后巫统在柔佛的巴鲁成立，拿督·翁成为巫统的创始人与首任主席。1950年4月，巫统正式进行政党注册登记。巫统的成立意义重大，这是马来人第一次在一个政治运动中团结组织起来，它得到了马来社会里所有重要人物的支持，包括贵族、国家政府官员到激进主义者和伊斯兰教首领。[1]

拿督·翁是柔佛苏丹的养子，他相继在英国与瓜拉江沙王公学校接受英式教育与马来贵族教育，担任过《马来亚新闻》的主编、柔佛邦立法议会议员、马来人协会领袖。而且，拿督·翁一直鼓吹马来民族主义。拿督·翁在马来亚民族运动和去殖民化时期做出卓越贡献，实践中创建的政党不止巫统一个。1951年，拿督·翁希望巫统成为跨越种族并能够领导马来亚全社会进行独立运动的政党，遭到反对后他自行退出巫统，另外成立了马来亚独立党。拿督·翁离开巫统后，东姑·拉赫曼（Tunku Abdul Rahman，1903—1990在世）接任巫统主席。巫统在1952年举行的吉隆坡市政选举中，开始与马华公会结盟，1954年又吸收印度人国大党，它们共同组建了马来亚联盟党。由种族性选举党走向跨越种族的三党联盟，体现了马来上层贵族的开放性，以及华人与印度人上层精英与知识分子政治上的成熟性。

在联盟党中的第二大党是同样经历了从种族性选举党转向跨种族政党联盟的马华公会。它在1949年初成立时已经是马来亚最大的华人政党。在初始阶段马华公会谨慎地自称为一种福利机构，1952年正式注册为政党，并开始与巫统结盟。马华公会的创始人是华人政治家、马六甲富商陈祯禄（Tun Tan Cheng Lock，1883—1960在世）。他很早就涉足马来亚的社会与政治活动，并通过参与殖民时期的议会政治，积累了在英国政治文化传统下进行合法斗争的经验。陈祯禄出生于马六甲经营航运业与种植业的福建裔商人世家，曾在莱佛士学院读书与任教。1908年，他开始经营自己的橡胶种植园，并担任马六甲橡胶园联合有限公司的总经理与董事长。一次大战期间，陈祯禄通过海峡殖民地的华英协会开始进入政坛，1923年成为海峡殖民地立法议会里最能言善辩的华人议员。陈祯禄主张不分土著与外来，所有种族一律权利平等，以及建立从联合走向自治的马来亚社

---

[1] ［澳］芭芭拉·沃森·安达娅、［澳］伦纳德·安达娅：《马来西亚史》，第317页。

会。1933年，陈祯禄成为海峡殖民地行政委员会里的首位亚裔成员，日占期间他在印度组织海外华人协会，对战后英国在马来亚的统治政策提出自己的构想，这些想法与英国人1948年提出的建立马来亚联合邦方案有相似性。这个做过市政委员和立法议会议员，且很早享有盛誉的政治家，在1946年泛马联合行动委员会（简称"联合行动委员会"）成立时当选为首任主席，后来又担任泛马联合行动-人民权力中心的联盟主席。他从早年关注华人利益，转向改善马来亚种族关系和推进马来亚的独立自主。从1949年—1960年陈祯禄一直任马华公会的首届会长，他审时度势地与巫统联合行动，使马华公会成为执政党联盟中的第二大党，并在联盟党创始初期担任过联盟党的副主席。1952年陈祯禄被英国国王授封为爵士。1955年，陈祯禄参加了拉赫曼政府与马来亚共产党在吉打州巴陵岛举行的会谈。芭芭拉·沃克·安达亚说，马华公会起初主要表达受过西方教育的商业与专业华人阶层的观点，其成员大多在马来亚出生，但是他们会使用汉语方言，能够接触华人的行会、宗族协会和工会。马华公会还通过对会使用汉语的各州领导人给予支持，使英语精英人士能够接触到华人的底层社会。[1] 1957年，马来亚独立后，马来亚联盟党的重要组成部分即马华公会一直是重要的执政党之一。

类似的政党组织还有马来亚印度人国大党，国大党实际上也是从种族性政党转向务实的选举党。它于1946年8月成立，创始人与首届主席是出生于瓜拉江沙橡胶种植园主家庭的天主教徒约翰·提维（John Thivy，1904—1957在世）。提维先后在印度马德拉斯大学与伦敦内殿法学院深造，1933年回到马来亚后担任律师，并开始从事印度民族主义活动。他强调提高马来亚印度人的地位及争取印度的独立。日本占领时期，提维担任过《马来亚论坛》的主编、吉隆坡法院的法官、印度独立同盟的副主席。马来亚印度人国大党的前身，是1942年成立的由侨居日本30年的拉什·鲍斯（Rash Bose，1880—1945在世）兄弟领导的印度独立同盟。第二次世界大战中，新加坡的自由印度临时政府成立，并与日军合作，对英美宣战。印度独立同盟就于此时局下诞生。虽然其前身与日军有过短暂的联合，但是，后来的印度人国大党维护马来亚印度人利益，以及防止种族不和的宗旨没

---

[1] ［澳］芭芭拉·沃森·安达娅、［澳］伦纳德·安达娅：《马来西亚史》，第331页。

有改变。

1954年，印度人国大党加入马华联盟，共同组成马华印联盟党。作为联盟党中最弱小的政党，在1955年选举中印度人国大党只得到2个席位，与巫统的35个席位、马华公会的15个席位相比甚少。印度人国大党经常出现领袖相互倾轧而削弱组织力量的情况，在一定程度上它还容易受到印度国内政治事件的影响，与马来亚大量的印度劳工联系也不多。正如马华公会与巫统的关系，在初期主要靠拉赫曼与陈祯禄的个人友好关系一样，印度人国大党在联盟党内的运作，也主要依靠1954—1973年担任其主席的萨班坦与拉赫曼个人的密切关系。从历史溯源，印度人国大党与新加坡马来亚印度人中央协会也有一定的联系。新加坡印度人中央协会是1925年建立的马来亚第一个印度人政治组织，它曾发行《印度人》以报道马来亚各邦印度人协会的活动。1928年，它在新加坡举行马来亚印度人首次年会。1937年选举A. M. 苏赛担任主席。印度人中央协会有16个成员组织、12个地方协会、4个商会。但是，它在日本占领期间依旧停止了活动。

总之，上述三个政党是去殖民化时期建立，以本种族上层人士和知识精英为领导，以开展政治活动较早的组织为基础，沿着种族区分并在战后公开注册的政党，其创始人大多参与过英国殖民时期的合法政治活动，并在领导合法选举等方面具有一定经验。这些希望通过选举胜出获得本党议席，从而掌握国家政治权力的政党，没有选择武装斗争的道路，容易采取协商政治的方式。三党联盟的成功有着在三个政党实力不对等的情况下，为大局着想而适时让步，以及殖民政府长期培养马来上层人士政治宽容素养的影响。他们在推进马来亚通过和平谈判取得独立自主方面取得了成功。但是，这条道路留下政治权力的种族不平等，华语与印地语教育事业的被压制，华人与印度人公民政治参与度低的问题。

在上述三党基础上成立的马来亚联盟党（简称"联盟"），是马来西亚现代国家建构中产生的最重要的政党联盟。在联盟中，巫统主席一直担任联盟党主席，它是一个在大选中合作并协商分配国会议席的组织。成立时三党的共同目标是争取马来亚独立、实现种族合作、建立统一国家。在这个大目标之下，各党实际上仍然自有纲领，并在诸如马来人特权、华文教育等问题上分歧很大。在1955年马来亚第一次大选中，该联盟获得81%的选票，此后一直是马来亚的执政党联盟。1974年，联盟党扩大并更名为

| 英国与殖民时期的马来亚和缅甸

马来亚国民阵线（Barisan Nasional Malaysia，简称"国民阵线"），成为马来西亚众多执政党的联合组织，在东、西马来西亚参加国民阵线的党派多达11个。它体现了马来亚对英国政党政治的继承、改造与本土化。国民阵线成员党的党内事务独立，逢大选时阵线使用共同纲领，并对国会席位进行协商分配。国民阵线仍然是一盟独大的威权政治代表。而且，巫统主席一直担任其主席。可见，马来西亚虽然保留西方民主政治的构架，但是，文职政府的威权主义也达到顶峰。国民阵线秉持成员党留去自由，阵线的目标宽泛，种族性与阶级性比较隐蔽，在以国会席位分配构成无形压力的会议式联盟管理中，巫统始终保持一党独大的局面，但是，其他成员党的利益空间仍然存在。这是马来西亚政党制度在多元文化背景和兼顾多种族利益的框架下，在强调威权性的同时保留民主性的产物。这是殖民时期马来亚种族文化、分层社会、政治与经济发展的历史演变结果；也是英国殖民者在去殖民化时期，以西方民主政治的理念，助推马来统治者的结果；更是受英式教育的各种族知识分子，在百年历史沟通中模仿英国宪政制度，并使之本土化，共同打造马来西亚现代国家制度的结果。

第三类政党是从一开始就力图超越种族界限的跨种族政党，其中包括以选举为目标的选举党，以及并非要通过选举而获取政治权力的其他政党。它们中有不少政党只存续数年时间，就因为不能适应形势发展，以及不适应殖民政府长期塑造的政体模式而出局、分解、重组、消失。但是，它们毕竟开创了政党或组织行动不分种族属性的先例。例如，1946年为应急匆忙成立的泛马联合行动委员会，是最早的全国性政治行动组织。1946年1月，殖民当局颁布《马来亚联盟计划书》（即《马来亚白皮书》），并于4月强行宣布要将马来联邦、马来属邦、海峡殖民地中的槟榔屿与马六甲，组建成由英国总督独揽大权的马来亚联盟（Malayan Union）。在此紧急时刻，联合行动委员会刚一成立，就坚决反对英殖民者组建马来亚联盟，因未征求苏丹们的意见与取消马来人特权，《白皮书》还遭到马来人的反对。是年12月，英国人只得又颁布《马来亚政体建议书》（《马来亚蓝皮书》），提出建立马来亚联合邦（Federation of Malaya）的新方案。联合行动委员会要求给予马来亚独立，同时主张在马来亚出生或住满八年、马来语考试及格、品行端正、宣誓效忠国家的18岁及以上居民，均可获得马来亚公民权,即主张不分种族的属地主义公民权。这个组织是一个各种政治集团内部独立、又有着共同反英目标的临时性结盟。1948年,《紧急条例》颁布后联合行动委员会被迫解散。尽管它存在时间很短,这种跨种族联盟的尝试,成为后来的马华印联盟在实践中参照的榜样。联合行动委员会的核心组织是1945年底在新加坡成立,以何亚廉为主席,并与马来亚共产党有联系的跨种族的左翼党马来亚民主同盟,同盟的成员主要是在新加坡出生,接受英式教育,持左翼政治态度的华人、欧亚人、印度人知识分子。马来亚民主同盟的政治目标是,在马来亚激励超越效忠苏丹的国家意识,在所有种族群体中建立一种对马来亚民族国家的真正的忠诚感。[1] 具有国家认同意识是马来亚民主同盟,及其后演变而来的联合行动委员会的独特之处。这种认同意识成为马来亚独立后,马来西亚联邦政府一直推进的政治与文化目标。1946年年底,在马来亚民主同盟的基础上,马来亚印度人大会党、人民抗日军退伍同志会等也参加了泛马联合行动委员会。

另外,力图跨越种族但未获成功的政党还有拿督·翁于1951年创建的马来亚独立党(简称"独立党")。拿督·翁在说服巫统对非马来人开放不成功后,创立了反对种族对立、希望能够代表马华印共同体利益的独立党。当时,英国殖民政府青睐的是这类跨越种族的政党,而不是马华公会、巫统那样的有种族倾向的政党。但是,独立党没有获得马来民众的支持,又遭到巫统主席拉赫曼等上层马来人的排斥。1952年在吉隆坡市政选举的12个议席中,独立党仅获得2个席位,马华公会与巫统一共获得9个席位。可见,在民主与威权之间的马来亚政治文化下,跨种族应急性政党运数不长。与马来亚独立党的命运形成对照的,是印度人锡尼华沙甘(Seenivasagam)兄弟领导的马来亚人民进步党(简称"进步党"),其前身为1953年1月创立的霹雳进步党,成员多为婆罗洲和怡保市的印、华劳工。霹雳进步党在1954年怡保市政的选举中与巫统和马华公会合作,第二年因政见不同而分手,1956年改称为马来亚人民进步党。它反对马来人特权、保护华语与泰米尔语教育。为此,巫统曾用"反民族""反马来人"来打压它,1969年大选中该党一度获得8个国会席位。1974年人民进步党加入国民阵

---

[1] Cheah Boon Kheng, *The Masked Comrades: A Study of the Communist United Front in Malaya, 1945-1948*, Singapore: Times Books International, 1979, p. 5.

线。在锡尼华沙甘兄弟先后于1969年和1975年去世后进步党被削弱。这是一个代表华、印劳工阶级利益，也能利用选举制度而免遭淘汰的跨种族移民政党。

在马来亚，第四类政党包含那些很难归类入上述三大类，而且十分混杂的政党。它们中有泛马来主义、联日主义或联印尼主义的国际背景，或者是从旧政党的分裂中兴起，创建时期也并非集中于战后去殖民化和马来亚现代国家建构的初期。其中，马来青年联盟在伊卜拉欣·雅各布（Ibrahim Yaacob）领导下于1938年成立，1941年8月日本人主动向它提供经费，企图把它改造为对抗英军的政治力量，10月伊卜拉欣被英殖民当局逮捕，1942年2月日本占领马来亚后伊卜拉欣获释，并担任伪马来亚乡土防卫队总指挥。但是，马来青年联盟却未获得日伪政权的准许而继续存在。第二次世界大战前伊卜拉欣与印尼独立运动有联系，1945年7月，伊卜拉欣又与国民党原副主席布尔哈努丁组建半岛印度尼西亚联盟，他们与苏加诺、哈达会晤，力图建立一个大印度尼西亚国家。此后，伊卜拉欣再次遭到英殖民当局的拘捕，半岛印尼联盟失败而停止活动。这只是一个维持时间不到十年，奉行泛马来主义且曾经亲日的政党。

归属于第四类的政党，还有1945年中后期成立的马来青年民族党。该党也秉承泛马来主义，创始人婆柯奴丁-海米主张将室利佛逝、马六甲王国、满者伯夷构成历史连续统一体，呼吁马来亚成为大印度尼西亚共和国的一部分，要使用印尼国旗为其党旗。该党成员包括前马来青年联盟、半岛印尼联盟的成员。上述两党有一定承续性，但是其影响仅限于马来人，其宗旨和行为与去殖民时期马来亚争取国家独立的宗旨背道而驰。

马来亚人民党（也称"农业社会主义党"）也是只能归属于第四类的政党。它是艾哈迈德·布斯塔曼（Ahmad Bustaman）于1955年创建，其成员多为霹雳、雪兰莪、槟榔屿的马来人的政党。1957年，它与马来亚工党等组成马来亚社会主义阵线。1963年，布斯塔曼因参与共产党活动而被捕，1964年该党参加大选失败后，退出了马来亚社会主义阵线，1974年改称为马来西亚人民社会党，1976年第二任主席卡辛被捕后停止了活动。总之，人民党是一个以保护马来农民利益为其主旨的种族性左翼党。

在第四类政党中还有马来亚民主团结党。它是从马华公会分离，由原马华公会领导人林苍佑（Lim Choug Ea）于1962年创建的，成员主要为对联盟党政策不满的马华公会会员。它分为主张民主社会主义、社会平等、保留马来族特权与马来语官方地位的温和派，以及主张多语教学、反对马来族特权的激进派。1963年，温和派马来人阿比丁当选主席后激进派退出，1968年自行解散。它是成立晚、分歧多、时间短的跨种族政党。其分歧反映了马来人特权与华印语教学权利问题，一直是马来西亚社会的纷争与痼疾。

马来人全国大会党是前任巫统副主席，及担任过拉赫曼内阁农业及合作社部长的阿卜杜尔·阿齐兹（Inche Abdul Aziz）于1963年创建的政党。它主张扩大马来人特权、反对华资与引进外资。1964年大选中，该党与人民党、工党等联合组成社会主义阵线，但未获得任何席位。该党曾获得印度尼西亚政府的支持，准备在国外成立流亡政府。1965年阿齐兹被捕后停止活动。这是一个过度强调马来人特权，对内强调跨种族联合，对外强调与印尼联合，存在时间短暂且种族主义色彩浓厚的政党。

马来西亚伊斯兰教党也是从巫统中衍生出来的政党。1950年巫统正式注册政党时，其内部已经存在称为马来亚宗教学者协会的组织。第二年该组织脱离巫统，与马来亚伊斯兰教兄弟会合并。1955年注册为泛马伊斯兰教党。该党的主要力量是吉兰丹的马来穆斯林，在不能自行设置支部的限制下，也允许华人参加。1956年，原马来亚国民党领导人布尔哈努丁加入，并当选为泛伊斯兰教党的主席。1971年该党改名为马来西亚伊斯兰教党。1974年该党加入国民阵线，三年后自行退出。这是一个生存时间长、获得一定执政权力，马来人利益为上并带有浓厚宗教色彩的种族性政党。可见，要想对这些只能勉强归入第四种类型的政党，做出一种倾向性分析结论是不可能的。因为，它们太庞杂、太短暂且成立时间晚近，其目标与行动也变化多端。

在上文分析了马来亚的四类政党之后，可以得出的结论是：它们构成了马来亚政党政治的基础，也体现了马来亚政党政治的特征。第一，马来亚政党政治与英国政党政治相似的地方是，政党组织大多围绕选举制度而产生，在有一定民主氛围的政治环境中，才会出现短时间内众多政党涌现的局面。即便"一盟独大"的联盟党和扩充后的国民阵线一直处于执政地位。但是，其他政党的存在、出现与演变体现了马来西亚民主政治的一面。这一点在马来西亚历史上无可否认。第二，内阁首相即政府首脑是执政党的主席，内阁对议会负责而不是对最高元首负责，在一定程度上内阁是通过议会对选民负责。政党政治与议会选举制的存在与发展，一定程度上是政治民主、政治妥协与和平竞争的结果。第三，马来西亚与英国在政党政治方面不同的是，在马来西亚是政党联盟而不是单一政党执政，这表明在马来西亚运行的并非全然的两党制，而是一种潜在的多党制。一盟独大、一盟执政体现了战后东南亚威权主义的深刻影响，联盟党的变化与扩大，是在威权与民主之间使用妥协政治策略的结果。在这种情势下，力量弱小、应急后起的选举党，具有单一种族背景、过度强调跨种族性的政党都不易生存。大多数这类政党只起了点缀作用，真正成气候的在野党不易形成。第四，在马来西亚的政党政治中，从马华印联盟党到国民阵线，一直成功发展的原因在于：巫统的政治资源与马华公会的经济资源得到结合，印度人国大党的顺势加入又扩大了多元种族的社会基础。拿都·翁、陈祯禄、拉赫曼、提维等代表人物，都有殖民时期参与民主政治活动的经验，都具备马来亚民族国家的共同意识，他们的携手合作对马来亚独立建国做出了贡献。第五，渐进的方式与合理的目标是其在战略上成功的基础：联盟党中各党派大多采取温和与渐进的斗争方式，成就了使马来亚独立于英国，并服务于新生现代国家建构的需要。这些中坚骨干多出生于马来亚、接受英式教育，是马来亚的上层贵族、商界名流和知识分子，有能力根据马来亚的现实，把英国发展的渐进性、妥协性、三权分立、议会民主等理念，在实践中加以改造，并使之本土化。第六，马来西亚的政党大多在马来半岛、沙捞越与沙巴民族解放运动中兴起，以通过选举获取政权与集团利益为目标，政党的分分合合、起起落落在所难免。只有能够审时度势地以各民族开明上层与知识分子为核心，并能够理解种族联合趋势的政党，才能在民族解放运动风起云涌的时代得到生存与发展。

表3-1　　马来（西）亚政党一览表（按成立时间排序的不完全统计）

名称/成立时间/创始人/主要成员/性质	基本目标/主要活动/发展特征	历史演变/终结
马来亚共产党（1930—1990）；拉·迪克；华人为主；意识形态激进党	领导吉隆坡汽车司机、新加坡建筑工人与森美兰农民运动；组建抗日民族解放军；出版《民声报》；转入地下武装斗争，反对成立马来亚联邦	1955年与拉赫曼巴陵会谈未果；1968年建马来亚民族解放阵线；1981年成立马来民族主义党；1990年与政府签约结束武装斗争

第三章　马来亚与缅甸的英国殖民遗产

续表

名称/成立时间/创始人/主要成员/性质	基本目标/主要活动/发展特征	历史演变/终结
马来亚印度人中央协会（1928）；苏赛；商业/专业人士；种族性	维护印度人权益；抗议种植园主剥削劳工；倡导创立马来亚印度人国大党未果但有联系	前身为1920—1925年建立的庄园亚洲人协会、新加坡印度人协会，日占期间停止活动
马来青年联盟（1938）；伊卜拉欣·雅各布；亲日、亲印尼政党	1941年日本提供反英经费，当局逮捕伊卜拉欣后被日军释放，任马来亚乡土防卫队总指挥	与印尼独立运动有联系，1945年改称半岛印尼人联盟，战后伊卜拉欣被捕停止活动
马来人协会（1939）；拿都·翁；英式教育马来知识分子；种族党	出版马来文书报、传播马来文学艺术，主张改良与争取独立，不与马来统治者与英当局冲突	日占期间停止活动，1946年基本成员组成马来民族统一机构
马来亚国民党（1945）；莫赫塔鲁丁；原马来青年联盟；国际衍生党	纲领似《马来亚共产党八点纲领》，主张民族权利平等、取消土地税发展农业、支持印尼民族解放运动	成立大会后原副主席布尔哈努丁继任；1948年英当局发《紧急条例》后停止活动
马来亚青年民族党（1945）；婆柯奴丁·埃尔—海米；种族性左翼党	强调自治权利与社会改革，提倡泛马观念及马来亚成为泛印尼共和国一部分	原为马来亚青年联盟与半岛印尼联盟；号召力主要限于马来人
马来亚民主同盟（1945）；何亚廉、拿督·翁；新加坡左翼人士；跨种族党	主张共建马来亚的国家忠诚与含新加坡的统一自治体，自由选举产生政府，各族共享参政权	后与马来亚印度人大会党、人民军退伍同志会合作组成泛马联合行动委员会
马来民族统一机构（1946）；拿都·翁；马来贵族与英式教育知识分子	马来亚三党联盟的核心、主席一直担任联盟主席和首相；1974年成为国民阵线；推行伊斯兰教和马来语、维护马来人特权	马来人最大政党；拿督·翁退组马来亚独立党后拉赫曼接任主席并与马华公会、印度人国大党形成政党联盟
马来亚印度人国大党（1946）；约翰·提维；种族党	强调提高马来亚印度人地位，防止种族不和	1954年加入马华印联盟，成为其中力量最小的政党
泛马联合行动委员会（1946）；陈祯禄；政党/社团联合行动的首例群团组织	反对建立马来亚联盟；要求独立并给予本土出生、住满八年、语合格、宣誓效忠的成人公民权	弥合种族矛盾；获得华人、印度人支持；与共产党联系让马来富人疑惧
人民权力中心（1947）；泛马联合行动委员会中的短暂群团组织	要求民主选举、穆斯林信仰与马来人习惯归马来人控制，进行反英示威游行	1948年《紧急条例》后，领袖被捕而终止活动

续表

名称/成立时间/创始人/主要成员/性质	基本目标/主要活动/发展特征	历史演变/终结
马来亚华人公会（1949）；陈祯禄；华人最大选举党	保护华人权利；促进民族亲善；与巫统结盟并团结印度人国大党，独立后参与执政	1958年林苍佑、陈修信，1974年李三春，1983年梁维泮，1985年陈群川任会长
马来亚独立党（1951）；拿都·翁；应急性跨种族选举党	受英国人青睐、缺乏马来基层社会支持，最大的亲马来民族党	1952年吉隆坡市政选举获2席而逐渐淡出政治舞台
马来亚工党（1952）；拉马纳坦；华人为主；国际衍生党	提倡准公有制和政府福利，建立合作社、反对种族歧视，赞同马来人特权	1957年与人民党组社会主义阵线，激进派掌权，抵制1969年大选后被注销
马来亚伊斯兰教党（1952）；巫统成员与伊斯兰兄弟会合并而成；宗教与种族性党	提倡马来人的马来亚、限制外来移民并反对公民资格出生地主义	1955年改称泛伊斯兰教党，1974年加入国民阵线；1983年原主席慕达退出后尤素福·拉瓦继任
马来亚联盟党（1954）；拉赫曼；巫统、马华公会、印度人国大党组成的跨种族执政党	巫统主席担任主席，合作协商分配议员席位，争取马来亚独立与统一，允许成员党自有纲领但联合执政	历获绝大多数议会席位，成功解决多民族国家种族问题，合法宪政治国，1974年更名国民阵线
马来西亚人民党（1955）；艾哈迈德·布斯塔曼；多为霹雳、雪兰莪、槟榔屿的马来人	主张马来人特权、控制物价、提高福利、取消农民债务，协调解决马来亚共产党问题，反对公民资格出生地主义与外资	1957年与工党组马来亚社会主义阵线，1963年布斯塔曼被捕，1974年改称人民社会党，两年后消失
马来（西）亚人民进步党（1956）；锡尼华沙甘兄弟；婆罗洲与怡保市印华劳工；跨种族选举党	前身为霹雳进步党，反对马来人特权、提倡保护华语与泰米尔语教育	1954年怡保市选举与巫统、马华联名提候选人，1974年加入国民阵线，锡尼华沙甘兄弟去世后被削弱
马来亚社会主义阵线（1957）；布斯塔曼、拉马纳	赞同实现社会主义、马来语为国语但自由使用其他语言；反对马来人特权	1964年大选中失败，因政见分歧1965年人民党与工党退出致阵线解散
马来亚民主团结党（1962）；林苍佑；不满联盟党政策的马华公会成员；短暂选举党	温和派主张民主社会主义与社会平等、保留马来人与马来语特权；激进派主张多语教育、反对马来人特权	1963年马来人宰纳尔·阿比丁当选主席致使激进派退出，1968年解散
马来人全国大会党（1963）；阿卜杜拉·阿齐兹	主张扩大马来人特权、反对华资与外资，与印尼联系并获支持，准备成立流亡政府未果	1964年大选与工党、人民党组社会主义阵线但未获席位，阿齐兹被捕后停止活动

续表

名称/成立时间/创始人/主要成员/性质	基本目标/主要活动/发展特征	历史演变/终结
沙捞越共产党（1953）；多为华人	1962年发动文莱反英暴动后逃亡北加里曼丹建立解放军，改称北加里曼丹民族解放同盟	1966年印、马和解后被逐；1971年与沙巴、文莱共产党合组北加里曼丹共产党
沙捞越人民联合党（1959）；王其辉；多为华人小商贩与伊班人	争取沙捞越独立或与文莱、沙巴联合，反对加入马来西亚	1974年加入马来西亚国民阵线与沙捞越联盟党
沙捞越国家党（1960）；班达尔；多为马来人和伊班人	主张保护沙捞越土著居民权益	后加入沙捞越民族党，1966年与沙捞越土著阵线联合
沙巴民族统一机构（1961）；敦·穆斯塔法；卡达赞族穆斯林商人与农民	捍卫沙巴土著人特殊地位，主张宗教自由和建立议会政府	1962年成为沙巴联盟党要员；1974年入国民阵线；部分领导另组人民团结党
沙巴华人公会（1961）；洪德源、陈威廉、林明绍；商人企业家、英式教育知识分子	维护沙巴华人权益、扩大华语教育并使之为官方语言之一	前为北婆罗洲华人公会，1964年更此名，1965年与沙巴民族党合并沿用此名
沙巴民主党（1961）；李永兴；华人小商贩和工人	反对沙巴加入马来西亚，主张北婆罗洲独立，后有改变	1962年与华人团结党合组北婆罗洲民族党
沙巴团结党（1961）；罗思仁；华商自由职业者	保护华人权益、反对沙巴加入马来西亚	1962年与华人团结党合组北婆罗洲民族党
沙捞越土著阵线（1961）；瑞古·布章；马来西亚土著人	反对沙捞越加入马来西亚，后改变但坚持沙捞越自主权	1966年与国家党并为沙捞越土著党；1973年与保守党合组沙捞越土著保守统一党
沙捞越民族党（1961）；宁甘；伊班人	反对沙捞越加入马来西亚，反对马来语为沙捞越官语；后参加州政府	1965年与土著阵线、国家党组成沙捞越联盟党；1974加入国民阵线
沙巴联盟党（1962）；	主张民族合作、建立马来西亚联邦	1963—1975年为沙巴州执政党联盟；1974年大选后剩沙统与华人公会；1975年后成为反对党联盟
沙捞越保守党（1962）；天猛公·朱加；伊班人和其他土著居民	领袖多为政府任命的伊班酋长；赞同沙捞越加入马来西亚；保护伊班人权益及沙捞越文化	1973年与沙捞越土著党合并，组成沙捞越土著保守统一党

注：本表资料主要来源于上海辞书出版社1995年版《东南亚历史词典》相关词条，并参考芭芭拉《马来西亚史》第七章，陈晓律等《马来西亚——多元文化中的民主与权威》，第二、三章整理而成。

关于马来亚特殊的政党政治还可以得出以下结论：第一，"二战"期间在马来亚兴起的一些国际衍生性政党，它们强调意识形态，对选举制度、议会制度不理解，缺乏通过竞选获得政治权力的经验。但是，在政党建设的先驱性，为战后各种各样政党的兴起提供了借鉴。第二，战后马来亚兴起较早的跨种族政党，获得短暂成功后继续存续的不多，面对风云变幻的政治斗争要么演变为群众组织，要么分裂后成为沿种族界限划分的政党。第三，在马来亚，从成熟的种族性政党走向跨种族政党联盟很成功，联盟党的出现就是显例。其成功经验在于：共同的英式教育使马华印开明贵族、知识分子、企业家易达成共识；富有政治经验与商业头脑的华人精英做出让步；国大党受印度非暴力与不合作理念的影响起了作用。第四，殖民时期英国政治文化传统的一些积极因素，在马来亚历史中已经产生潜在作用，成为一种很难摆脱的思维模式。第五，沙捞越与北婆罗洲的政党成立较晚，有更多的华人、非马来土著人参与，但由于有半岛政党的参照系统，两地三类政党的发展走势，基本上是对半岛政党政治的一种补充。第六，在政党成立初期，创始人大都为接受英式教育的知识分子，或在殖民政府中有管理经验的非英人士，可见英殖民者培养了自己的掘墓人。第七，在马来亚，反殖民主义运动大多取和平请愿为主要途径，联盟党容易取胜与殖民时期国家框架的形成也有关系。总而言之，马来亚政党政治的特征是：不是一党独大而是一盟独大，但主导权始终掌握在一党手里，体现了威权主义比民主主义有更大影响；允许各种政党创建、存在与发展，体现了民主主义存在的影响；在坚持议会选举道路时左翼政党毫无容身之地，体现了冷战开始时的意识形态分野。

二 类威斯特敏斯特议会制度与联邦制政体的确立

英国殖民时期留下的第二个政治遗产是，在马来亚多元文化的背景下三权分立的宪政制度得以初步建立。日军在1945年8月投降后，英军于9月初在马来亚登陆。1945年9月英国军管政府成立，开始遣散已收复城镇中与共产党联系密切的华人抗日军，以防止出现两个政权并立的局面。这时，苏、美两国首脑对于在两次世界大战中国势大衰的英国继续留在东南亚并不看好。在战后去殖民化运动不断高涨的情况下，1945年年底到1957年8月，英国殖民政府只得步步退却，马来亚独立国家的建立，填补了日本与英国退出后留下的权力真空。与风起云涌的政党创建及伴生的政党政治，标志着马来亚现代国家政体制度的确立。它主要体现为类威斯特敏斯特议会制度及联邦制国家政体的确立，这也是在多元种族文化的背景下，各种政治势力相互斗争、妥协与融合的结果。

首先，马来亚国家民族主义的兴起，为国家政治制度的确立奠定了基础。族群—民族主义（族裔-民族主义）在第二次世界大战前有程度不同的发展：马来民族主义者深深扎根于本土，并积极参与本土政治运动，华人与印度人的族裔-民族主义者①，虽然关注母国的发展，但在维护自己种族在马来亚的权益及参与马来亚国家独立的政治斗争中，也形成了马来亚国家民族的认同基础。其次，马来亚复制的威斯特敏斯特议会制度具有一定的历史基础，这就是上一章中图2-1、图2-2、图2-3展示的，在殖民过程中准三权分立政权的建立。这些制度是根据马来亚本土的现实一步步改造与重构的结果。从上一章的三个宪政图可以看出，在进行直接统治的海峡殖民地，隶属于英王的总督名义上直接由伦敦政府殖民事务部统辖，但其旗下设有立法会议、最高法院等，三者之间存在一定的约束性，实际操作中立法议会统辖的部长会议，及其下属行政部门或特设局，起到更重要的作用。在间接统治为主的马来联邦，总驻扎官要向兼任联邦高级专员的新加坡总督负责，在此之下联邦议会、各邦驻扎官、联邦警察、邮政、铁路等行政部门，分为三个部分独立地向总驻扎官负责，再下一层的权力分散更加明显：各邦驻扎官统有邦议会，邦议会只有有限的协商咨议权、作为邦行政首脑的地方长官、世俗的与宗教的法庭三个部分权力分割，在这三部分中保有实权的是驻扎官及其下负责税收、司法、治安、财政、卫生各部门的英人地方长官。在马来属邦由于机构分权不足，以及英国人与马来人共治的局面，根本谈不上三权分立。但海峡殖民地与马来联邦的基础构架，为马来亚独立过程中走向自己独特的议会制度奠定了基础，只是这种制度在英国议会制度的比照下，其成熟程度有待发展，所以本书将其称之为"准威斯特敏斯特"或"类威斯特敏斯特"议会制度。

1946—1951年是英国国内经济发展最困难的时期。对于战后回归马来亚的英国殖民政府来说，马来亚殖民地的重要性凸显。那时，英国在马来

---

① ［英］安东尼·D.史密斯：《民族认同》，王娟译，译林出版社2018年版，第103页。

亚赚取的外汇，超过同时期英国本土工业与贸易部门所获外汇的总和，马来亚的外汇使得英国在对外贸易中达到收支平衡，英镑区也没有出现负债累累的状况。1947年后，英国在南亚和东南亚的殖民地印度、巴基斯坦、锡兰、缅甸相继独立，马来亚在英帝国体系中的作用更加重要。但是，鉴于自己是《大西洋宪章》的起草国与契约国，曾经声明"尊重各民族自由选择其政府形式的权利"，鉴于战后去殖民化浪潮势不可挡，和平放手比强硬抵抗会给英国留下更多利益空间，并保有对马来亚新政权进行诱导，及与它和平相处的机会。英国殖民者在公开打击共产党左翼势力后，对马来亚温和民族主义政党进行拉拢利诱，并开始着手政治权力转让。

为此，1946年年初英国推出《马来亚联盟计划书》，其主要内容是：建立由英国人任总督的马来亚联盟（Malayan Union），它包括马来联邦、马来属邦、海峡殖民地中的槟榔屿与马六甲；新加坡作为英国直属殖民地单独存在；设立马来亚联盟行政会议和立法会议；苏丹仅为领取薪俸的马来人宗教领袖；给三个种族的居民平等的公民地位及参政权，凡出生于马来亚（含新加坡），或《计划书》颁布前15年内在马来亚居住10年以上者，自动成为马来亚联盟的公民，居住5年以上者，可以通过申请成为联盟公民。英国人把马来亚联盟建设的计划限定在半岛，而不包括沙捞越和沙巴与当时的形势相关：1946年7月，维内尔·布鲁克回到沙捞越，恢复了英国殖民政府的行政管理，后经州议会投票勉强同意将沙捞越转让英国王室。在北婆罗洲公司的辖地，二次世界大战的激烈争夺早已把亚庇、山打根夷为平地，港口、桥梁、公路等毁灭殆尽，战后重建绝非北婆罗洲公司所能承担。这样，在1946年7月拉布安岛、北婆罗洲、沙捞越已经一并成为了英国皇家殖民地。

如果根据《马来亚联盟计划书》，英国将在新加坡之外的马来半岛建立一个统一的国家、设立一个中央政府、一个总督、一个立法与行政委员会；各邦苏丹将保留自己的地位，但统治权移交英国政府；马来亚公民身份将不分种族与信仰扩及所有人；联盟公民享有平等权利并被允许进入政府部门工作。但是，这个计划书出台时，正值马来亚社会动荡不宁、种族关系紧张的军事管制时期。华人在城镇人口中占多数，他们在乡村与丛林擅自占地，这些都使马来人深感忧虑。于是，苏丹们充当领导角色，反抗马来亚联盟的建立，提议派代表团到伦敦谈判。资深的前英国殖民总督如弗兰克·瑞天咸、威廉·麦克斯韦尔、塞西尔·克莱门蒂、劳伦斯·吉尔马德等加入了请愿行列。《计划书》一经公布立即遭到马来人的反对，因为随着土生华人与土生印度人比例的上升（见表2-23），他们取得公民权的人数也将不断上升，马来人获得的政治参与权优势地位将会面临威胁。因此，在柔佛首席大臣拿都·翁领导下，1946年3月首届泛马大会在吉隆坡召开，共有41个马来人协会、200名代表参加，大会通过了激励全国马来人反对马来亚联盟的决议。在1946年4月举行的马来亚联盟成立大会上，9位苏丹一致拒绝出席，在5月举行的第二届泛马大会上，巫统宣告成立并要求取消马来亚联盟。

反过来，华人与印度人对于《计划书》中英国人关于公民权的承诺，没有立即做出回应，华人担心成为马来亚公民会丧失中国国籍，英国殖民者对华人十分失望。这些情况可以被认为是因为：第一，马来亚共产党赞成建立一个统一的马来亚，却希望它是一个社会主义共和国，主张成立一个普选制的国民大会，但由大会任命立法会议与行政会议。这种脱离实际的激进主义与理想主义的产物，与英国人的妥协政治及马来人不反抗的政治传统文化都不相符；马来亚民主同盟虽然同意建立联盟制国体，但其兴趣在于建立民主代议制政府；马来亚国民党对当地政治毫无兴趣；这些华人政党不能承担重任。英国殖民者对华人参政的长期限制，已经使马来亚华人面向祖国而缺乏对马来亚局势的应变能力，对选举制度与议会制度缺乏热情与经验。这样，非马来人与自己争取种族地位平等的机会失之交臂，幡然醒悟时马来人上层已经牢牢抓住了政治权力。同时，由于《计划书》倡导建立选举制的议会政府，以及英国总督仍然大权在握，各个种族的左翼政党大都对《计划书》持反对态度。但是，他们基本上像一盘散沙。所以，马来人卓有成效、上下一致的反抗，前英殖民高官的请愿与诱导，使马来亚联盟无以成形。1948年2月1日，马来亚联合邦（Federation of Malaya）宣告成立，使前此计划的马来亚联盟，及相对公平的公民权消失得无踪无影。

马来亚联合邦的基础是1946年12月，英国殖民政府与巫统进行一系列会议后，出台的《马来亚政制建议书》，（简称《政制建议书》又称《蓝皮书》）。主要内容与《马来亚联盟计划书》基本相同，在国体上有些许改变，在制度建设上仍然强调选举制与议会制度。但是，各邦苏丹和马来人的若干权力得到了保留。新增内容为：英属海峡殖民地总督改称高级专员；建立统治者会议以听取和批准政府的主要政策；设置马来亚联合邦行政会议与立法会议，并由英国高级专员出任主席；保护马来人特殊地位与各邦苏丹的权力。这样，马来亚的联邦制度有了保障：联合邦将维护苏丹权利、各邦自身特点及马来人享有的特权；虽然各邦得到自由管理许多部门的承诺，但是联合邦要建立一个强大统一并拥有立法权力的中央政府愿望并未实现。在公民资格方面《蓝皮书》比《白皮书》要苛严：它把自动获得公民权的居住年限提高到15—20年。而且，联合邦任命英国高级专员，象征着其权力并不来自英国国王而是来自马来苏丹。这个政治妥协方案及联邦制的确立，是马来民族主义温和派的胜利。这对于此前的英国殖民统治有了小小的进步，但在种族权利平等方面则大大的退步，使华人居民中只有不足10%的人能够自动获得公民权，马来社会的激进人士也深感失望，因为《政制建议书》没有批准马来亚立即实行自治。这一点成为1946年底，泛马联合行动委员会与人民权力中心迅速成立、发展壮大、合为一体的原因。那时，海峡殖民地最具影响力的陈祯禄，担任了行动委员会—人民权力中心的主席，从倡导保护华人利益，转向了关注改善种族关系的立场。虽然这个组织活动时间不长，却是跨种族、跨政党联合的鼻祖。这样，争议多年的马来亚政治体制，终于以民主与威权相结合的形式得到确立。

根据《政制建议书》，除了英国总督改为英国高级专员，以及建立联合邦统治者会议以听取和批准政府的主要政策之外，还建立了由高级专员、总辅政司司长、律政司司长、财政司司长这4名当然成员，以及其他5—7名高级专员任命的成员，共同组成的联合邦行政会议；建立由高级专员、上述4名必需成员、11名官方代表、9个州的地方立法会议主席、马六甲与槟榔屿非官方代表各1名，以及其他50名非官方代表共同组成的，英国高级专员担任主席的联合邦立法议会。这些机构的设置都在1948年完成了。1953年后，高级专员不再担任立法会议主席，增设会议指定发言人这一职位，彭亨州立法会议主席成为首届联合邦立法会议的指定发言人，实际上是担任立法会议的临时主席。这样，立法会议主席实际上采取一种轮换制。另外，英国总督与各邦苏丹签订州一级的协定，英国国王拥有联合邦的防务与财政大权。1955年举行的联合邦大选中，拉赫曼担任首席部长，大选后议员增至98人，并不再继续委任官方议员。次年，拉赫曼率代表团往伦敦谈判并达成协议，即允许到1957年8月13日马来亚联合邦宣布独立。

这样，从1948年起虽然法理上英国高级专员仍大权独揽，但立法会议与行政会议的存在，在一定程度上体现了三权分立、相互制约的原则。在短短几年中，英国高级专员的权力逐渐缩小，成为独立后废除马来亚联合邦协定时，搭建各种权力机构的基础。但是，在实践中，马来亚的类威斯特敏斯特议会制度的构架仍然存在。

一方面，1949年，英国工党政府许诺马来亚独立，并迅速得到首相艾德礼的肯定。1952年，新任英国高级专员的坦普勒宣布，其目标是建立一个统一的马来亚国家。1954年，他宣布次年将对大多数联合邦议会的席位进行选举，同时他还引进了地方选举制度，使半数以上的华人居民得到联邦公民身份，开始实行华人代表可以在马来亚政府部门任职等政策。坦普勒的举措在客观上大大地促进了马来亚议会政治的发展。

另一方面，在1948年英国殖民当局宣布执行《紧急条例》，1949年初马华公会成立，一则是为了与三年前成立的巫统相呼应，二则是陈祯禄的政治活动经验证明，只有参与东道国政治，使华人共同体马来亚化，修复华人社团之间的裂痕，与其他种族共同体发展良好关系，才能真正保护华人的利益。1952年巫统与马华公会结盟，后者逐渐以全马华人代表的姿态，登上了马来亚议会政治的舞台。1952年吉隆坡市议会选举中，英国人看好的跨种族的马来亚民族党只赢得12个议席中的2席。在雪兰莪地方议会选举中，联合的巫统与马华公会则获得9个席位。这种联盟创制使两党通过协商，共同推举候选人并共同争取特定席位，同时又各自保持自己的独立地位与政治目标，成为马来亚政党政治与选举制度的新举措。新举措从雪兰莪推而广之，使人们看到了建立切实可行的马来亚独立政府的可能性。1952年底到1954年，巫华联盟赢得268个市政议席中的226席。联盟党的成就，即巫统与马华公会在现实政治发展中从种族性政党走向跨种族联合的成就，使马来亚印度人国大党颇有感触，国大党于1955年成为巫华联盟的合作伙伴，联盟党的合法性进一步扩大。三党联盟的目标在于要在马来亚独立建国。马来亚200多年的历史证明，它基本上可以被看作一个"类移民"国家。这种类移民国家与美国人将原住民赶尽杀绝，由白人移民建立起新的代议制联邦国家不相同。在马来亚，自殖民时代起马来人作为原住民受到一定的尊重，成为各个种族里政治地位最高的种族，出于经济发展之需要而引入的移民，其人口数量不断增长，但一直没有取得与马来人同等的地位，更不要说像英联邦自治领国家那样，白人移民处于政治经济权力的中心了。

1957年8月31日，英联邦制宪委员会（即里德委员会）起草，并经马来亚议会稍事修改的《马来亚独立宪法》颁布了。《独立宪法》规定：马来亚最高元首是国家至高无上的立宪君主，他在9个州的马来统治者中推选产生，任期五年并不得连任；建立统治者会议，由半岛9个州的统治者、沙巴元首以及槟榔屿、马六甲、沙捞越的州长组成，处理与马来人特权、伊斯兰教法律与习俗相关的事务；设立两院制议会，上院成员38人（后增至68人）、任期六年，其中22人由州议会按每州两人选出，其余由最高元首指定。下院议员104人（后增至154人），均由选举产生，任期五年；总理由下议院多数党推举、最高元首任命；马来人享有在马来人保留地内的土地所有权，以及在民政机构中任职者不少于4/5，获得营业执照与奖学金的优先权；伊斯兰教为国教、马来语为国语，十年内英语仍为官方语言；公民有言论、集会、结社、宗教信仰的自由，但是必须服从制宪议会颁布的法律。在《独立宪法》中，除了两院制议会制度与最高元首、首相负责制体现了类威斯特敏斯特的君主立宪制之外，国家权力在联邦、州及其同时并行的各个部门进行分配，建立民事法庭和司法审查保障制度等，则体现了对于联邦制政治制度的应用。该宪法在1957年8月15日获联邦议会批准，1957年8月31日马来亚联邦宣布成立。当然，在民主与威权之间，民主更多的是装点门面的外在构架，威权才是其实质内容，因为在这种准威斯特敏斯特制度下，马来亚及其后来的马来西亚实际上处于一盟独大的政治局面，反对党、在野党和其他政党不过是一种存在而已，并非能够成为通过竞选而轮流执政的挑战性力量。这一点与英国两党制在实质上差别很大。某种程度上马来西亚法律制度也借鉴了英国的普通法。虽然在理论上司法机构独立，但在实质上这一点仍然受到质疑，法官任命缺乏透明度，履职过程没有问责制。但是，司法系统的层级治理却很明显：最高法院为联邦法院，其次是上诉法院和分别称为西马来西亚高等法院与东马来西亚高等法院的两个高院。马来西亚还有一个特别法庭负责审理王室成员提出的或针对王室成员的案件。伊斯兰教法院与民事法院分开，在地位上与民事法院平等。这些政治与法律的规制至少表明，马来西亚的政治制度与法律体系在框架上稳定而有序。

第二节　从多元共生到危机四伏的缅甸社会

一　印、缅种族关系恶化及共生社会解体

19世纪后半叶，英国人、欧洲人、印度人、中国人和缅甸人积极迁移到下缅甸，是英帝国生产要素重新配置的产物：伊洛瓦底江三角洲土地广袤、资源丰富，但缺乏开发资本、企业家和劳动力。这些缺口所创造的各种机会吸引着移民群体迁徙到三角洲。例如，印度齐智人、欧洲资本家在大米出口中的作用，从一开始就十分明确，大量的印度劳工和大多数土著人口，在19世纪中叶下缅甸的社会地位不甚明了，这些社会群体在不同时期及具体部门，其参与经济活动的程度千差万别，在某些领域的优势地位也会随时发生变化。这里的分析集中于20世纪的二三十年代的下缅甸。原因之一是英国在缅甸的殖民后果，集中体现在下缅甸的经济与社会变化中，且在20世纪以来其负面因素才得到充分显现。

根据米切尔·阿达斯的说法，下缅甸农业发展的第一阶段即第二次英缅战争到20世纪初，在不同种族文化群体及不同社会阶层间的关系中，最重要的特征是共生而不是竞争。他认为，印度劳工寻找缅甸人不愿意从事的就业岗位，印度放债人为缅甸的放贷人、商人、大米经纪人和农民提供信贷资本。[1]那时，由于稻作业经济发展对租佃农和农业劳工的需求量很大，远远超过缅甸人所能提供的数量，印度移民的到来尚未形成与缅甸人竞争的状态，他们很少与缅甸人争夺就业岗位。同时，每个社会集团都与其他社会集团相互依存，缅甸人与印度人、地主与农民都对下缅甸三角洲的经济增长和社会发展至关重要。直到19世纪末，英国官员还认为，印度人与缅甸人相处很好，在三角洲都是有用的社会成员。但是，正如弗尼瓦

---

[1] Michael Adas, *The Burma Delta: economic development and social change on an Asian rice frontier, 1852-1941*, p.123.

英国与殖民时期的马来亚和缅甸

尔指出的,在这里多元种族文化是一种杂乱的混合,而不是一种有机的结合。实践中,随着时间的推移,这种多元种族文化的社会,从其初期具有的共生性,演变为危机四伏的分裂性,期间不过经历了几十年,或者说仅仅只有一两代人的时间而已。这种社会的内在本质是人们对共同经济机会的反应,这种反应使下缅甸的各个种族文化群体,以及各个社会阶层暂时聚集在一起,形成一个外在的多元共生社会,由于缺乏内在的同质性和相融性,这种共生性并不具有长久的稳定性。到20世纪初至30年代,共生性已经为分裂性所代替。

就下缅甸而言,多元共生性社会开始崩塌的第一个重要因素是经济发展速度的放慢:1907—1930年下缅甸的经济发展表面上似乎仍存在一些繁荣景象,但是,它只是1852—1907年经济大增长的尾声,掩盖了农业经济中各种日益严重的问题。这时,扩大水稻种植面积的不再可能:三角洲稻作业种植面积,在19世纪的最后十年增长了76%,1910—1920年十年间只增长近12%;水稻种植面积从1905年的600万英亩仅上升到1930年的800万英亩,二十五年间仅增长1/4;稻米出口量从1905年的200万吨,增长到1930年的近300万吨,二十五年间仅增长1/2;仰光市场上的谷物价格从1906年的120卢比/百箩,上涨到20世纪20年代初的195卢比/百箩;碾米厂的数量从1908年的124家,增长到1930年的486家。与此同时,土地价格却在大幅度上升:在卑谬,地价从1900年的29卢比/英亩,上升到1915年的105卢比/英亩,十五年间上升了近五倍;在汉达瓦底,地价从1900年的20卢比/英亩,上升到1920年的70卢比/英亩,以及30年代初的105卢比/英亩,三十年间上升了五倍。① 经济发展速度缓慢带来的土地价格飙升,对自耕农和寻求稳定的租佃农造成了极大危害,这成为19世纪下半叶下缅甸经济繁荣与社会富裕让位于20世纪上半叶的经济衰退和社会动乱的一个重要原因。

第二个因素是在下缅甸耕作技术与良种培育一直停滞不前。其中,最重要的原因是英国殖民政府只注意单一经济作物迅猛发展带来的红利,在农业技术改进方面长期不作为。在下缅甸稻作业发展时期,一直没有出现

---

① Michael Adas, *The Burma Delta: economic development and social change on an Asian rice frontier, 1852-1941*, p.129.

过像海峡殖民地的疯狂橡胶理德利，坚持胡椒种植实验几十年的布朗这样一些农业改革家。在可供开发的水稻边区即将殆尽时，农业生产技术一直没有发生大的变革：老式的丛林砍伐、荒地开垦、刀耕火种、不施肥料、广种薄收、不移秧苗和不选良种等。这些与英国本身不是一个有种植水稻经验的国家，也没有英国人展现出在马来亚移栽天然橡胶树和坚持种植胡椒那样的热情有关。在缅甸，殖民地官员起了更大作用，民间殖民者参与有限，官员们对于下缅甸天赐的雨林沃土缺乏深入了解，对农具进行革新的幻想不切实际。在20世纪20年代，殖民政府曾经想在缅甸推广深翻细耙的西式犁耙。但是，在充满热带雨林与沿海沼泽的下缅甸，表层土壤的肥沃程度远远超过深层土壤。殖民政府农业部引进的60台拖拉机，并不适合下缅甸的土壤耕作环境。反之，在下缅甸冲积平原，一年一度的海洋与河口的回水，起到了因泥沙淤积带来天然肥料，从而保持地力的作用。殖民开发后，人为修筑防洪堤坝，人为进行填沼建路与围海造田，这些都破坏了自然环境本来具有的维持土地肥力的平衡系统。

　　第三个因素是生产模式发生了大的变化。这就是，在20世纪三角洲低地区的大地主庄园里，演变出一种弗尼瓦尔称为"产业化农业"的新生产模式：生产的集中化、劳动的规模化、分工的细密化，替代了以小农自耕为主的原有种植方式。在三角洲中心地带，特别是仰光附近的稻作业生产区，按照工业路线组织生产的稻作业种植过程，像工厂流水线一样被分解为一系列不同的活动，每种活动雇用不同的农业工人，而不再像过去那样稳定地把土地出租给小农，或者雇佣稳定的农业工人。在这里，地主大量积累个人地产，他们建立的大庄园并非必然连成一片。但是，大庄园的存在使地主能够大规模地进行现代化的种植经营活动，有些地主仅在播种季节就要雇用数百名工人。在具备水稻种植技术的印度和缅甸的农业工人里，也越来越多地形成了类似帮派的组织。这些组织使农业工人在各种耕作活动转换期，竞争劳动岗位时得到一定的保障。但是，大地主们对通过帮派雇佣的劳工所支付的工资，要低于自己直接与劳动者本人商讨而确定的工资。劳工雇佣制度中存在帮派活动，这使农业劳工遭受更多一层的剥削。与过去稳定的租佃农和工人相比，地主通过代理人雇佣的劳工，对于临时性的耕作活动也疏忽大意、草率行之。因此，实施产业化生产的地主，以较低的资本投入和更少的关注程度来经营土地，使每英亩土地的平均产量

英国与殖民时期的马来亚和缅甸

在下降,农民从生产边际利润中获得的利益及其劳动积极性受到严重影响。

第四个因素,也是其中最重要的因素是高利贷盘剥的加重。在20世纪头几十年,齐智人资本成为三角洲地区农业信贷业务的主要来源。在20年代,下缅甸一半以上的农作物种植贷款,以及有记录的长期贷款都是齐智人提供的。他们还通过向稻谷经纪人和大土地拥有者提供预付款,增加了间接借给农民的贷款数额。那时,缅甸主要水稻种植区有1650多家齐智人的公司,它们每年向种植者直接与间接提供的农作物抵押贷款和长期贷款达到4.5亿—5亿卢比。① 虽然缅甸的放贷人在数量上超过齐智人,但是,他们向农户提供贷款的数额相当小。而且,在缅甸人里,信贷者、商人、稻谷经纪人、地主之间的区分很模糊。殖民政府一度有计划地向自耕农提供低息贷款,以消除农民对齐智人信贷业的依赖。但是,政府的作用微不足道:1925—1926年根据《农民贷款法》发放130万卢比,根据《土地改良贷款法》只发放了总额不到2万的卢比。政府低息贷款大大少于齐智人年均提供的4.5亿—5.0亿卢比。② 这样,齐智人通过抵押品到期失去赎回权而夺取小农土地就更加容易。在这种情况下,大量曾经是小地主、自耕农与租佃农的缅甸农民,失去了自己的土地所有权或使用权。

结果,英国殖民在缅甸留下的第一个后遗症,是印缅种族关系的急剧恶化。由于剥夺者与被剥夺者大多沿着印、缅种族界限形成,在20世纪二三十年代,上缅甸灌溉系统与经济作物的发展,以及下缅甸稻作业发展机会的减少,国内移民尤其是曾经来自上缅甸的移民在下缅甸减少了,同时期印度移民的数量仍在急剧增加,这种趋势使缅甸人担心印度移民淹没自己的国家。在缅甸,从地主到劳工都有着对印度人即将取代缅甸人岗位的恐惧。随着经济增长速度的减缓,缅甸人与印度人的激烈竞争与暴力冲突开始出现。

1900年后,土地转移数量急剧增长,下缅甸印度地主的规模却在增大。印度地主倾向于使用来自印度的租佃农和劳工。曾经依靠干燥地区缅甸人

---

① Burma Government Reports and Manuals, *Settlement Reports-Insein* (1910-1912), p. 24; *Pyapon* (1921-22), p. 11. Burma (Rangoon): Superintendent, Government Printing, 1913-1923.

② H. O. Reynolds, Land Records and Agricultural statistics, *Agriculture in Burma: A Collection of Papers Written by Government Officials for the Royal Commission on Agriculture 1926-1928*, Rangoon: Superinterndent of Government Printing & Stationery, 1927, p. 24.

季节工，进行耕作的下缅甸土地所有者，也越来越多地雇佣印度移民栽种水稻和收割庄稼。稻米加工业和贸易出口业的劳动岗位增加，也成为下缅甸印度劳工就业机会增长的机会。小型的内地碾米厂在增多，仰光和其他城市中心的碾米厂的规模在扩大，碾米厂雇佣劳工的数量，从1898年的近6000人增加到1929年的近39000人。大米、柚木和花生等农林产品出口量增长，加上进口商品数量增长，也使三角洲的码头和港口需要越来越多的劳工。但是，在大多数情况下，是印度人而不是缅甸人抢占了这些新经济部门创造的新就业岗位。与此同时，缅甸人口的增长却出现一个个高峰。尽管缅甸经济增长速度在放慢，下缅甸人口仍在1881—1901年增长148.1万，在1911—1931年增长133.3万。后一时期的人口增长很大程度上是印度移民的迁入造成的。下缅甸的印度人口从1901年的29.7万（占总人口7%），增长到1911年的到41.5万人（占总人口的9%），以及1931年的58.3万（占总人口的10%）。三十年间印度移民人口几近翻了一番，增长最快的是1901—1911年这十年。

结果，越来越多的印度移民与19世纪末繁荣年代高出生率时期在缅甸出生的劳动人口，一并进入越来越无法容纳太多劳动人口的缅甸经济体。在许多部门，寻求就业岗位的人口在数量上，远远超过经济发展能够提供的劳动岗位。而且，在大多数情况下就业竞争的加剧沿着种族界限发展。随着就业机会被挤压，缅甸人开始对印度人在三角洲经济体占据有利工作岗位产生憎恶。这种不满和担忧，使缅甸人从要求获得印度人控制的岗位，发展到试图从印度人手中直接夺取就业岗位；印度人则加强控制19世纪末就霸占的职业部门和工作岗位，他们还将就业范围扩大到先期由缅甸人占领的职业部门和工作岗位。例如，印度人在下缅甸租佃农中的比例，从19世纪90年代的1%—2%上升到1931年的8%以上。在金融信贷业部门，印度齐智人早已通过提供资本，控制了下缅甸经济体的命脉。齐智人为农业生产者，无论是大地主、小地主还是自耕农，提供很大一部分贷款，他们对缅甸土地所有者的控制，随着农业生产债务的急剧增长而越来越明显。

在1930年提供的农作物种植贷款里，齐智人向下缅甸农业生产者提供近60%，缅甸债主提供17%，中国债主提供9%，政府机构和齐智人外的印度债主各提供7%。在长期贷款的提供中，齐智人提供了45%，缅甸债主提供了15%，中国债主提供了11%，齐智人外的印度放贷者提供了3%，政府机构提供了26%。可见，1930年，齐智人已成为三角洲长期贷款和短期信贷的主要提供者。① 在对外贸易部门，缅甸人试图参与其中就更加不可能。这个部门几乎全被移民垄断：欧洲商人控制着缅甸和欧美非三大洲之间的大米贸易市场；印度商人控制了以印度、锡兰、印尼为主的出口市场；中国商人经营着向中国、日本和马来亚出口大米的市场。这样，在最重要的金融信贷业与对外贸易部门几乎不存在缅甸人的立锥之地。

  缅甸三角洲的非农部门，印、缅种族之间的竞争集中体现在仰光的大米加工业和码头的劳工岗位占有方面。在下缅甸大部分地区的运输业中印度劳工也占据了优势，缅甸人要想获得工作岗位不容易。例如，印度船员尤其是来自吉大港的船员，在三角洲内河与沿海的船运业中占据主导地位，仰光港口及其周围的大多数货运工人也来自吉大港和特莱乌。1921年进行的S.格兰瑟姆工业普查显示，在缅甸雇用十人以上的工业企业中，印度人占熟练劳动力的55%、非熟练劳动力的73%，缅甸人分别只占37%和23%。1934年的调查显示，在缅甸的龙头产业碾米加工业中，74.4%的熟练工人和80.9%的非熟练工人都是印度人，1939年的相应数字仍然是62.5%和79%。在仰光及其周边的大碾米厂中，印度移民在就业人口中的主导地位十分突出，他们分别占熟练工人的86%和非技术工人的96%。在三角洲上游地区的小型碾米厂中，印度人的占比也分别达到熟练劳工的18%和非熟练劳工的35.4%。

  在20世纪头几十年，缅甸三角洲稻米产业的发展中出现的经济危机，使大多数并非具有种族社会多元性的地方也出现了不同社会阶级的对立和冲突的紧张局势。在相对同质化的农业社会中，不断恶化的经济状况使从事农业生产的阶级如自耕农、租佃农、无地劳工，与控制生产资料的阶级如大地主、放债人、投机家之间的斗争加剧。但是，在三角洲这样不断演变的异质多元社会中，分裂主要沿着种族文化界限发生，大多数情况下冲突也在不同种族的群体间出现。经济竞争中产生的摩擦，主要表现在处于相同社会经济层面的不同群体成员间的关系。但是，即便是跨越阶级界限的仇恨，也是用共同的公共语言表达的。例如，那些流离失所但曾经是地

---

① Michael Adas, *The Burma Delta: economic development and social change on an Asian rice frontier, 1852-1941*, pp.173-174.

主、租佃农和农业劳工的缅甸人，他们共同针对的敌人是齐智人地主和齐智人货币信贷者。由于具有不同种族背景的成员，在下缅甸社会经济的阶层地位基本确立，人们在社会各阶层中也能看到经济上的竞争。这种竞争破坏了过去存在的不同种族群体成员间的相互容忍。缅甸本土的租佃农、无地农民、大米经纪人，越来越多地把印度移民和其他外来者移民视为主要威胁。

这时，民族矛盾与阶级矛盾相互交织，但是，民族矛盾占据更加主导的地位。缅甸人认为，移民群体带来的社会竞争是其生活状况恶化的罪魁祸首。面对缅甸人的觉醒和缅甸人的需求，印度劳工也越来越意识到自己在三角洲的地位十分脆弱，他们顽强地坚守已经占有的就业岗位，因为此前他们在印度更加贫穷潦倒或处于低种性地位，现在还有留在印度的家人焦急地等待着汇款而维持生计。欧洲、印度和中国的大商人，尤其是齐智人，暂时栖息在随时会倒塌的社会经济金字塔的上层。在缅甸，种族的因素在社会的垂直流动中，对个人社会地位的升降起决定性的因素，现实中人们根据个体的生物学特征而不是其他因素，来确定不同种族文化群体之成员的地位。[1]

在缅甸，多元种族社会的不同部分，由英国殖民政府打造的共同政治制度强行拉扯在一起，政治控制对于维护这种多元种族社会至关重要。英印政府的政治控制，成为缅甸种族多元社会混杂而不是混合，更谈不上融合的因素。在这个历史过程中缅甸社会非但没有因政治统治结合在一起，曾经存在的以中心区为主的统一的一体化趋势也不复存在。而且英殖民政府的政治机构把缅甸的政治、经济重心，从北部的曼德勒向南移动到仰光。除了殖民政府及相关政治机构外，缅甸殖民制度体系还包括对西方教育和西方法律的采纳，以及殖民时期发展起来的强调的政治监管次级管理系统，英印政府的统治机构掩盖了次级层面共同机构的重要性。在缅甸，经济上的相互依存，在维持多元种族社会方面发挥了至关重要的作用，它超过了殖民政府政治机构的作用。事实上，在下缅甸发展的第一阶段，当人们有充分的就业机会和能够共享的经济发展利益时，不同种族与不同阶层之间的经济共存，是这个多元社会联系在一起的主要因素。

---

[1] Michael Adas, *The Burma Delta: economic development and social change on an Asian rice frontier, 1852–1941*, 2011, pp. 105–106.

但是，殖民时期缅甸多元社会的最大特点是缺乏和谐性，缺乏超越构成多元社会的各种族群体的共同国家意识，同时分裂和冲突的因素远比整合的因素强大得多。人们的身份认同主要与自己的种族文化相关。不同文化群体成员间的互动，在共同政治机构这个层面存在，这种互动通常缺少文化底蕴。许多作家认为，在受欧洲殖民影响的社会中，这种相互作用使不同种族文化的成员不得不融入到现代化的共同进程中。因此，在某种程度上看似适应殖民统治的规范，实际上加深了多元种族社会的文化异质性。更重要的是，在缅甸受西方文化影响较深的人群大多限于少数民族，而在构成缅甸人口大多数的种族诸如缅人中，受西方文化影响的人士呈现个体性特征。这一文化群体仍然坚持自己的传统制度，他们对经济领域以外的殖民体系，特别是在政治与社会管理方面很少参与。在受英式教育的精英阶层之外，缅甸社会一体化的纽带不够牢固，压力上升时期容易断裂。最重要的是，英国征服前的几个世纪中，在这个已经发展的社会文化共同体中，存在着种族间的垂直性分裂。这些分裂在英国殖民时期，随着印度移民的到来，以及印度人对缅甸人的压迫，使得印度人与缅人之间、缅人和克伦人等少数民族之间的冲突升级，甚至酿成暴力事件。①

二 20世纪二三十年代无地少地农民激增

在缅甸，齐智人高利贷横行与无地少地农民的激增也成为英国殖民统治的一种后遗症，这个问题直到缅甸独立后仍有其负面影响。主要来自印度马德拉斯省齐智德纳城的齐智人，属于泰米尔人的一支，他们在印度历史上构成最雄厚的高利贷集团之一。19世纪50年代，齐智人开始在缅甸出现。齐智人开钱庄和放高利贷有历史的传统：一般来说，年满16岁的本族男性会到齐智人开办的钱庄做十年学徒，学成出师后自立门户，成为独立经纪人或开设自己的钱庄。齐智人钱庄多为家族企业，钱庄之间也以家族为纽带形成网络。随着英国殖民者对下缅甸稻作农业进行开发，使容易获得土地但严重缺乏启动资金的缅甸与印度的移民大量到来。齐智人也源源不断地迁入，其高利贷活动在下缅甸越来越猖狂。

---

① Michael Adas, *The Burma Delta: economic development and social change on an Asian rice frontier, 1852-1941*, pp. 107-108.

在资金短缺时齐智人随时可以从英资控股的印度帝国银行等，获得年利息仅为10%—12%的贷款。仅在1929年，印度帝国银行就向齐智人发放了2300万卢比的贷款。齐智人用这些贷款作为本金，在缅甸进行高利贷放债活动，盘剥那些要发展稻作农业生产而急需资金支持的农民和移民。下缅甸被英国占领后齐智人蜂拥而至，很快变成榨取缅甸农民血汗与抢夺其土地的吸血鬼。1923年，他们在仰光成立由1498家齐智人钱庄组成的纳图科塔依齐智人联合会，这个联合会成为齐智人钱庄与外国银行建立牢固关系，以及加强齐智人资本，排挤从事高利贷行业的缅甸人的工具。到1929年，缅甸农民所负债务的4/5是向齐智人借贷的。是年，齐智人在缅甸有1650家钱庄，发放了7.5亿卢比的贷款，其中2/3以土地作为抵押。

在表3-2"下缅甸13个稻作县1930年与1937年土地占有情况的变化"中可以看出，在短短七年中，下缅甸13个从事水稻种植业的县，其全部耕地面积仅增加了313千英亩。但是，非耕作者占有的土地面积增加了1986千英亩，其占地百分比从1930年的19%增长到1937年的50%。也就是说，非耕作者占总耕地面积的比例从1930年的近1/5，上升到1937年的整整一半。其中，齐智人的占地面积从1930年的570千英亩，增加到1937年的2446千英亩，净增1876千英亩，在总耕地面积中所占的比例，从1930年的1/20多一点增长到1937年的1/4，这个占比七年间翻了四番。非耕作者尤其是齐智人，在下缅甸13个稻作农业县侵吞土地的速度之快，是常人难以想象的。由于没有可供耕作的土地，1931年在缅甸大约251万男性农业劳动者中，农业工人达到100.7万，占40.1%，租佃农达到57.8万，占23%。可见，大多数缅甸农业劳动者已经变成了无地或少地的农民。

表3-2　下缅甸13个稻作县1930年与1937年土地占有情况的变化

单位：千英亩

年份	耕地总面积	非耕作者占地面积	非耕作者占地百分比	齐智人占地面积	齐智人占地百分比
1930	9247	2943	19.00%	570	6.00%
1937	9560	4929	50.00%	2446	25.00%

资料来源：根据贺圣达《缅甸史》第304页的表格整理。

表 3-3 "缅甸 1921 年与 1931 年男性农业劳动者中的自耕农、农业工人与租佃农"说明,在这十年中,自耕农在缅甸农业劳动者总数中的占比下降了近 18.8%,几近 1/5 的自耕农失去了其土地所有者的身份。反之,农业工人的占比增长了 13%,而租佃农的绝对数量与占比都变化不大。这一点说明,在以齐智人高利贷者与印缅大地主对土地进行巧取豪夺的情况下,主要牺牲的是缅甸自耕农的利益,他们因失去土地而沦落为农业工人与租佃农,或者不得不转行以维持生计。当然,1916—1919 年自耕农收支结余的下降,与他们分担战争时期的艰难与国际市场的风险有关:战开始后缅甸稻谷市场价格下降,货物运输和服务成本上升。在 20 世纪 20 年代末缅甸大米在世界稻谷市场的地位再次下降,这与战争切断了缅甸稻谷出口市场的传统渠道,亚洲、欧洲、美国大米生产商竞争加剧,从而导致缅甸稻米价格下降。这次衰退的严重影响,表现在 1928—1930 年间直通-斋拓地区耕种者收支相抵的巨额赤字上(见表 3-5)。总之,在 20 世纪头三十年,缅甸自耕农的生产与生活,与此前相比要艰辛得多。这是 20 世纪头三十年,缅甸普通农民生产与生活水平每况愈下的一个重要原因。

表 3-3 缅甸 1921 年与 1931 年男性农业劳动者中的自耕农、农业工人与租佃农

单位:万人;%

年份	农业劳动者总数(万人)	自耕农占比	农业工人(万人)	农业工人占比	租佃农(万人)	租佃农占比	印度租佃农占比
1921	230	近 50%	62	27.10%	51	22.30%	1.0-2.0%
1931	251	31.20%	100.7	40.10%	57.8	23%	8.00%

注:以上数据均为贺圣达《缅甸史》,第 303—305 页的叙述整理。其中,1921 年自耕农占比是由"在农业人口中占一半"折成的近似值。原数据未更改,且当时有的农业劳动者并非单一身份。印度租佃农是租佃农的一部分。

自耕农社会地位普遍下降的原因之二是,在三角洲地力逐渐耗尽、品种改良跟不上和其他耕作技术问题,以及农民生产积极性的下降,使每英亩稻田的平均产量处于下降趋势。这意味着自耕农的年均收成在减少,从而市场盈余也在减少。由于土地的价格很高,农民无法通过扩大土地持有量,来弥补单位面积稻谷收成量减少的缺口。即便耕作者持有的土地数量保持不变,购买商品和服务的成本上升,也会影响耕作者的劳动积极性。

更何况，平均产量的下降、土地价格的攀升这两个因素相结合，使自耕农更加难以做到收支平衡。

第三，在缅甸稻作业产品走向世界市场时，中间商的出现与壮大使农民的部分盈利流入到他们的钱包。在下缅甸稻作农业发展的最初几十年里，大城镇附近的自耕农经常亲自推销自己的产品，不太依赖出售剩余大米来维持生计，还可以自己储存稻谷。后来，自耕农越来越多地参与面向世界市场的生产时，碾米厂也越来越依赖经纪人和大米商提供稻谷，农民自己出售剩余产品的做法，在大多数地区消失了，中间商的盘剥降低了自耕农获利的可能性。稻谷经纪人从谷物离开打谷场到谷物到达碾米厂的过程中，都控制着耕作者的剩余产品。19世纪最后几十年市场模式的变化，使稻谷经纪人、掮客和大土地所有者，能够提供规模越来越大的信贷业务。1907—1930年，能够直接向碾米厂及其代理商出售剩余产品的自耕农急剧减少，稻谷经纪人在信贷发放方面的作用随之增加。奸诈的经纪人采取向碾米厂代理商提供稻谷的新方式，这就是在季风季节向种植者预支资金，作为回报自耕农在打谷场上，就得以稻谷直接偿还经纪人的预付款，实际上农业劳动者返还的是对自己产品的置留权。当地的碾米厂主、投机家、放债者、大城市的碾米公司代理人，都可以向经纪人提供资金，然后由经纪人向种植者发放预付款。[1] 这样，直接生产者受到层层盘剥，能够自己置留的剩余产品所剩无几。

第四，通货膨胀、债务增长也是"一战"后缅甸自耕农收益大幅度减少的一个主要因素。较高的支出总额反映了种植费用与生活费用的增长，它抵消了自耕农从稍高的稻谷价格中获得的收益。消费品价格上涨的幅度，可用印度政府统计局每年公布的平均批发价格指数来衡量：有39种标准货品的批发价，1913年以100为其基数，那么，到1925年上升到了158，第二次世界大战后上升到196。[2] 也就是说，这39种标准货品的批发价翻了一番。到20世纪早期自耕农开始比19世纪下半叶，更多地承受价格上涨的

---

[1] Michael Adas, *The Burma Delta: economic development and social change on an Asian rice frontier, 1852-1941*, p. 137.

[2] H. O. Reynolds, Land Records and Agricultural Statistics, *Agriculture in Burma: A Collection of Papers Written by Government Officials for the Royal Commission on Agriculture 1926-1928*, Rangoon: Superinterndent of Government Printing & Stationery, 1927, p. 20.

压力，还因为一些曾经能够自给自足的日常消费品，成为必须通过市场购买才能获得的商品。

上述对自耕农不利的因素，对人数迅速扩大的租佃农阶层的影响更加严重。单位产量下降、市场条件不利、生产成本上涨，都在剥夺租佃农的边际利润。而边际利润在19世纪下半叶曾使不少的租佃农，能够改善自己的经济状况与社会地位。到20世纪初，租佃农在社会升降梯上的流动，主要是其社会地位的日益下降，以及他们与无地农业工人差不多的生活水平。过去几十年中能够向上流动的通道变窄了，租地耕种几乎只是他们从自耕农变成无地劳工过程中的一个暂时喘息的机会，到20世纪20年代，在大多数地区空置可耕的田地在减少、土地价格在上涨，租佃农进行地理上横向流动的可能性大大减少，与地主讨价还价的能力受到限制。对租佃条件不满的农民，很少有能力移居新区去开垦荒地，放债人也因为租佃农的债务回收率低，很少出借贷款给他们，想到更边远的地区发展从而脱离租佃农身份的人，更难获得开发资金。在许多地区，未开垦的稻作前沿已不复存在，人口增长与土地资源严重不匹配。在劳动力市场上租佃农的提供超过需求，使大土地所有者可以选择理想劳工来填补租佃农就业岗位，还可以任意提高租金，以便使土地的利润最大化。这样，租佃农与地主的摩擦日益加剧，在缅甸阶级对抗日益严重的时代即将到来。

在"一战"前，三角洲地区租佃农支付的平均租金涨幅很小：在1905—1915年的十年间只从10.2卢比/英亩上涨至12.4卢比/英亩。1916以年后地租大幅上涨：1921年的平均租金涨到19.1卢比/英亩。1910—1920年缴纳的租金，一般占佃农收成的20%左右，在土地肥沃的地区，租佃农缴纳的租金占其收成的30%—45%；在铁路沿线、沿海靠河且土地肥沃的地区，佃农支付的租金占其收成的40%—50%。到了20世纪20年代中期，占租佃农收成不到20%的租金已经非常罕见，这种现象仅局限于土地非常贫瘠的地区。内地租佃农缴纳的平均租金，已高达其收成的45%—50%。[1] 在三角洲上游地区

---

[1] Burma Government Reports and Manuals, *Settlement Reports-Insein* (1910-1912); *Settlement Reports-Toungoo* (1910-1913), p. 27, *Settlement of Pegu* (1911-1913), p. 24, *Pegu* (1913-1914), p. 9; *Settlement of Myaungmya* (1916-1919), p. 98, Burma (Rangoon): Superintendent, Government Printing, 1913-1920;

的一些地方，地主要求佃户把收成的50%用来缴租。① 这是租佃农经济地位与生活水平大幅下降的原因之一。

原因之二是，租佃农与准租佃农之间的竞争在加剧。因欠债失地的前自耕农比例大幅上涨，租用土地的印度移民也在急剧上升，年龄较大的农业工人与四处流动、终身租佃的农民，在租佃农阶层中占很大比例。这样，租佃农与无地农业劳工在生活水平、经济地位、社会地位之间的差距越来越小，与小土地所有者之间的鸿沟却越来越不可逾越。在下缅甸，有一大批移民在年轻力壮时是以劳动力维生的无地劳工，当年老体弱而无法完成农业工人艰巨的劳作时，开始寻找租佃农、佣人、牛倌的岗位。此类贫穷之人成为下缅甸许多村庄居民的一部分。对于农业劳工来说，工资收入是衡量其生活水平的主要指标，有数据表明，在19世纪80年代至20世纪头十年农业劳工的工资略有下降。到20世纪20年代农业劳工的工资持续下降。壁磅的犁工在1912年耕作季节可赚到145卢比外加食物，1921年只能赚到120卢比外加食物。农业劳工的大部分收入，甚至全部工资只够偿还贷款的本金和利息。他们被迫兼职做车夫或苦力，或者迁移到城镇寻找就业机会，或者苦苦挣扎最后变成罪犯。② 在缅甸，英国殖民的一个后遗症，显然是20世纪开始后耕者无其田的现象越来越严重。

1900年以后，缅甸农民不同社会群体间的贫富差距更加明显：三角洲的大土地拥有者在经济与社会地位方面得到很大改善，大部分自耕农、租佃农与农业工人的偿付能力遭到严重削弱，生活水平急剧下降。在下缅甸开发期各个社会阶层可以共生的多元社会，走向了危机四伏的两极分化的社会。许多地主同时兼做信贷者，农民负债的增长导致田地集中到地主手中。殖民政府官员指出，农民被迫出让土地大多是自耕农丧失借贷抵押品赎回权导致的。除了货币放贷活动外，三角洲下游地区的地主还使用贿赂和武力，使土地集中在自己手里。缅甸土地登记部的雇员也与土地掠夺者勾结。结果，在下缅甸，非耕种者（non-agriculturists）控制的土地在总耕地面积中的占比，从1906年的18%上升到1930年的31%。这主要是不在籍

---

① Michael Adas, *The Burma Delta: economic development and social change on an Asian rice frontier, 1852-1941*, pp. 147-148.

② Michael Adas, *The Burma Delta: economic development and social change on an Asian rice frontier, 1852-1941*, pp. 151-152.

地主，即非村居、不耕作，只把土地作为私人财产的地主所持有的土地在增长，在籍即村居地主拥有的土地在总耕地面积中的占比，从1906年的6%只增长至1930年的8%。[①] 在此期间，倘若按照五年间隔将土地转让的增长进行地区比较，被转让土地（alienated land）比例最高的地区，仍然是汉塔瓦底、勃固、永盛、仰光周围的地区，以及三角洲的中部和南部诸如渺弥亚、壁磅和马乌宾地区。在这些地区大地主的庄园是20世纪稻作业发展的产物。例如，在三角洲上游和勃生，大土地持有者的平均占地面积在100—200英亩，很少有人超过500英亩。在仰光周围和三角洲中部大土地持有者的占地面积超过500英亩，有的达到3000英亩。[②] 产业化农业集中在仰光，以及其他城市中心及其周边地区。那些以放债人身份获得地产的大地主，大多住在信贷业和消费市场发达或者是铁路沿线的城镇。他们住在柚木与砖瓦建墙、铁片和瓷砖建顶，带有雕花梁柱和专设门房的华屋里，拥有私人汽艇、珠宝玉器、西式家具，家电设施与私人电话。拥有地产100—300英亩的普通地主，一般住在铁质屋顶的木屋里，拥有钢琴、自行车、手表等。这两类人大多把孩子送入西式学校，鼓励他们成为公务员和大律师，并培养他们接管家族财产。

自耕农的光景则远不如昔，土地集中、亩产下降、高利贷盘剥、贫富分化，使他们难以达到收支平衡。表3-4与表3-5分别就1880—1907年与1907—1930年两个阶段，下缅甸自耕农的财务收支进行统计，尽管资料限制使两个表统计的地区无法完全对应，但变化趋势仍然可以略见一斑。

表3-4　　　　　　1880—1907年下缅甸自耕农财务状况　　　　单位：卢比

地区	年度	平均收入	平均支出	余额
汉达瓦底	1880—1981	1172.5	849.7	322.8
勃生	1880—1981	693	437.4	255.6
沙耶瓦底	1880—1981	494	262.8	231.2

---

① Michael Adas, *Agrarian Development and the Plural Society in Lower Burma*, *1852-1941*, Ph. D. dissertation, University of Wisconsin, 1971, p.395.

② Burma Government Reports and Manuals, *Settlement Reports-Hanthawaddy*（1907-1910）, pp.14-15; Settlement of *Pyapon*（1921-22）), p.27; *Maubin*（1925-28）, p.60, Burma（Rangoon）: Superintendent, Government Printing, 1911-1929.

第三章 马来亚与缅甸的英国殖民遗产

续表

地区	年度	平均收入	平均支出	余额
栋瓜	1890—1991	787.2	519.1	268.1
汉达瓦底	1897—1998	1531.7	1265.3	266.4
东吁	1898—1999	386.2	309.2	77
兴实达	1899—1900	702.5	451.4	251.1
壁磅	1906—1907	1134.8	737.1	397.7

资料来源：Michael Adas, *The Burma Delta: economic development and social change on an Asian rice frontier*, 1852-1941, 2011, The University of Wisconsin Press, p75.

表 3-5　　　　　1908—1930 年下缅甸自耕农财务状况　　　　　单位：卢比

地区	年度	平均收入	平均支出	余额
直通	1907—1908	1559.3	1031.4	527.9
汉达瓦底	1907—1910	1953.6	1451.9	501.7
渺弥亚	1910—1912	1072	763	309
勃生	1912—1914	557.7	508.4	49.3
沙耶瓦底	1913—1915	853.1	625.2	227.9
渺弥亚	1916—1919	1078.7	1040.5	38.2
壁磅	1920—1921	1437.8	816.3	621.5
马乌宾	1925—1928	1669.2	1613.6	55.6
直通-斋托	1928—1930	748.8	965.3	-216.5

资料来源：Michael Adas, *The Burma Delta: economic development and social change on an Asian rice frontier*, 1852-1941, p.144.

上述两表表明，在 1880—1907 年下缅甸官方统计的八个地方的自耕农的财务状况里，只有东吁一地的自耕农收支相抵后的余额在两位数，其余地方的都在三位数以上，可见其生活的殷实程度；到了 1908—1930 年，官方所统计的九个地方自耕农收支相抵的余额，在两位数内增加到三个地方，在直通斋拓地区甚至出现很大的负数，即明显的入不敷出。

三　中产阶级兴起与政治社团潮涌

第二次英缅战争后，随着经济与交通的发展，原处于分散状态的阿拉干、丹那沙林、勃固等，在英国殖民者行政管理下快速地走向社会一体化，下缅甸在整个缅甸的地位也发生了变化。在缅甸，自11世纪以来，其政治经济中心一直在蒲甘—曼德勒为轴心的干燥地区，直到1852—1885年，上、下缅甸在政治制度上仍然隶属不同体系：前者是中央集权的王朝统治，后者在19世纪五六十年代尚处于分散状态。但是，随着下缅甸在缅甸经济发展中，尤其是在工商业与交通运输业发展中地位的上升，这里的中心城市发展了起来：仰光从19世纪初的万人小镇，发展成1885年的10万人大城市，在1891—1921年的三十年间仰光人口，从18.2万人增长到34.2万人，几近翻了一番。同一时期，曼德勒的人口从18.9万人减少到14.9万。[①] 位于萨尔温江入海口的毛淡棉，根据《杨达波条约》被割让给英国后，逐渐发展成为重要港口城市，以及欧洲人开办加工工业的中心，其人口在1885年达到5万多人。位于伊洛瓦底江下游平原与上游干燥地带交界处的卑谬，一向是两个地区的人们进行货物交换的要津，这里和下缅甸的重要城镇勃固、实兑等在1885年居民人口都达到了2万人。同时，下缅甸人口在种族构成与宗教文化结构也发生了变化：殖民前这里的居民主要是信奉佛教的缅人、孟人，以及小部分信奉原始宗教的克伦人、信奉伊斯兰教的阿拉干人。还有少量信仰各异的华人、印度人与欧洲人居住在仰光。英国殖民后，信奉印度教的印度人与信奉基督教的欧洲人，在下缅甸的人口数量快速增长，西方人还在克伦人中广泛传播基督教。

随着传统宗教佛教在下缅甸的逐渐衰落，传统教育体系即寺院教育全面衰败。到19世纪80年代，在下缅甸的一半村庄中寺院消失了，寺院教育的基础不复存在。西式双语教育在这里得到发展：1860—1875年，殖民政府在仰光、卑谬、丹老、马都八、勃生、东吁、土瓦等地，相继开办使用英缅双语进行教学的中学。1875年后殖民政府又在仰光、毛淡棉等地开设双语高级中学。同时，教会学校得以建立，其中著名的有勃固的圣保罗中学、仰光的圣约翰中学等。1869年加尔各答大学开始在仰光举办招生考试。1854年英国人在仰光开设第一家西式医院，到1878年下缅甸共有21家西式医院。

这样，在第二次英缅战争战后，英印殖民政府将缅甸的政治经济，甚

[①] E. H. Vadja, *Burmese Urban Characteristics*, Ph. D. dissertation, University of Chicago, 1960, p. 66, pp. 64-68.

至文化教育的中心,沿着伊洛瓦底江向南迁移了数百公里,从以曼德勒—瓦城为中心的干燥地带,移到了以仰光—勃固—毛淡棉为中心的沿海城镇。这使以内陆首都为其据点的封建王朝,标榜率土之滨皆为王有的自给自足的经济体,部分地转变为与世界市场相关联,实行土地私有制的资本主义自由经济体,客观上促进了以下缅甸为中心的缅甸社会分层的多元化。从19世纪中叶开始,伊洛瓦底江三角洲地区的水稻农业从自给自足的小农生产,转变为以出口为导向的市场经济生产。到了19世纪末,下缅甸已经成为水稻作物单一种植业经济发展,并严重依赖水稻种植及其产品加工,以及将大米出口到印度洋周边国家与地区,甚至广及东亚、欧美的市场化经济体。几十年来,下缅甸越来越多的水稻产品进入全球经济体系,其输出量超过世界上任何一个国家与地区。这些变革对环境变化、创业就业和人口增长起推动作用,集中体现了下缅甸已经与全球经济发展联系在一起,也说明全球化并非只是20世纪末的一种现象。在环境变化方面,下缅甸水稻种植业的迅速开发及越来越多的新垦田地,几乎使19世纪50年代前覆盖下缅甸大部分地区的热带雨林和沿海沼泽不复存在。到19世纪末,在缅甸经济发展和人口增长优势明显转向伊洛瓦底江三角洲地区,这种经济开发中心的南迁,带动了新的殖民行政机构的形成,以及下缅甸教育文化中心的发展。这些变化在客观上使得仰光等大城市,成为缅甸中产阶级兴起的摇篮。

缅甸中产阶级兴起。到20世纪三四十年代缅甸殖民社会金字塔呈现为:顶端主要是英国人组成的外国统治者,包括中上层行政官员、军官与警督、大商行、大公司、大工厂、大银行的董事与经理、齐智人为主的大地主高利贷者,其中也包含很少一部分缅甸上层人士,他们约占缅甸总人口的2%。缅甸社会的中层包括中小工商业者、中小地主、高利贷者、政府下级雇员、自由职业者、知识分子。这些人包括缅人、印度人、华人及山区少数民族。印度人与华人在经济地位上仅次于英国人,但在政治上的影响微乎其微。缅甸本土工商业者大多从地主、高利贷者转化而来,文化素养不高、经济力量不强。这些人中缅甸知识分子与本土工商业者有强烈的民族情感。在缅甸中产阶级下层中,以在校大学生与高中生为主的下层知识分子,以及爱国佛教僧侣的作用非同寻常,这些看似经济地位不独立的"依附者",在"二战"期间和第二次世界大战前期缅甸政治生活中,发挥了独特的领导作用。他们人数不多、文化素养高,集中于学校与寺院,以信奉佛教的缅人为主,体现了缅甸民族的利益与感情。到1940年,缅甸在校大学生有2365人,其中63%是缅甸本土人,中学生有233543人,几乎全是缅甸人。在构成缅甸中产阶级的群体中,他们成为民族解放运动的中坚骨干。

当然,相对于殖民时期的马来亚而言,缅甸处于"殖民地中的殖民地",这使缅甸中产阶级的发展受到严重制约。例如,1900年,缅甸隶属印度文官处委任的132个官员都是欧洲人或印度人,1922年才出现第一个缅籍官员吴顶图(U Tin Tut,1895—1948在世)。吴顶图曾就读于英国剑桥大学并获得硕士学位,他是缅甸少有的政治与外交人才,1939年还担任过仰光大学的校长,1942年担任西姆拉缅甸流亡政府的政治顾问,并参与制定"西姆拉计划"。1946年,吴顶图加入反法西斯自由同盟,担任临时政府的财政与税务部的部长。1947年1月,吴顶图跟随昂山赴英国谈判,并成为制宪议会的议员。缅甸独立后,他担任联邦政府的外交部长。但是,不久就遇刺身亡。在缅甸,这样成熟而富有政治斗争经验与外交才能的中产阶级知识分子为数不多,他们在战后政治社团潮涌而政治风云变幻的时代,生存下来并继续发挥作用的更不多。缅甸中产阶级精英人士的不足,与英国在缅甸殖民政府中不使用缅人有很大关系,这样使他们在政治斗争中不够成熟。1941年,缅甸各地的专员都是英国人,39个副专员中有24个是英国人。在1937年印缅分治前,缅甸各地的专员和副专员都由印度文官处委任。印缅分治后设立单独的缅甸文官处,但是,在当年的46个缅甸文官职位中英籍人士占去36个。1938年,英属缅甸的警官有80人,其中欧洲人有59个、缅甸人只有7个。英属缅甸军队中军官几乎是英国人或印度人,士兵大多来自山区少数民族。在殖民时期英属缅甸社会上层如此排挤缅甸人,缅甸中产阶级发展的空间狭小,成熟缓慢显然不可避免。

在缅甸社会与在马来亚社会里中产阶级兴起的背景不同,缅甸在经历近百年殖民统治后仍然是一个农业国家,只有单一稻作业与林木与矿产资源,出于英国人的需要而部分地进入了世界市场经济体系。相比之下,马来亚在殖民时期发展起来的经济部门更加多元化,卷入世界市场经济体系的程度高得多:大锡开采与冶炼规模很大;橡胶种植及其产品加工一跃而上，很快成为国际锡产品与天然橡胶产品的最大产地；香料与热带水果的出口仍然存在；棕榈油与其他矿产资源的开发，也开始在国际市场占一席之地。可见，在经济上，殖民时期马来亚以出口为导向的农业种植业与工、矿业生产都得到较为充分的发展。缅甸在殖民时期，主要在下缅甸经历了从传统农业经济向现代出口型稻作业经济的转变，以及在诸如仁安羌、新固等地的石油与铅、锌、钨等有色金属的开采，水稻加工业、林木采伐与加工业等的发展，与世界市场发生了一些联系。但是，它们整体开发较晚，因此经济转型对传统社会的冲击有限，王朝制度的彻底覆灭与新式教育的逐步发展，对于造就国家民族精英即缅甸中产阶级所起的作用不那么明显。所以，尽管缅甸中产阶级在二战间成长，但第二次世界大战后仍然处于一种以大、中学生为主体的不成熟状态，其他的缅甸精英人士大多各自为政，形成较为成熟的政党组织为时尚早。

表3-6"1931年缅甸非农职业就业人口的种族分布"说明：其一，到1931年，由缅族与其他民族非农职业人口组成的中产阶级已经存在。缅人在专业人士、企业管理、医生、食利者、工匠等职业领域占据就业人口的一半以上，缅甸少数民族就业人口在非农部门占比例较大的，依次为公共服务、宗教管理、食利者、军队与警察。印度人作为掮客、书记员、军警、半技工就业的比例较缅人要大，尤其是担任掮客的占73.0%。其二，使用这个表格时需要注意，上文提到的在20世纪头十年印度人在缅甸人口比例中占9%—10%。而且，缅人在缅甸人口中的占比一般在70%左右。可见缅族人口在基数上要比印度移民和缅甸少数民族大得多。这样，缅人在非农部门中就业人数的数量与占比就很小。就其人口基数而言，印度人在缅甸非农职业岗位占据优势，挤占了缅甸中产阶级人士的就业岗位。其三，欧洲人中几乎没有劳工类就业人口，印度移民在清洁工中占绝大多数，可见印度移民内部社会地位相差很大。最重要的是，上表反映了缅甸中产阶级就业岗位的有限性，他们处于中产阶级职业范畴的占比不大，这些都说明到20世纪30年代缅甸的中产阶级仍然在数量上与力量上，不能与马来亚的中产阶级相比。这也是缅甸的学生包括大学生与高中生，实际上成为中产阶级的重要组成部分，以及反殖民主义中坚力量的一个原因。

表 3-6　　　　　　1931 年缅甸非农职业就业人口的种族分布　　　　　单位:%

	缅族	缅甸少数民族	印度人	华人	欧洲人	其他人	总计
书记员	39.1	8.3	47.6	4	0.9	0.1	100
专业人士	50.1	15.1	24	2.2	8.4	0.1	99.9
企业管理	51.3	6.4	27.8	6	7.9	0.6	100
宗教管理	25.2	37.7	28	0.5	8.1	0.5	100
医生	64.9	20.3	12.3	1.8	0.4	0.3	100
公共服务	45.7	45.8	4.3	2.3	1.8	0.1	100
军人/警察	29.6	20.4	44.3	0.3	5.5	—	100.1*
商业者	40.3	9.9	36.1	13.3	0.2	0.2	100
食利者	61.1	27.8	9.3	1.4	0.3	0.1	100
掮客	15	3.2	73	7.6	1	0.2	100
工匠	56.3	9.7	27.2	5.9	0.2	0.1	100.4*
半技工	38.2	9.5	48.8	3.4	0.1	0.1	100.1*
清洁工	3.5	0.3	96	0.2	—	—	100
杂工	75.1	14.6	9.3	0.5	0.2	0.3	100
其他	9.2	65.2	21.7	3.3	0.5	0.1	100

资料来源:根据陈真波《英殖民统治时期下缅甸的外来移民与民族关系》,《世界民族》2007 年第 5 期,第 57—65 页,稍有调整;表中"总计"是考虑统计学完整性添加的。注:*号部分是在核对原论文所有数据后加总百分比就如此,这些近似值不影响分析;为方便进行缅甸人与印度人占比方面的对照,仍然将"印度人"一列进行了调动。笔者认为这里的宗教管理人员大概对佛教管理人员没有进行全面的统计。

从旧时代的佛教爱国主义向现代民族主义转变过程中,中产阶级知识分子起到重要作用。英国在缅甸发展西式教育遇到强大而统一的传统佛教教育体系的抵制。发展西式教育目的主要是培养殖民政府下层公务员、办事员等统治机构小官吏。缅甸的现代初、中等教育在 20 世纪初基本形成,高等教育的发展十分落后。直到 1920 年,缅甸的科技人员绝大多数是英国人与印度人,只有在教育部门与法律部门缅籍知识分子才相对集中。缅甸知识分子中大多数人在仰光接受教育,其中一小部分人在印度与英国有留学的经历,对西方民主政治有一些了解。同时,上座部佛教对他们的影响仍然很深刻。他们把两者结合起来以表达朦胧的现代国家的民族意识。在聚合性与认同性方面这些精英人士与马来亚中产阶级不能相比。可见,20世纪初的缅甸民族解放运动是在传统与变革中,使用新的佛教民族主义作为中产阶级开展反殖民主义运动的一面旗帜。这些渐次发展的民族运动组织群团性浓厚，离严格意义的政党还有一段距离。所以，在它们之中分裂、重组、对抗的情况有时要大于聚合、结盟与共进。

从表3-7"缅甸政党/社团一览表"可见，由于缅甸中产阶级发育不足，缅甸的政党与社团组织表现出的特点是：第一，缅甸政党更多具有社团性而缺乏严格意义的政党组织的坚实性；第二，缅甸中产阶级不够成熟，他们未能占有重要的经济资源，或在经济发展中处于重要地位，政党组织大多由缺乏经济基础的反日反英爱国人士聚合而成；第三，虽然缅甸的政党缺乏经济实力，但它们具有在第二次世界大战中奋起反抗的背景，重要的政党组织拥有自己的独立武装，这对于去殖民化时代民族解放运动是一种政治与军事资源，这在马来亚各类政党中都不曾存在；第四，相对成熟和成立较早的组织与缅人宗教信仰佛教有密切关系，正是它们独具的佛教民族主义培养了一代代的爱国主义政治家。第五，带有联盟性质的政党组织也曾短暂存在，但是，能够走向紧实合作的联盟很少，走向不断分裂的却并不罕见。在这种情况下，严格意义的政党政治实际上很难存在，只有1948年独立以后不长时间内，即1948—1962年，缅甸存在政党政治和选举制度的实验，这种走向民主的实验很快被奈温军事政变取代。这与缅甸前殖民时期是一体化程度较高的农业社会有关，也与殖民时期英国人在缅甸政治统治中，重用山区少数民族而轻视缅甸本部主体民族有关。最重要的是，在一个世纪的发展中，缅甸中产阶级的成长十分困难，除了工商业不发达之外，中产阶级的职业岗位还被印度人占有。以仰光大学学生与高中生为主的反英爱国人士，缺乏足够的政治经验与经济支撑，即便其中一些人组成爱国武装，也难以发展壮大。

表3-7　　　　缅甸政党/社团一览表（以成立时间排序的不完全统计）

名称/创建年代/创始人/主要成员	基本目标/主要活动/发展特征	演变状况/意义/有限性
佛教青年会（1906）；吴巴佩、吴貌基；巴银；教育—行政—商业等行业的知识分子	促进民族语言、宗教、教育；发行《缅甸人周刊》《缅甸佛教徒月刊》《太阳报》；提出民族主义社会经济要求；反对英国总督任命立法议员；鼓励发展手工业和使用国货	前为曼德勒佛教复兴会；曾办《缅甸人》、《巴利人》；1910年有22个分会；1920年改称缅甸人民团体总会；荟萃知识分子精英的首个民族主义组织

续表

名称/创建年代/创始人/主要成员	基本目标/主要活动/发展特征	演变状况/意义/有限性
缅甸人民团结总会（1920）；吴漆莱、吴巴佩；农民、手工业者、僧侣、知识分子、企业家、地主	开展温达努运动；振兴民族经济发展传统手工业；发展民族语言与宗教；印缅分治会议时吴漆莱为反分治派在大选中获许多议席，1935年成为立法会议议长	缅甸青年会改组而成；1922年分为拥护派与反对派；1925年反动派又分为吴漆莱与吴素登派；1932年分为巴配分治派与漆莱反分治派；1936年瓦解
我缅人协会（德钦党）（1930）；德钦巴丹、德钦巴盛、德钦登貌、德钦吞瑞；知识分子为主	口号：缅甸是我们的国家，缅甸文学是我们的文学，缅甸语言是我们的语言，我们热爱自己国家、提倡自己文字、尊重自己语言；1935年领导仰光学生罢课、石油工人罢工、1300运动；第二次世界大战中建立缅甸独立军；后加入自由同盟	1935年缅甸青年联盟并入；与史密斯方案相左退出反法西斯自由同盟成为反对党；由民族或民主主义者与马克思主义者组成；受印度国大党影响成为缅甸政治家摇篮；1964年停止活动
缅甸全国学生联合会（1936）；拉希德	宗旨：以爱国主义促进青年教育；进行缅甸民族复兴斗争；1951年重建，新章程规定：进行反帝反封斗争；实现民主教育与世界和平	参加国际学生联合会；第二次世界大战前组织学生参加民族独立运动；第二次世界大战中停止活动；1964年被联邦革命委员会取缔
缅甸共产党（1939）；德钦昂山、德钦梭等	领导抗日游击战；1944年联合组成反法西斯自由同盟；1946年德钦梭另组缅甸红旗共产党，德钦丹东抵制参加临时政府退出自由同盟	前身为缅印马克思主义学习小组；1948年被宣布为非法组织转为武装斗争；1963年与联邦革命委员会谈判无果
缅甸自由同盟（出路派）（1939）；巴莫、昂山、吴努、德钦妙等	宣言：尽快让缅甸独立自主并建立自己的政制形式；经选举建立议会；总督权力移交缅甸议会	应我缅人邀请各党会商建立统一战线，进行民族独立斗争；后多数领导人被捕而停止活动
缅甸国防军（1941）；昂山等；旅泰缅侨与泰缅边境少数民族；海南岛—曼谷受训三十志士为核心	1942年随日军攻入缅甸，日本背弃诺言并将原独立军改编国防军；1944年同共产党、人民党组自由同盟；1945年3月武装起义更名爱国军	1945年9月根据自由同盟与东南亚盟军司令部签署的《康提协定》，一部分改编为缅甸国防军
缅甸反法西斯自由同盟（1944）；昂山、德钦丹东、共产党、国防军、人民革命党及少数民族团体与个人	宗旨：消灭法西斯主义、为缅甸独立而战；保证公民言论结社自由与工作教育权利；少数民族有权参政；1945年领导武装起义；1947年制宪会议选举后组成昂山临时政府	1947年昂山等被刺身亡，吴努任同盟主席兼国家总理；1958年分为廉洁派与巩固派；1960年大选廉洁派胜后更名缅甸联邦党；1964年被联邦革命委员会取缔

续表

名称/创建年代/创始人/主要成员	基本目标/主要活动/发展特征	演变状况/意义/有限性
缅甸社会党（人民革命党）（1945）；德钦妙、吴巴瑞	1944加入反法西斯自由同盟，次年参加抗日武装起义改此名；1946年共产党退盟后成为第一大党；1958年成为巩固派主力；1960年参选失败	前身是1922年要参与双元政治选举从人民总会退出的吴巴配"21人党"；1939年组成人民革命党；1964年被联邦革命委员会取缔
缅甸红旗共产党（1946）；德钦梭；从缅甸共产党分离而成	1946年与1947年被取缔；1948年后转入农村进行武装斗争；1952年与缅甸共和人民同志党等共同战斗	长期坚持左倾教条主义；脱离群众；1970年德钦梭被捕后瓦解
缅甸人民团结党（1952）；吴登佩敏；原人民同志会成员	宗旨：没收帝国主义企业，实行土地改革，保护民族资产；停止内战实行国内和平，反对外国干涉，保卫世界和平	从事反政府武装斗争；1955年参加民族团结阵线；1964年被联邦革命委员会取缔
缅甸联邦民族团结阵线（1955）；含工人党、我缅人协会、人民团结党、正义党等	政纲：建立代表各阶层各民族过渡政府；与武装组织和谈、停止内战实现和平；解决工人失业农民少地问题；实现民族平等、和平共处对外政策	1956年大选成为最大反对党；1958年支持廉洁派击败巩固派；1960年大选惨败；1964年被联邦革命委员会取缔
缅甸联邦党（廉洁派、努丁派）（1958）；吴努、德钦丁、德钦觉顿；中小资产者与地主富农	主张国内和平民主与中立外交；与巩固派对立，击败巩固派不信任案继续执政；1958年被奈温政变推翻；1960年大选获胜执政	缅甸经济贸易总会、全缅农民协会、全缅自由妇女协会附属；1964年被缅甸联邦革命委员会取缔

资料来源：上海辞书出版社1995年版《东南亚历史词典》相关词条，贺圣达《缅甸史》。

可见，与马来亚相比，英国殖民统治对缅甸造成的是断崖式的社会变迁，这对缅甸社会来说是一种灾难。英国人在缅甸破坏一个封建旧社会时，却没有着力打造一个现代新社会。而且，在维持统治方面，英国人从印度引进统治方式和使用印度人，以激进方式重建公共管理机构，全然不顾缅甸传统的中央治理及村社管理模式。英国人的入侵，连同随之而入的大批印度人移民，以及英国人在少数民族地区采取的独立管理制度，都成为缅甸社会的创伤，这使缅甸文明陷入因政治与社会秩序崩溃而面临的巨大危机中，对缅甸政治经济社会及其未来发展产生不良影响。真正的问题在于，在缅甸实施行政制度改革的殖民者，并不了解也不关心缅甸社会的实际情

| 英国与殖民时期的马来亚和缅甸

况。而且,英印政府的平定缅甸计划,是对废除传统统治者而引起社会混乱局面的回应,在某种意义上说,1885—1942年缅甸总是处于某种形式的军事管制状态下。罗伯特·泰勒认为,那些使缅甸人摆脱封建政府统治的英国人,用规则枷锁代替传统桎梏,"英国人平定缅甸的另一个结果是缅甸人与英国人之间很少能够互相信任。结果,英国人的政策往往支持少数民族,大多数士兵和警察是印度人。"英国人训练克伦人和克钦人,使他们与印度人一起驻守缅人、掸人和钦人的地区。连担任过缅甸总督的查尔斯·克罗斯威特都不得不承认,英国人未能把缅人训练成士兵是其名誉上的污点。①

总之,缅甸与马来亚在英国殖民时期走上了不同的道路,从英国殖民者的角度看,马来亚是开发较早的东南亚殖民地,直接统治与间接统治交互存在,但以间接统治为主。马来亚在经济掠夺与对外贸易中是英国剥削的对象,但其以海峡为中心的重要的地缘战略地位,受到以大西洋岛国起家、海上帝国为本的英帝国受到高度重视。缅甸殖民地是英国为保护维多利亚女王的印度皇冠而向东扩展的产物,在海洋运输、对外贸易、殖民地扩展中,其战略地位重要性不及马来亚。作为英属印度向东推进的副产品,对英国经济发展与帝国生存来说,只是因为其稻作业生产与石油矿产开采在世界市场上的作用,以及探寻通往中国云南大陆商道的价值,其重要性在殖民后期才有所彰显。到去殖民化时期,在欧美大国争夺东南亚势力范围时,马来亚为英国所属被列强们看作理所当然。缅甸在日、法、英、印等国际关系大棋局中,更似一颗可以被灵活使用的棋子。更何况,缅甸在英联邦的去留问题,对印度、锡兰、马来亚等国家会产生连锁反应。在英帝国的经济掠夺、地缘经济上缅甸本身的价值不及马来亚。但是,它在国际政治关系中的重要性恰恰相反。从马来亚与缅甸本身的因素看:前者由马来半岛三个不同的被殖民国家与北婆罗洲的两个辖地组成,它们政体不同、统治方式不同、土著统治者的权力也不同,主要是在分散苏丹国基础上建立的一个有待集权的殖民地。缅甸是一个有着传统的中央集权制历史传统、一个中心地区即缅甸本部、一个主体民族即涵化了孟人的缅族的大陆国家。这样,殖民时期政治经济文化发展程度的不同,以及英殖民政策的不同带来了两者去殖民化道路及其结果的差异。

---

① [新] 尼古拉斯·塔林主编:《剑桥东南亚史》第二卷,第99页。

第四章　缅甸与马来亚去殖民化不同的道路

第一节　白皮书的出台

一　《缅甸白皮书》

第二次世界大战中，英国在缅甸与马来亚被日本军队占领后，分别在印度的西姆拉和新加坡的樟宜，建立了多尔曼-史密斯流亡政府与托马斯·申顿地下政府。太平洋战争中期，英国政府开始对这两个沦陷的殖民地，尤其是缅甸的重建进行规划，其产物是1945年5月17日颁布的《缅甸白皮书》与1946年1月22日颁布的《马来亚白皮书》。但是，两个白皮书出台的国际与国内背景，及其在缅甸与马来亚引起的反响不尽相同。那时，英国对东南亚殖民地的规划，大多由伦敦政府的印缅事务部、殖民地事务部与作战部拟定，外交部有指导性地参与，财政部对涉财问题有权提出建议，偶尔也会咨询外交部远东事务处与英联邦关系事务部的建议。有争议的问题会提交英国议会讨论，并由内阁最后确定。这基本上成为一种定式。但是，正如尼古拉斯·塔林所说，战争期间和战后英国越来越希望将东南亚视为一个整体，却缺乏相关的结构性规划。在伦敦，相关政府部门进行规划，通过理念上的共同性、部门间委员会和专门代表的设立，以及内阁的指导来实现协调一致[1]。参与部门的多寡、议题讨论次数的多少、议题上

---

[1] Nicholas Tarling, *Britain, Southeast Asia and the Onset of the Cold War, 1945-1950*, New York: Cambridge University Press, 1998, p. 10.

升层面的高低,则与议题的难度与重要性相关。

总体来说,缅甸的议题比马来亚的议题在困难程度、反复性与牵扯面及其国际关注程度上要大得多,这与缅甸是英国战后在东南亚面对的第一个去殖民化国家有关,也与缅甸处于印度与中国两大国之间,随着冷战的酝酿与临近,其地缘政治的重要性越来越凸显有关。尽管如此,英国殖民者对缅甸与对马来亚的共同点,是英国坚持决不主动从战前殖民地撤离,希望尽可能地使用英联邦的框架,在原英属殖民地保住英帝国的遗产。白皮书对缅甸的民族自决没有确定具体的时间,对马来亚的独立甚至没有主动提及。尽管英国在两个殖民地的去殖民化运动中都这样地扭扭捏捏,但是,两个白皮书在出台形成过程,及其国内外环境和具体内容方面,仍然有很大差异。

首先,从形成过程看,《缅甸白皮书》的设计较《马来亚白皮书》开始得早。1941年多尔曼-史密斯(Reginald Dorman-Smith,1941—1946年在位)总督走马上任,1942年6月他主持西姆拉流亡政府时开始倡议,要致力于制定一项缅甸殖民政府的重建计划,继续努力建立印缅分治后开始的缅甸自治政府,他提出为此目标总督要进行七年的直接统治。然而,在担任缅甸总督之前,多尔曼—史密斯的政治经历很简单,他只有在1936—1940年间担任过英国农民联合会主席,以及英国农业与渔业部大臣的经验。他对缅甸以至远东地区都缺乏了解,战时的仓促任命使他到缅甸仅待了一年,就因日本军队于1942年3月8日占领仰光而匆忙逃亡印度,组建西姆拉流亡政府。在史密斯倡导重建缅甸时第二次世界大战正处于酣战期间,英国内阁根本无暇顾及东南亚殖民地问题。但是,在总体原则上,内阁不接受史密斯提出的进行固定时间的直接统治,以及不准备将大量资金投放到缅甸的重建中。

直到1943年3月10日,日本大本营和政府联席会议通过《缅甸独立指导原则》,许诺在当年8月1日将允许缅甸独立,并组建巴莫(Ba Maw,1893—1977,1943—1945任日本傀儡政府主席)政府,作为交换条件,日本要求缅甸在军事与外交上向英美宣战。[①] 在日本人扬言要先入为主地通过给予其独立的方式来控制缅甸后,英国内阁才在1943年4月14日举行会议

---

① 贺圣达:《缅甸史》,第373页。

商讨缅甸问题。会上，首相丘吉尔与财政大臣仍然坚持，"没有理由对已做出的最终自治政策进行补充"，"不愿意对缅甸可能获得优先地位做出任何暗示，""就一项详细的政策做决定为时尚早，不应承诺增加新的财政援助"①。

1943年8月，巴登堡亲王与维多利亚公主的第四子，威尔士亲王的前副官，有丰富战斗经验和政治素养，并崇尚自由主义的路易斯·蒙巴顿（Louis Mountbatten，1900—1979），被任命为盟军东南亚司令部最高指挥官，这才在战后缅甸重建的政治议题上，形成了与史密斯总督意见相左的力量。蒙巴顿因在东南亚战区战功累累，战后在东南亚南亚等地区又对英帝国做出贡献，于1947年被授封为伯爵。他显赫的战果主要在缅甸取得，所以人们习称他为"缅甸的蒙巴顿伯爵"。他在1943—1946年担任东南亚盟军最高指挥官，成功指挥了把日本军队赶出缅甸的战役。1947年的3月到次年6月蒙巴顿担任印度总督。埃斯勒·迪宁（Esler Dening）于1943—1946年担任蒙巴顿在伦敦政府外交部的首席政治顾问，1946—1950年担任国务副大臣的助理。所以，迪宁对东南亚事务，特别是外交与政治事务常常起重要作用。此后，尽管史密斯总督在伦敦政府进行大量活动，并亲自反复请求蒙巴顿将军。但是，1943年11月5日，丘吉尔在与史密斯共进午餐时仍坚持说，"谁想把帝国拱手让人？""缅甸还没有在我们控制之下，没必要太匆忙做出决定。"② 这样，英国战时内阁实际上基本否定了多尔曼—史密斯提出的缅甸重建规划。

史密斯不得已在英国伦敦推组了一个压力集团，这个集团的报告《缅甸蓝图》（Blue Print for Burma）以摘要加社论的形式，刊登在1943年11月15日的《泰晤士报》。它比较客观地说：缅甸遭受战争的蹂躏而印度逃过劫难；如有选择，缅甸人宁可自己的生活水平低于战前，也不愿为外国控制的经济体而工作。但是，对缅甸缺乏了解、对殖民地管理毫无经验的史密斯，缺乏对战前已经风起云涌的缅甸民族解放运动基本认识，他强调缅甸夹在中国和印度之间，不会利用"最早从大英帝国退出的机会，因为缅

---

① Conclusion, War Cabinet and Cabinet: Minutes: 3. Burma - Future Policy, 14 Apr. 1943, The National Archives, Kew-Cabinet Office, Reference: WM (43) 54, CAB 65/34/8.

② Australian Representative in UK, IMPERIAL (77a-Burma), 01 Sep. 1941-31 Oct. 1941, The National Archives, Kew-Cabinet Office, Reference: PREM 4/50/5.

甸人清楚没有强大的支持，自己的生存机会很迷茫"①。1943年年底，史密斯及相关压力集团以及《泰晤士报》对缅甸的评估有一定的道理。但是，他们对缅甸民族解放运动的能量，以及日本导演独立政府后大众渴望独立的心理意识未加考虑。1943年12月4日，内阁开始接受丘吉尔首相的意见，即将缅甸的问题交由内阁专设的印缅委员会来审议。②

对英国来说，缅甸的问题很复杂。它涉及英国在东南亚，以致在全世界去殖民化运动中的国家形象，英国在缅甸问题上对印度、中国与美国来说，即便只是一个面子工程，也需要慎重考虑。可见，直到1944年2月，英国对缅甸的政策迟迟无法出台，除了史密斯的笨拙、丘吉尔的顽固、财政部的担忧外，外交部对缅甸问题的国际影响也在考虑之列。对于这种复杂的局面，蒙巴顿的首席政治顾问埃斯勒·迪宁，于1945年2月写信给远东事务处主任斯特恩戴尔·贝内特。迪宁说道，因为有盟军部队和同盟国记者的存在，英国在缅甸或马来亚的所作所为，很可能会引起美国和中国的激烈反应。从史密斯1942年表达要规划重返缅甸的意图开始，两年半过去了，伦敦政府各部门间的意见，伦敦政府与西姆拉政府间的意见，史密斯总督与蒙巴顿将军的意见仍然不一致，这些因素使缅甸重建的规划迟迟没有面世。当然，丘吉尔首相的反对与内阁的搁置，是其中最重要的因素。首相坚持要把缅甸留在英帝国内，潜在的心理因素是，其父伦道夫·丘吉尔1885年任印度事务部国务大臣后，立马于当年11月发动的第三次英缅战争吞并整个缅甸本部。当然，更迫切的现实因素是，外交部对去殖民化运动中国际舆论压力的顾虑，财政部无力对缅甸重建提供资金的困窘，蒙巴顿将军需要缅甸军队共同抗日的考虑，这些因素共同造成了战时内阁对缅甸重建议案悬而未决的局面。

总之，在缅甸流亡政府重返缅甸和重建殖民地的问题上，英国伦敦政府各部门、不同军政要人很难达成一致。身居伦敦、加尔各答与西姆拉的当事人对缅甸的判断，大多基于战前经验而缺乏与时俱进的了解，对日本占领期间经历独立的缅甸人心理变化，以及缅甸民族解放运动组织及其领

---

① Nicholas Tarling, *Britain, Southeast Asia and the Onset of the Cold War, 1945-1950*, p. 12.

② Conclusion, War Cabinet and Cabinet: Minutes: 9. Burma, 04 Dec. 1944, The National Archives, Kew-Cabinet Office, Reference: WM (44) 161, CAB 65/44/32.

第四章　缅甸与马来亚去殖民化不同的道路

袖都缺乏充分的认识。事实上，缅甸是东南亚唯一一个被日军全面践踏，盟军需要军事反攻，殖民者文职政府需要重建才能再度成为英帝国属地的国家。在缅甸东南亚盟军最高指挥部与文官政府意见相左期间，缅甸本土的政治与军事力量正茁壮成长，已经成为势不可挡的积极因素。

随着欧洲战场上反法西斯战争不断取得胜利，印缅委员会决定依据1935年《缅甸政府组织法》第139条，在缅甸建立自由化的政治制度，史密斯接受了这一新方案。1940—1945年担任印缅甸事务部大臣的利奥波尔多·阿梅里支持史密斯。他在备忘录中写道，总督认为自由开放并以第139条为法规的统治，将从1945年12月起运行三年。根据1946年中期文官政府重返仰光的假设，这意味着还有两年半的总督直接统治时间，此后缅甸将"成为英帝国内一个完全自治的单位，拥有与其地位相关的特权、权利和责任"，控制外交政策和地方防卫，并享有脱离英帝国的权利。史密斯说，1946—1948年在恢复和重建方面不可能做很多事情，但是可以开始工作并为供应做出安排。战时内阁于1945年5月4日接受这一政策，[①] 它组成《缅甸白皮书》的原则。

这时，昂山领导的缅甸国防军在1945年3月27日发动武装起义，在盟军的支持下成功地于5月1日收复仰光，欧洲战场的全面胜利也指日可待。在英国对缅政策方面从未被征求过意见的外交部远东事务处建议，为避免人们将英国对缅甸与美国对菲律宾的做法进行比较，在国际舆论方面要尽量少提英国将对缅甸直接统治到1948年年底。其实，最重要的是昂山的军队收复仰光的行动，促使与缅甸重建相关议题在内阁易于通过，是缅甸的民族解放武装斗争，迫使英国殖民者不得不考虑一条与他们从马来亚退出不一样的道路。所以，英国殖民者战后在缅甸重建中处于被动地位，是缅甸民族解放斗争的武装力量对日军重拳出击的结果。

1945年5月17日《缅甸白皮书》迅速颁布。在《缅甸白皮书》里，英国保守党政府对西姆拉政府提出的战后重建规划很少进行修改。所以，它基本上是史密斯总督1942年6月规划的翻版。其主要内容为：战争打断了在缅甸建设自治政府的进程，被恢复的战前政治制度成为恢复经济生产

[①] Conclusion, War Cabinet and Cabinet: Minutes: 5. Burma, 04 May 1945, The National Archives, Kew-Cabinet Office, Reference: WM (45) 58, CAB 65/50/21.

与社会生活的前提。为此,根据 1935 年《缅甸政府组织法》第 139 条,总督权力延长三年,此间一切政治问题由总督全权决定;建立总督任命、缅甸人参与的行政议会,作为协助总督行使权力的咨议机构;山区少数民族由总督直接统治;三年后恢复殖民地议会,为自治打下基础;缅甸在英帝国内完全自治后,少数民族地区是否加入本部政权由当地人民自愿决定。①

可见,《缅甸白皮书》不像《马来亚白皮书》那样,一出炉就经历了一改再改。但是,它提出很早但产出艰辛,这种一波三折的经历大多与当时的国际形势,缅甸的国内形势,英国政府各个层面、各个部门的参与太多致使很难形成决策有关。这份白皮书的出台与其说是英国殖民政府的意图领先,不如说是缅甸民族解放运动,尤其是手握武装部队的反法西斯自由同盟的推动作用更大。

二 《马来亚白皮书》

对于英属马来亚的去殖民化议题,1946 年 1 月 22 日英国工党政府颁布《马来亚联盟计划书》(即《马来亚白皮书》),意在建立一个马来亚联盟。在出台过程与背景上,《马来亚白皮书》远没有《缅甸白皮书》复杂,参与《马来亚白皮书》制定的行为体,也要简单得多:在伦敦主要是殖民地事务部、外交部与作战部,基本上没有涉及财政部与外交部;由于马来亚不处于东南亚盟军司令部管辖范围,而处于西太平洋战区麦克阿瑟将军的管辖范围,因此蒙巴顿的参与十分有限;丘吉尔在位时也没有把手伸到海岛东南亚。更何况,在《缅甸白皮书》颁布时,英国尚处于丘吉尔战时联合政府的领导下,保守党发挥着主导作用。《马来亚白皮书》颁布时,艾德礼领导的英国工党已经上台执政。因此,这个白皮书的颁布时间上仅仅晚于《缅甸白皮书》8 个月,它的形成比缅甸白皮书要容易得多。

加之,马来亚不存在缅甸那样独立统一的日伪政权,以及战后缅甸国防军那样的武装力量。日本军队在 1942 年 2 月 15 日攻克固若金汤的新加坡,将其更名松南,在大肆屠杀马来亚抗日军及华人后,使松南成为原海

---

① 贺圣达:《缅甸史》,第 391 页。何跃:《太平洋战争期间英国对缅政策出台史末》,《东南亚纵横》2005 年第 2 期。何跃:《战后缅甸脱离英联邦探析》,《东南亚研究》2005 年第 4 期。刘明周:《迟到的非殖民化与缅甸对英联邦的突破》,《湖南科技大学学报》(社会科学版)2008 年第 6 期。

峡殖民地、马来联邦、苏门答腊岛地区的行政中心。这时,"英国人以前的亲马态度逐渐发生变化,因为苏丹拒绝撤退以及公开与日本人合作"①。1943年10月,日本在东南亚的同盟国泰国吞并马来半岛北部的四个邦。日本在第37军控制下又在沙捞越、北婆罗洲与文莱建立一个军政府,他们沿袭英国殖民时期的亲马来人政策,使用苏丹顾问并提升马来统治者的地位,② 对华人之外的其他种族的地方名流,基本上采用怀柔政策。所以,在马来亚,像缅甸巴莫政府那样的日伪政权、西姆拉流亡政府和史密斯那样新晋而任性又缺乏经验的总督都不存在,此其一。

其二,英国人对战后马来亚统治的设想,聚焦于建设一个跨种族的全马来亚政治实体,意在解决战前海峡殖民地、马来联邦、马来属邦、沙捞越、北婆罗洲有限公司各自为政,第二次世界大战中也未能统一的分散化管理模式的问题。加上,担任了十二年海峡殖民地总督的申顿·托马斯(Shenton Thomas, 1934—1946年在位),对马来亚社会的多元种族文化有深入了解,驻扎官制度在海峡殖民地与马来联邦也有八九十年的历史,只是在马来亚殖民史上形成的三大种族各自认同,使一种全马来亚的民族国家认同难以形成,即除了土著民族外属地化的移民也认同马来亚的国家意识。在殖民时期打造的地理疆域内,以一个国家机器为代表的,安东尼·吉登斯称为行政权力聚合器的国家民族主义尚未形成。③ 这样,种族间的矛盾与冲突一直是马来社会的痼疾。

其三,在整个日本占领期间,马来亚共产党领导的抗日军和华人民众成为保障盟军后勤与辎重运输的力量。但是,在麦克阿瑟指挥的西太平洋战区,盟军何时对日军进行大反攻,本土的军事力量怎样配合盟军,一直是悬而未决的问题。所以,英国政府的殖民地事务部和外交部从一开始就认为,战后英国返回马来亚继续殖民统治理所当然,他们甚至构想了一个包括马来联邦、马来属邦、海峡殖民地,以及婆罗洲领土的东南亚联盟的蓝图。总之,《马来亚白皮书》从起步到出台都没有《缅甸白皮书》那么艰难,其目标也不完全一样。

---

① [澳] 芭芭拉·沃森·安达娅、[澳] 伦纳德·安达娅:《马来西亚史》,第313页。
② [澳] 芭芭拉·沃森·安达娅、[澳] 伦纳德·安达娅:《马来西亚史》,第304-307页。
③ [英] 安东尼·吉登斯著,《民族—国家与暴力》,胡宗泽、赵力涛译,北京,生活·读书·新知三联书店1998年版,第213页。

英国对战后重返马来亚的考虑,最早始于1943年的3月。那时,英国政府希望采取分步骤实施的办法:新加坡作为自由港和海军基地将保持独立的地位,其中一个原因是马来人对新加坡华人的财富,以及对海峡殖民地巨大的政治权力感到恐惧;婆罗洲还没有做好加入马来亚联盟的准备,最好先暂搁一方;建立马来亚联盟的中心任务是,通过任命一个除新加坡和婆罗洲之外的全马来亚的总督,把马来半岛分属三个殖民地的各州统一起来。

对于怎样具体地实施这个方案,作战部想通过其下属、战前担任马来亚殖民官员的拉尔夫·霍恩等组成的马来亚规划小组(Malayan Planning Unit,MPU),并让其先期返回半岛,秘密地建立一个更加紧密的联盟。外交部担心这样做,会使英国像是在加强殖民地的直接统治,殖民地事务部强调要进行现场评估并谨慎敲定细节后才能行事。尽管有这些不大的分歧,但是,马来亚规划小组迅速地直接寻求内阁支持,以避免《缅甸白皮书》形成过程中的严重拖沓与过度争议。1944年初,规划小组的建议被提交给内阁的一个专门委员会。它主要表达了殖民地事务部官员、后来成为马来亚高级专员的爱德华·根特(Edward Gent)的主张,即英国要在马来亚抓住先机,把战前半岛分散的殖民地合并为一个马来亚联盟(Malayan Union),将公民权扩大到包括非马来人的其他种族的居民,① 以实现更紧密的合作;需要提升效率和安全性,用一种各种族代表越来越多参政的制度,取代日伪时期马来统治者专权的制度。为此,英国将重新启动与各邦统治者的谈判,以使英国王室能够根据《外国管辖权法案》为马来各邦制定立法,使马来统治者只名义上成为马来人的天然首领,为政治体制的划一与国家疆域的稳固做好准备。②

当然,这种设想多少近乎多尔曼-史密斯的缅甸蓝图的理想主义。但是,现实主义在其中也起了较大的作用,这清楚地表明英国人意识到要关注战时盟友即华人与印度人的利益。在1944年3月22日召开的专门委员会会议上,战时联合政府的副首相克莱门特·艾德礼(Attlee Clement,

---

① [澳] 芭芭拉·沃森·安达娅、[澳] 伦纳德·安达娅:《马来西亚史》,第313页。

② Policy in Malaya and Borneo, 1944 – 1945, The National Archives, Kew – Cabinet Office, Reference:CMA (44), CAB 98/41, Nicholas Tarling, *Britain, Southeast Asia and the onset of the Cold War, 1945 – 1950*, p. 19.

1883—1967，1945—1951年任首相），对于怎样处置苏丹权力做了一些调整后，英国内阁很快于1944年5月31日批准这些建议。就这样，迟至1946年1月22日才颁布的《马来亚白皮书》，其基本原则早在1944年中期就确立了。艾德礼在1935—1955年年间一直担任工党领袖，他在丘吉尔战时联合政府内阁中历任掌玺大臣（1940—1942）、自治领事务部大臣（1942—1943）和枢密院院长（1943—1945），以及副首相（1942—1945）。1945年5月，他率领工党退出英国战时联合政府，7月举行的大选中随着工党获胜而成为新政府的首相。艾德礼担任英国首相的六年间，正是全球去殖民化运动兴起的时代，他在位期间印度获得在英联邦内独立国家的身份，巴基斯坦得以分离而独立建国。同时，工党政府允许缅甸与锡兰独立，并放弃对埃及和巴勒斯坦的控制。《马来亚白皮书》的目的是将马来半岛的9个州，及英国人在马六甲和槟榔屿定居点加以合并，成立一个称为马来亚联盟，由英国总督直接管辖的统一国家；同时，英国政府准备给予马来人和非马来人平等公民身份的权利，以培养统一的全马来亚人的身份意识；英国政府决定将9个马来统治者的主权转让英国王室。这种做法剥夺了马来统治者在日伪时期获得的权力，通过英国总督的领导引入了一种中央集权制的政府形式，来加强英国殖民者的权力，显然相当于一口吞并马来半岛。①

在《缅甸白皮书》与《马来亚白皮书》出台的背景中，前者历经近三年时间但迅速颁布，后者难以颁布实话。伦敦政府主要考虑的是，《马来亚白皮书》的颁布会不会在英国国内引起争议，而不是能不能赢得马来亚居民的支持。1944年年末，殖民地事务部建议开始对马来亚白皮书的原则进行宣传，但遭到内阁拒绝。直到1945年6月，内阁才接受对《马来亚白皮书》原则进行有限度的宣传。② 在缅甸，英国人曾经企图把对缅政策的公布，看作加强盟军军事斗争的辅助手段。但是，缅甸基本上解放了，白皮书的政策还没有完全确立。在马来亚，白皮书政策早已确立，却秘而不宣，

---

① Cheah Boon Kheng, "The Communist Insurgency in Malaysia, 1948-90: Contesting the Nation-State and Social Change" *New Zealand Journal of Asian Studies*, Vol. 11, No. 1, June 2009, pp. 132-152.

② A. J. Stockwell, *British Policy and Malay Politics during the Malayan Union Experiment, 1942-1948*, Kuala Lumpur: MBRAS, 1979, pp. 34-36.

原因在于英国要避免过早宣布造成更难实施的可能性。这样《马来亚白皮书》在加强对日战争方面没有起任何作用。实际上,在这里也不存在缅甸那样的解放战争:原子弹的投放和日本的投降,使太平洋战争的结束比盟军预期得还早,在重新占领马来亚方面,麦克阿瑟采取拖延战术,避免与日军正面交锋,直到 1945 年 9 月 3 日,英国军队才得以重新占领马来亚。

在制定《马来亚白皮书》原则时,英国人曾设想马来半岛会发生与日军对抗的战争,所以它表达了让战时盟友华人在马来亚未来发展中起更大作用的意愿,因为共产党领导的抗日军与华人社区曾经是并且未来也是支持盟军的主力。第二次世界大战中,尽管在新加坡有马来人组成的两个营参与对日军的抗击。但是,苏丹们大多拒绝英国人的提议,没有从马来半岛撤离,有一部分统治者还公开与日本人合作。相比之下,华人与印度人更加忠诚于英国殖民政府,并与中、印两国政府与民众一样积极参与抗日战争。华人领袖陈祯禄与英国人一起撤退到印度,华人中下层在马来亚共产党领导的抗日军中,对抗击日本法西斯做出巨大贡献,尤其是在帮助盟军保证军需供应方面。所以,《马来亚白皮书》提倡扩大公民权与种族平等,而不似战前英国殖民政府的亲马来人政策,这一内容可以理解。

在某种程度上《马来亚白皮书》原则的另一个重点,是强调在英国总督统治下,以宽松的公民权来平衡三大种族的权力配置。1945 年 9 月 3 日英国人重新占领马来半岛时,内阁最后通过《马来亚白皮书》。其中关于给予三大种族公民权平等的内容,直到 1945 年 10 月 10 日还没有改变。1946 年 1 月 22 日,英国公开颁布《马来亚白皮书》。其主要内容为:马来亚联盟在地域上包括原马来联邦、马来属邦、海峡殖民地中的槟榔屿、威利斯和马六甲,由英国总督(后改称"专员")统治;新加坡独立并成为英王直辖殖民地;设立马来亚联盟的行政会议与立法会议;根据资历支付薪俸的苏丹仅为各邦马来人的宗教领袖;出生于马来亚或新加坡,或在《白皮书》颁布前 15 年内有 10 年居住在英属马来亚的人,均可自动成为马来亚联盟的公民,有 5 年以上的居住史者,可申请成为联盟公民。

三 缅甸与马来亚白皮书出台背景

上文可知,两个白皮书制定的过程中,政策的积极鼎力者与参与角色、修订过程、出台目的与颁布时机,都不尽相同:缅甸白皮书的倡导者主要是总督多尔曼—史密斯，参与部门及相关角色从伦敦到缅甸要复杂得多，其中还存在蒙巴顿与史密斯在政治理念与现实设计上的对冲以及怎样对待昂山及反法西斯自由同盟的反英武装力量，怎样看待缅甸独立军曾与日军合谋但很快改弦更张，配合盟军向日本宣战，且发动武装起义解放仰光，使英国军队得以顺利进入仰光这一事实。后来缅甸独立军部分被编入缅甸国防军，独立后改称缅甸爱国军。缅甸白皮书里涉及的英国重返缅甸并进行总督直接统治，是1942年中期提出的，对于《缅甸白皮书》原则进行审议的，有伦敦政府、缅甸流亡政府、盟军东南亚最高指挥官，以及，从丘吉尔到蒙巴顿，再到史密斯等当事人，这些部门与当事人所处级别很高。

《缅甸白皮书》的要害问题在于：第一，它没有充分考虑反法西斯自由同盟对缅甸抗日战争做出的重要贡献，并且它还有着广泛群众基础，以及其代表的缅甸主体民族占人口70%以上。第二，它一意孤行地坚持在缅甸重建中总督的绝对权力，在恢复缅甸自治政府考虑中的建设，没有提倡立即设置体现三权分立的立法机构与司法机构，只考虑设置协助总督施政的行政会议，这一点与英国方标榜的民主政治相距甚远，也未必符合缅甸的现实需要。第三，它没有把前殖民时期政治与文化一体化发育得很好的缅甸帝国看作一个整体，仍然沿袭殖民时期对缅甸进行的分而治之政策。美国历史学家利伯曼说，"到1824年，复兴的缅甸第一次征服并大大加强了对遥远的阿拉干、阿萨姆、曼尼坡和掸邦高地的控制"。"就语言和民族认同而言，1400年的伊洛瓦底江盆地是个混乱的地区，缅人可能并不占人口的大多数。但是，到1830年伊洛瓦底江盆地的文化和种族已经具有压倒优势的缅人族性。"[1] 面对这样一个其中心区一体化程度很高的东南亚大陆帝国，英国殖民者反其道而行之，把对抗殖民者的缅族与助力英国人统治的克伦人、掸人等区别对待。第四，最重要的是，它低估了战前已经蓬勃发展的缅甸民族解放运动，以及战争中昂山领导的民族武装力量的发展与壮大。《缅甸白皮书》的宗旨是加强英国殖民者的直接统治，对于在第二次世界大战中缅甸成为保卫英印帝国免遭蹂躏的防火墙，成为盟军飞越驼峰和利用滇缅公路援助中国抗战的基地，成为盟军链接印度、锡兰、马来亚等英属殖民地的抗日大本营这些贡献，《白皮书》丝毫没有体现。所以，缅甸

---

[1] Victor Lieberman, *Strange Parallels*, Volume 1, pp. 31, 39.

民族主义者绝不接受这样的安排，昂山将军等才反复强调在独立问题上，缅甸应该得到与印度平等的对待。一句话，《缅甸白皮书》引起的反响近乎全是负面的，其对抗力量的形成自然以战前的民族解放运动，及战争中成长的昂山军事力量为其核心。

《马来亚白皮书》出台较晚，客观原因是：第一，第二次世界大战时期西太平洋战区司令麦克阿瑟对马来亚有更大影响，他坚持使日本军队坐以自毙的战略。除新加坡沦陷时遭遇狂轰滥炸和大肆屠华，1945年收复北婆罗洲时激烈战斗把亚庇、山打根夷为平地外，在英属马来亚的大多数地区，没有发生过缅甸第二次世界大战中遭受长期肆意践踏的情况。第二，在马来亚与盟军协同作战的主要是共产党领导的抗日军与印度人，各邦统治者反而被日本人拉拢利用，在行政部门有经验的马来人，被提升到过去只有英国人才能担任的行政长官的职位，半岛原有的885所马来学校在日本人占领当年就有721所重新开放，有些马来人还担任日伪政权的义务警员，这样"日本支持马来民族主义造成了新马来精英分子重要性的上升"。[1] 第三，英国人最早设想重返马来亚时，存在信任并肩作战的华人与印度人，以及不信任马来人上层的想法。鉴于此，1944年5月内阁批准的《马来亚白皮书》原则，仍由英国人担任总督，但是，它以英—马双方重新谈判以限制苏丹权力，并给各种族居民平等且宽松的公民权为核心。[2] 这一温和原则的目标在于，英国殖民者希望在重返马来亚时要重塑半岛的统一性、种族文化的平衡性、国家机构的民主性。

但是，这个白皮书的底色仍然把马来亚看作有助英国经济复兴的摇钱树。在开始形成时《马来亚白皮书》的对抗力量，既有马来统治者为首的马来种族主义者，又有以共产党为中心的华印中下层的力量。这两股力量平行而不相交，有时产生一定的对冲作用：前者在战前的殖民时期，在马来亚的政治建构中与殖民者有一定的合作经验，他们很快走上在英国国内与马来半岛形成压力集团进行和平请愿以迫使英国政府修改白皮书的道路；后者意识形态色彩浓厚，最初对平等公民权反应迟钝，缺乏和平斗争的经

---

[1] ［澳］芭芭拉·沃森·安达娅、［澳］伦纳德·安达娅：《马来西亚史》，第306—307页。

[2] ［澳］芭芭拉·沃森·安达娅、［澳］伦纳德·安达娅：《马来西亚史》，第313—314页。

验，对殖民时期马来亚政治文化把握不足，从而错失良机，很快被巫统等正统力量淹没，成为英殖民者与马来种族主义者联合镇压的对象。这样，《马来亚白皮书》的对抗力量在台面上为马来人中上层种族主义者，台面下则是殖民政府宣布紧急状态后，进入了地下活动的以共产党为主的左翼政治力量。

简而言之，《缅甸白皮书》体现的是英国要以缅甸为政治样板，迎合世界去殖民化潮流，又不失去缅甸作为其大米、矿产、石油资源的供给地，以及缅甸在军事政治上遏制中国，连接印度洋英属殖民地的战略要地的意义，其中政治与战略的意义居于首位。《马来亚白皮书》体现的是，英国要使马来半岛统一片以保持政治与社会的稳定，在以微小改革换取当地居民福利的基础上，恢复以大锡、橡胶为主的出口经济，从而为英国赚取大量美元，实现英国本土经济的复兴，同时稳定英帝国及保住海上贸易的十字路口。两个白皮书的共同性，是保住英国在东南亚的特权。在1945年年底，各邦苏丹不得不与殖民地事务部官员哈罗德·麦克米彻尔爵士（Sir Harold MacMichael）签修新约，使他们与英国签订的旧约被废止，驻扎官与顾问官的协助面纱被撕掉，因为苏丹们在日占期间的作为，使他们自然软了一脚。[①] 这种处置毕竟在某种程度上避免了英国殖民者与马来亚原住民发生正面冲突，还为马来亚在宪政改革方面成为其他英属殖民地的样板做了铺垫。

第二节 缅甸与马来亚白皮书对抗力量的兴起

一 白皮书对抗力量兴起时的国际环境

两个白皮书一经颁布立即引起殖民地人民的愤懑：在缅甸，白皮书的主要对抗力量是以昂山为首的，一定程度上得到蒙巴顿支持的反法西斯自由同盟。蒙巴顿、史密斯、自由同盟实际上形成缅甸独立与自治，以及独

[①] ［澳］芭芭拉·沃森·安达娅、［澳］伦纳德·安达娅：《马来西亚史》，第313—315页；《东南亚历史词典》，上海辞书出版社，1995年版，第40页。

立后缅甸是否留在英联邦的三种不同势力的代表。这主要反映在坎伯兰会议（The Meeting on the Cumberland）与康提会议（The Meeting on the Kandy）的争论中。但是，蒙巴顿与史密斯的分歧，只是政策上的缓进与激进的分歧，以及应该给予自由同盟何种位置的分歧，并不是根本性的立场分歧；反法西斯自由同盟与上述两人的分歧，尤其是与史密斯的分歧，则是缅甸要求民族独立与国家自治的根本性分歧。在战后蒙巴顿与史密斯对缅甸问题的分歧中，史密斯得到了伦敦政府的更多支持。

在马来亚，公开反对白皮书的主要力量从一开始，就主要来自马来人上层和马来人民族主义知识分子。也就是说，缅甸白皮书的对抗力量基本上归属于殖民化时期的大众民族主义者，马来亚白皮书的对抗力量基本上是王朝与种族民族主义者。在1945年7月17日召开的波茨坦会议上，盟军对东南亚司令部所辖范围进行调整，使之东移。这样，婆罗洲和印度尼西亚东部，也成为东南亚盟军司令部新的管辖范围，驻扎在刚刚解放的仰光的东南亚盟军司令部，所统辖的范围大大扩展。缅甸在军事上与政治上，成为东南亚盟军司令部的倚重之地，其重要性在上升。马来亚特别是马来半岛，仍然属于麦克阿瑟指挥的盟军远东司令部（也称"西太平洋战区司令部"）管辖。英国人蒙巴顿急于确立缅甸的独立自治及其在英帝国内所处的位置。美国人麦克阿瑟则不紧不慢、以逸待劳地等待日本正式投降后，才愿意启动所辖范围内的战后重建工作。这样，实践出现了一个因国家利益不同，从而人为形成的时空错位。这个错位使缅甸成为英帝国在东南亚，首先要对付其民族解放运动和去殖民化运动的一个最重要的时空范畴，其政治示范意义显然上升。马来亚则成为英国人可以参考缅甸、锡兰、印度的经验，以缓进方式应对中上层民族精英的另一时空范畴。这是白皮书对抗力量兴起时，需要考虑的国际环境方面的一个变化。

另一个国际环境方面的变化是，英国为使东南亚形成去殖民化时期的理想主义实验基地，即将帝国主义与本土民族主义对接的东南亚地区，特别设置了东南亚特别专员这一职务，以在东南亚地区的英国殖民地之间进行协调活动。这种去殖民化时期的理想主义观念，使英国政府自1946年开始，任命为期两年的东南亚特别专员。首任专员是第二次世界大战中在北非战场上赫赫有名的"开罗的基勒恩勋爵"，1948—1950年又由麦克唐纳接任。作为东南亚特别专员，基勒恩勋爵最初的任务主要是协调伦敦政府各部门，与东南亚各个英属殖民地政府之间的关系，以便步调一致地共同防范东南亚战后出现的大米危机，后来，其任务延伸到参与英国政府应对东南亚的去殖民化运动。

伦敦政府很快为基勒恩配备了以作战部副部长内森领导的内森委员会为其助手。首相在1946年2月18日的内阁会议上也责成伦敦政府各部门要与基勒恩合作，① 蒙巴顿在4月召开的新加坡粮食会议上率先与基勒恩共同起草东南亚协调草案，强调战时的东南亚司令部所辖区域，"是继续对英联邦有重要意义的政治和经济的战略堡垒"，要以协调方式处理区域问题，以有利于英联邦和盟国的繁荣与发展。② 外交部部长贝文则形容基勒恩-内森总部是英国、澳大利亚、新西兰、印度，能够建立整体发展之基础的重点所在。基勒恩及其继任者麦克唐纳所担任的东南亚特别专员，是以协调的方式处理各英属殖民地的外部事务，而不是处理内部事务。这种方式在应对缅甸与马来亚白皮书在东南亚的反应及其对抗力量的兴起方面，以及在协调英联邦国家共同行动方面起了一些作用。殖民地本土的民族主义力量、第二次世界大战中遗留的东南亚盟军司令部、战前原有的殖民地文官政府残余势力，新上任的总督或专员，以及短期的军事管制政府，才是在这场博弈与对抗中需要充分讨论的各种行为体。

二　昂山反法西斯自由同盟与英国政府的博弈

在缅甸，白皮书的对抗力量十分复杂：蒙巴顿与史密斯的抵牾，他们与殖民地政府的各种意见分歧，以及伦敦政府内阁的拖延，都形成了一种潜在的机会，使其对抗力量的核心即反法西斯自由同盟（简称"自由同盟"）得到迅速的发展。最重要的是自由同盟及缅甸国防军，对《缅甸白皮书》的对抗在不断地加剧：日本投降后不久，1945年8月19日，自由同盟在仰光举行群众大会，昂山公开宣布自由同盟不是一个政党，而是一个代表国家的组织，③ 德钦丹东宣读《世界和平和自由缅甸宣言》，随后大会

---

① Appointment of Lord Killearn as Special Commissioner in South East Asia, Code 61 File 333 (papers 4649-6994), 1946, The National Archives, Kew, Reference: FO 371/54020.

② Conclusion, Cabinet: Minutes, 18 Feb. 1946, The National Archives, Kew - Cabinet Office, Reference: CM (46) 16, CAB 128/5/16.

③ Nicholas Tarling, *Britain, Southeast Asia and the onset of the Cold War, 1945-1950*, p. 68.

决定成立临时政府,并把缅甸国防军更名为缅甸爱国军,以保持缅甸人在军事力量上的独立性。

蒙巴顿于 1945 年 9 月 4 日,在锡兰圣城康提举行的会议上,回应史密斯要求削弱缅甸军事力量、让文官政府回归的建议时,强调"缅甸作为军事行动基地的作用不会终止,它将成为确保盟军对缅甸锡唐河以东地区实行安全控制的基础"。① 不可否认的是,史密斯与蒙巴顿都站在英国殖民主义的立场上:前者没有摆脱战前印缅分治后缅甸殖民政府走向自治的思路,仍然强调 1935 年《缅甸政府组织法》第 139 款;后者用战时的军事眼光看待缅甸事务,强调缅甸本土军事力量在配合盟军反攻中的作用,以及在缅甸实行军事管制的必要性。史密斯在流亡政府期间的封闭状态,使他对缅甸缺乏对现实的了解,其蓝图是基于 1942—1943 年的缅甸情况,以及对昂山等曾参与日本人活动,对缅甸流亡政府造成的威胁,采取不容忍的态度,这是一种缺乏大局眼光与因势利导能力的表现。只有昂山领导的自由同盟及其爱国军,才真正体现缅甸民族主义者的立场,自由同盟的多党派性质,及其对国家独立的强烈愿望,符合去殖民化时代全球政治发展的趋势,史密斯在缅甸却一直推行与昂山及自由同盟对抗的政策。②

在伦敦,艾特礼领导的工党政府支持史密斯的做法。其中,殖民地事务部大臣琼斯强调,在缅甸采取让步政策,会不会对英国处理锡兰与马来亚问题产生影响。不管部大臣亚历山大强调,英国对殖民地的责任与道义始终是一种传统观念。印缅事务部国务大臣劳伦斯与总督史密斯于 1945 年 10 月通信时,还一厢情愿地强调在缅甸要"防止扼杀走向现代政党政治的希望","在任何情况下都不能同意一党政治",③ 他们完全没有考虑西方的民主政治,并不适合缅甸的历史传统及其现实状况。到 1945 年年底,总督的行政会议与立法会议尚未吸收自由同盟的力量,这一点使总督和印缅事务部的政策无可挽回地破产了。

昂山相信英国政府的悬而未决和拖延时间对自己有利:随着时间的推

---

① Nicholas Tarling, *Britain, Southeast Asia and the onset of the Cold War, 1945-1950*, p. 68.
② 刘明周:《迟到的非殖民化与缅甸对英联邦的突破》,《湖南科技大学学报》(社会科学版) 2008 年第 6 期。
③ Letters and Telegrams, Secretary of State for Burma 1945-47, 1945, British Library: Asian and African Studies, Reference: Mss Eur E215/7.

第四章 缅甸与马来亚去殖民化不同的道路

移,昂山与自由同盟的力量和影响在不断壮大,而英国人在缅甸存在的可能性不断变小,这时,缅甸留在英联邦的机会也会大大缩小。由于缅甸民族主义者在政治上与军事上的自我赋权及其正确的策略,使他们在行动上采取了以斗争促谈判、谈判中不让步的方式,借助以缅甸共产党为首的激进势力,形成对英国政府侧压力。面对缅甸殖民地民族主义运动的高涨,与昂山自由同盟力量的壮大,史密斯总督也不得不承认,"这里很少有人真正迷恋英国的白皮书政策……如果没有救济措施,我们可以预料人们的反英情绪会越来越强烈"。① 另外,除非自由同盟实现其政治目标,蒙巴顿设计的以缅甸军队取代缅甸爱国军的安排,也不太可能奏效。事实上,缅甸的人民志愿组织即将兴起,而伦敦政府越来越难以任意使用英印军队,如果昂山转而寻求武装起义的道路,将是英国人无法应对的。

1946年中期,英国政府仍然把遵循白皮书的希望,寄托于新总督休伯特·兰斯(Hubert Rance,1946—1948年在位)取代旧总督史密斯的人事变动上。但是,它也不得不承认,就单一政治力量而言反法西斯自由同盟在缅甸最具实力。对于让自由同盟成员进入总督行政会议,兰斯与史密斯之间的代理总督亨利·奈特爵士认为,自由同盟的议员可以占数量,但是最好不要占绝对的多数。可见,在1946年中期以前,伦敦政府与缅甸殖民地政府都不得不承认,在缅甸自由同盟是他们最重要的对手。

在蒙巴顿对继续在缅甸进行军事管制有所让步后,1946年春缅甸人民的罢工游行和示威活动仍然席卷全国,英国工党政府希望新总督休伯特·兰斯"把握住缅甸的脉搏并推行现实主义的政策",印缅事务部大臣劳伦斯也转而支持兰斯务实派。② 但是,1946年9月以来,兰斯与劳伦斯两人和内阁及其下属的殖民地事务部、外交部、作战部与财政部的官员,对缅甸问题仍然不能很迅速达成一致意见。其原因之一在于两者的着眼点与视域范围大不一样:兰斯是在缅甸有着行政管理经验的前殖民政府民政官吏,劳伦斯是身处加尔各答对印缅事务有近距离观察机会的官员,他们容易形成符合缅甸现状的务实的政治主张;伦敦政府各部官员大多缺乏对缅

---

① Copies of Letters and Telegrams, 1945, British Library: Asian and African Studies, Reference: Mss Eur E215/8.

② 刘明周:《迟到的非殖民化与缅甸对英联邦的突破》,《湖南科技大学学报》(社会科学版)2008年第6期。

甸的实地经验,对迫在眉睫的现实问题也不了解,他们容易从英帝国整体利益的宏大视角,以及去殖民化时期英国国家形象的角度考虑。这种内部矛盾使英国政府,错过了对昂山与自由同盟采取让步政策以掌握与对方合作主动权的最佳时机。

英国政府本以为只要更换总督,就能解决他们与昂山及其自由同盟的合作问题。但是,1946年9月2日,新总督兰斯在仰光发表就职演说,四天后仰光警察开始大罢工,第五天自由同盟宣布仰光警察罢工合法。吴顶图在伦敦《泰晤士报》担任记者,《泰晤士报》在1946年9月12日立即声称,缅甸公众支持警察大罢工,是因为警察对行政会议的组成和对《缅甸白皮书》都不满意。在这种对抗行动发生后,兰斯提出如果伦敦政府希望缅甸人民不要诉诸武力,《缅甸白皮书》的存在与政治解决缅甸问题很难协调一致。① 在仰光,人民志愿军取代旧警察,兰斯与昂山在9月中下旬,进行多次秘密会谈与公开会晤后达成协议:由11个成员组成行政会议,其中自由同盟的成员可以达到6名,昂山担任行政会议的主席并兼国防顾问。这样,通过行政会议的重组"一场革命已经实现"。② 兰斯的首席秘书F.唐尼森说,"罢工使这个国家的政府陷于瘫痪,由自由同盟加以解决,他们通过获得总督行政会议的代表权,使自己牢牢地掌握了实权。在任何重要问题上,总督再不能无视自由同盟的意愿。"③ 殖民政府向被殖民者交付政治权力的互动过程就此展开。

此后,昂山让曾经担任过《缅甸时代报》总编的吴吞佩也加入了行政会议。昂山发表声明说,其目标在于进行选举前将现政府,转变为有权力、有地位的民族国家的政府;准备与伦敦政府进行谈判;大选目标是成立无缅甸国籍者不得参与制宪会议的决议;与边区少数民族建立友好关系,以期在自愿情况下建立覆盖全国的缅甸联邦。到1946年11月,根据兰斯的报告,自由同盟工作委员会希望于1947年1月31日之前,使行政会议成为国家政府,在1948年1月31日之前使缅甸享有自由。否则自由同盟在行政会

---

① B/P& G 3539/46, Strike by police and other government servants, 11 Aug – 27 Nov 1946, British Library: Asian and African Studies, Reference: IOR/M/4/1805.
② Private Papers, Recollections of Events in Burma 1941–48, 1945–1948, British Library: Asian and African Studies, Reference: Mss Eur E362/10, p. 40.
③ Private Papers, Recollections of Events in Burma 1941–48, 1945–1948, British Library: Asian and African Studies, Reference: Mss Eur E362/4, p. 29.

议的代表们将会退出，各种游行示威将接踵而来，对英国政府进一步施加压力。①

那时，英国在缅甸面临的局面是：缅甸警察已经动摇而不再听命于总督；印度军队因为祖国已独立而不再听命于英国政府；在缅甸的英军官兵只剩 2000 名左右，缅甸军队中平原士兵不可靠，使用山区少数民族武装又不可取。一旦自由同盟的成员退出行政会议，可能引发更大规模的罢工，同时可能成立一个与行政会议并立的政府，英国将很难应对两个政权对峙的局面。与此同时，在南亚和东南亚，英国政府还要应对印度与印度尼西亚的独立带来的影响，他们为昂山与自由同盟提供了先例，也迫使英国人进退维谷：印度士兵的复员意味着在数量上驻缅英军，将出现无法填补的真空；有些英国人认为，缅甸自治进程比锡兰的快未必是好事；马来亚人民追求独立的意愿，除了受到印尼共和国建立的影响外，必然会受到缅甸去殖民化进程的影响。这是当时英国殖民政府对东南亚国际关系的思考。在印尼民族独立和共和国建立的问题上，英国曾经在荷兰殖民主义者与印尼民族主义者之间担任斡旋的角色，如果缅甸问题处理不当，会留下英国两面三刀的形象，从而遭到世界舆论的唾弃。所以，到了 1947 年年底，《缅甸白皮书》的对抗力量已经使英国政府意识到，除了保住行政会议这个外壳，《缅甸白皮书》的实际内容已经所剩无几。

三 马来亚联盟党与英国政府的斗争与妥协

在马来亚，白皮书的对抗力量与缅甸的不一样。它包括共产党领导，拥有武装斗争力量，但缺乏议会斗争与和平请愿的经验的华人为主的民族主义者。但是，更加重要的是马来统治者、马华印上层精英与中产阶级知识分子。后者有着丰富的政治经验，有对本种族社会各阶层进行动员的能力。其中有些人在"二战"前及"二战"中都参与英国殖民政府的行政管理与经济活动中，他们在宗教文化上代表土著人群利益的角色也始终没有改变。共产党与马来精英这两股对抗力量，在某种程度上的对冲，反而给英国人在不同时期采取不同策略对付不同的反抗力量提供了便利。

---

① B/C 244/46 Executive Council: demands for further constitutional advance, 28 Oct 1946–20 May 1947, British Library: Asian and African Studies, Reference: IOR/M/4/2621.

| 英国与殖民时期的马来亚和缅甸

更何况,马来亚殖民地的存在,对战后英国本土与英帝国的经济复兴都非常重要,大锡和橡胶的出口使马来亚成为英帝国中最能赚取美元的殖民地之一,战后的英镑区又出现美元十分匮乏的情况。同时,马来亚对大米的需求,也推动英国对泰国施加压力及保持缅甸稳定,来预防战后东南亚出现粮食危机,英国还希望避免在马来亚发生通货膨胀,以此促进橡胶等出口业的复苏[1]。为此,《马来亚白皮书》的反对之声,最早来自伦敦而不是殖民地。年长活跃的弗兰克·瑞天咸宣布,《白皮书》中建立联盟的建议,违背了马来统治者的信仰并会引起骚乱。[2] 20世纪30年代,高级专员、海峡殖民地总督西塞尔·克里门蒂担心印度尼西亚的反殖民主义运动会波及马来亚。[3] 乔治·麦克斯韦尔间接地提到联合国干预的可能性。[4] 这些前马来亚的殖民高官写信给英国各大报纸,甚至到唐宁街去请愿。[5] 这使得英国下议院对《马来亚白皮书》产生争论,下议院副秘书长克里克·琼斯说:"我们不会放弃马来人,但是要教导他们自己怎样站稳脚跟。"[6] 最后,伦敦政府同意推迟施行《马来亚白皮书》中悬而未决的公民身份法令,[7] 以此稳住马来人上层为主的对抗力量,以及英国国内的反对派舆论,走上了与马来人中上层人士协商修改《马来亚白皮书》的道路。

英国殖民者应对另一种对抗力量就显得不那么容易。日占时期马来亚各种族间的紧张关系进一步加剧:战争使马来人获得政治经验,也使华人失去战前在马来亚经济发展中的优势地位。两个种族的居民在活动空间上出现了某些冲突。诸如,战争期间大锡与橡胶的市场萎缩,使华人中下层

---

[1] Martin Rudner, "Rubber Strategy for Post-War Malaya, 1945-48" *Journal of Southeast Asian Studies*, Vol.1, No.1, Mar. 1970, pp. 23-36; "Financial Policies in Post-War Malaya" *Journal of Imperial and Commonwealth History*, Vol. 3, No. 3, May 1975, p. 325. CF Nicholas Tarling, *Britain, Southeast Asia and the onset of the Cold War, 1945-1950*, p. 105.

[2] C. M. Turnbull, "British Planning for Post-war Malaya" *Journal of South East Asia Studies* (*JSEAS*), Vol. 5, No. 2, 1974, pp. 239-254.

[3] C. M. Turnbull, "British Planning for Post-war Malaya" *Journal of South East Asia Studies* (*JSEAS*), Vol. 5, No. 2, 1974, pp. 239-254.

[4] Albert Lau, *The Malayan Union Controversy, 1942-1948*, Singapore: Oxford University Press, 1991, pp. 136-137, 139.

[5] [澳]芭芭拉·沃森·安达娅、[澳]伦纳德·安达娅:《马来西亚史》,第316页。

[6] Albert Lau, *The Malayan Union Controversy*, 1942-1948, p. 144.

[7] Nicholas Tarling, *Britain, Southeast Asia and the onset of the Cold War, 1945-1950*, p. 106.

居民失业，而不得不去边区与山林垦荒种地，与被称为"大地之子"的土著农业人口，发生了在土地资源占有方面的冲突。战后，马来亚抗日军没有得到整编入政府军队的机会，也只得退往乡村与边区，又加剧了下层社会中马、华种族间的紧张局势。这样，种族冲突在日本占领的最后几个月，到英国实行军事管制的最初数月，都成为马来亚社会不稳定的一种标志。① 1945年8月25日，马来亚共产党发表宣言，声明其主要目标是"在马来亚建立一个由各邦所有种族的选民和抗日军队组成的民主政府"。他们作为《马来亚白皮书》的对抗力量，从一开始就走上与马来人中上层不一样的道路。②

这时，马来人中上层反抗力量正在发展壮大，他们把《马来亚白皮书》里给各个种族居民相对宽泛的公民资格以获取权利作为抗议的焦点。《马来亚白皮书》公布两天后，拿督·翁就开始呼吁召开泛马来人大会。1946年3月1日泛马来人大会在吉隆坡开幕，马来民族统一机构（巫统）就此成立。泛马来人大会的出席者还准备抵制《马来亚白皮书》规划的，于4月1日成立的马来亚联盟。③ 对《马来亚白皮书》的正统对抗力量，从身居伦敦的老殖民官员转向拿督·翁领导的以马来统治者为主的马来亚社会中上层，这种转变使马来人中上层成为《马来亚白皮书》对抗力量的主力。

与此同时，《马来亚白皮书》在各种族居民平等获取公民权的问题上有一定的进步，马来亚华人并没有及时做出回应，因为在国民党统治时期华人一旦获得马来亚公民身份，就会自动失去中国的国籍。④ 马来亚的大多数中国人，更愿意把自己看作暂住半岛的商人而不是当地公民，他们对当地的政治事务采取事不关己高高挂起的态度，只有少数在海峡殖民地出身的中国企业家如陈祯禄等，保持着自己在种族社区的领导地位，以及对马来亚政治的敏感性与主动参与权。⑤ 这些少数华人富商成为马华公会迅速创立

---

① Halinah Bamadhaj, *The Impact of the Japanese Occupation of Malaya on Malay Society and Politics* (*1941-1945*), M. A. thesis, University of Auckland, 1975, pp. 25-35.

② C. M. Turnbull, "British Planning for Post-War Malaya" *Journal of South East Asia Studies* (*JSEAS*), Vol. 5, No. 2, 1974, pp. 239-254.

③ A. J. Stockwell, *British Policy and Malayan Politics during the Malayan Union Experiment*, *1942-1948*, Kuala Lumpur: Malaysian Branch of the Royal Asiatic Society, 1979, pp. 70-71.

④ Albert Lau, *The Malayan Union Controversy*, *1942-1948*, pp. 127-128.

⑤ V. Purcell, *Malaya: Communist or Free?* London: Victor Gollancz, 1954, p. 48.

的一个重要因素。此外,还有新加坡的马来亚民主同盟代表的左翼力量,在特定方面坚决反对英国殖民者。印度人心系母国的独立,还没有从英、印共同抗击法西斯的往昔中回过神来,因此不在迫不得已的情况下,不会公开反对《马来亚白皮书》关于建立马来亚联盟的建议。由此,印度人错失对公民权改革中的种族平等贡献力量的良机。

这样,在马来亚华、印社区的中下层民众淡化自己政治作用的时候,《马来亚白皮书》的对抗力量在不知不觉中,向包括马来苏丹在内的马来民族主义者,以及作为其团结对象的华、印上层倾斜了。或者说,在中国正在发生政局大变化、印度正在争取民族独立的时候,马来亚的华、印种族社区在某种程度上,失去了成为《马来亚白皮书》主要对抗力量的机会。所以,在马来亚《白皮书》的对抗力量不像在缅甸那样,由自由同盟这样一个有组织、有武装,声称自己代表国家政府的民族主义组织为核心。同时,由于马来人历史上重讨价还价、轻武装斗争的商业民族性格,以及马来统治者在抗日战争中有通敌嫌疑。所以,他们采取的对抗方式,主要是缓进性的请愿、修改性的接纳、扩展性的共赢。共产党领导的大众武装斗争只不过成为他们,与殖民者进行权力博弈的一枚棋子:马来统治者与中上层精英在拉拢华、印上层的时候,借助左翼力量形成对英国殖民政府的压力,权力转移过程中受到共产党异见之障碍时,则与英殖民者共同以紧急状态为借口大打出手,武装镇压这些持不同政见的左翼党派。

总之,在冷战开始前的1945—1947年,英国重返马来亚所需处理的问题,远没有处理缅甸问题那么困难与复杂。原因如下:《马来亚白皮书》的对抗力量要更加分散;战前在海峡殖民地、马来联邦与马来属邦等地,已经开始建设的宪政制度起了奠基作用;英国人主要希望对马来半岛原有的三个殖民地进行整合,同时在马来人、中国人与印度人共同认同的基础上,建立一个代议制的统一政府;在马来亚不存在缅甸那样要动员国防军参与收复失地的问题,更不会出现在对待昂山与自由同盟,以及对待流亡殖民政府回归问题上的,东南亚盟军最高指挥官蒙巴顿与流亡政府总督史密斯之间的争议;在处理缅甸问题时对东南亚民族主义者的连锁反应,以及美国主张民族自决权的国际社会压力,也比在处理马来亚问题上大得多。英国在战后东南亚最棘手的议题,还是缅甸独立以及独立后的缅甸何去何从的问题。

1946年年底，英国对缅甸和马来亚的战后政策，都取得喜忧参半的成果：在缅甸，英国政府放弃了反对一党政治的主张，对自由同盟做出重大让步。然而，它仍然保留了白皮书的外壳，以及帝国主义与民族主义合作的理念。在马来亚，英国已经放弃马来亚联盟并与马来人达成协议，以此为代价获得建立统一中央政府的可能性，问题是怎样将其他种族社区，即华人与印度人居民也置于马来亚统一政府的治理之下。① 这样，1947年，在缅甸，英国人保留了原总督行政会议的框架，在这个框架内进行英国殖民政府向反法西斯自由同盟的权力转移；在马来亚，英国人在改造白皮书的基础上，打造一个包含马来半岛各个种族，且尽可能地把沙捞越人与巴沙人也逐渐纳入其中的、新的统一的马来亚现代国家的框架。

四 缅甸与马来亚对抗方式的比较

在对抗方式上，《缅甸白皮书》颁布后的第八天，自由同盟就发表声明拒绝接受白皮书。昂山指出："我们要恢复缅甸人民的缅甸，而不是英国人的缅甸。"这时，自由同盟中的三个最主要派别，即昂山领导的爱国武装力量国防军，德钦梭、德钦丹东、德钦登配领导的共产党，德钦貌、吴巴瑞、吴觉迎领导的人民党（社会党）在拒绝白皮书和通过和平手段争取独立的立场上基本保持一致。从1946年年初开始，斯蒂尔兄弟公司工人罢工、仰光码头工人罢工、兴实达农民集会、全国九月大罢工，与全国文联大罢课等群众运动风起云涌，使得英国统治集团不得不考虑调整对缅政策。但是，自由同盟内部的分裂因素也同时存在。从自由同盟的历史来看，越是不能很快地达到目标，内部分裂就越厉害。这一点与《马来亚白皮书》的对抗力量，缓慢地从一个种族的精英，延伸到对其他种族精英进行吸纳与联合，形成了鲜明的对比。

1946年2月，德钦梭退出缅甸共产党，另组红旗共产党并走上武装斗争的道路，随后自由同盟开除德钦丹东领导的共产党，领导权完全转移到国防军领导人昂山与社会党领导人吴觉迎手中。1946年伦敦政府以兰斯取代史密斯成为缅甸新总督。兰斯走马上任后，很快任命了自己为主席、昂

---

① Nicholas Tarling, *Britain, Southeast Asia and the Onset of the Cold War, 1945–1950*, p. 188.

山为副主席兼国防部部长,组成11人的新的行政会议。1946年,自由同盟的分裂,使社会党成为自由同盟内的第一大党。这时,昂山主张寻找一条中间道路,开始推崇佛教哲学并主张在缅甸实行一党制,同时,他承认民族自决与平等原则,并重视缅甸内部的民族问题。1946年年底,昂山亲自走访克钦邦、掸邦、钦人居住区与丹那沙林克伦人地区。1947年2月,昂山为首的自由同盟领袖,与掸邦土司、钦族、克钦族的代表,以及英国殖民政府的代表,在掸邦的彬龙共同签订《彬龙协定》,但克伦族上层人士没有参会。《彬龙协定》声称:上述少数民族如果与缅甸过渡政府合作将很快获得自由;成立山区联合最高委员会;边区应有一名代表参加行政会议。这样边区少数民族与中心区缅族达成了统一,在保留少数民族的自由选择权方面,为未来的缅甸联邦奠定了基石。①

1947年1月,受工党政府首相艾德礼的邀请,昂山率领代表团赴英国谈判,月底签订《昂山—艾德礼协定》。它规定:缅甸有完全独立的权利;山区少数民族可在自愿基础上与缅甸本部统一;4月将举行为制宪会议的选举。但是,在这个协定中没有明示缅甸独立的日程;行政会议仍为缅甸的临时政府;总督与行政会议的关系不够清楚;以及英印在缅甸的驻军仍然存在。当代表团在英国谈判时,缅甸国内以吴素、巴莫为首的右翼势力,以及以共产党为首的左翼势力,都共同反对《昂山—艾德礼协定》。罢工与罢课的浪潮再次席卷全国,有的地方还出现小规模的武装骚乱。1947年伦敦政府印缅事务部官员莱斯维特出访缅甸,他指出如果自由同盟下台,在缅甸一两周内就会出现军队和警察无法控制的混乱局面,昂山显然是英国政府可以打交道的人②。尽管对于缅甸是否留在英联邦,以及边区少数民族尤其是克伦人问题很难处理,但是,缅甸的独立已经势不可挡。

1947年4月缅甸进行了制宪会议选举,自由同盟获得绝对多数的选票,上台并组成了昂山临时政府。6月16日,制宪会议通过《关于缅甸独立的决议》。不幸的是,7月19日昂山一行七人在办公室遇害,一天后英国总督便邀请吴努主持行政会议和制宪会议。③ 倘若与昂山相比,吴努在果断与魄

---

① 贺圣达:《缅甸史》,第394—398页。
② Nicholas Tarling, *Britain, Southeast Asia and the Onset of the Cold War, 1945-1950*, 1998, p.194.
③ 贺圣达:《缅甸史》,第399—400页。

力的品质、至高的威望、政教分离的主张、对民族差异性的尊重方面,都稍逊一筹。1947年9月24日,缅甸制宪会议通过《缅甸联邦宪法》。《宪法》宣布:缅甸是拥有独立主权的共和国;其全部领土包括缅甸本部和掸邦、克耶邦、克伦邦、克钦邦四个少数民族自治邦及钦族直属特别区,宪法生效十年后这些地区有权以全民公投的形式,决定是否留在缅甸联邦;少数民族各邦和特别区享有内政自治和选派代表进入中央政府的权利。《宪法》还规定,缅甸联邦设置任期两年的民选总统,以其成员任期四年的人民院与民族院为最高立法机构,总理为首的内阁拥有最高行政权力,最高法院与高等法院行使联邦司法权力。1947年10月7日签订《英缅条约》,标志着缅甸联邦共和国成为完全独立的主权国家。但是,作为《英缅条约》组成部分的《英缅防御条约》,保留了独立后英国可向缅甸派遣军事服务团,以及英国军官可以在缅甸军队任职并训练缅军,英国海空部队必要时可以进入缅甸的领海与领空,缅甸政府承担前殖民政府与英国臣民和公司订立的契约等条款。1948年1月4日,缅甸正式宣布独立。①

在马来亚,对于《马来亚白皮书》要求的于1946年4月1日举行马来亚联盟成立典礼,马来人统治者进行抵制,这使殖民地事务部认为,"以理解和谨慎的态度来处理联盟问题未必会成为坏事"。② 5月2日,殖民地事务部的爱德华·根特接见马来人统治者,对于他们坚持国家政体应为联邦制而不是联盟制进行了正面回应。根特认为,在即将颁布民主政策的最终目标是团结的前提下,英国必须放弃马来亚联盟的道路,并修订《马来亚白皮书》,才能使马来人反对派得到安抚,其他选择会使马来人开展有组织而广泛的不合作运动,这样只会对马来亚共产党和泛印度尼西亚的政治组织有利。③ 可见,1946年英国推行《马来亚白皮书》面临的困境是:泛印尼主义正在发展,英属马来亚的马来人很可能与这种泛亚民族主义合作;马来亚共产党与抗日军势头正旺,巫统与马来统治者的势力也在增长,经济发展和农村地区都不够稳定。在这种局势不明确的情况下,根特很快做出放弃《马来亚白皮书》的决定,并得到东南亚特别专员麦克唐纳的支持。

---

① 贺圣达:《缅甸史》,第402—404页。
② Albert Lau, *The Malayan Union Controversy, 1942-1948*, p. 152.
③ Nicholas Tarling, *Britain, Southeast Asia and the Onset of the Cold War, 1945-1950*, p. 250.

到 1946 年 7 月下旬，马来人统治者同意与英国政府开始谈判。1946 年 7 月 25 日，由殖民政府、巫统与马来人统治者组成的英—马工作委员会（Anglo-Malay Working Committee）成立，双方开始进行秘密谈判。联盟（Unity）与联邦（Federation）在汉语上只有一字之差，在马来亚却意味着英国殖民者与马来人统治者在权力分配上的差异：联盟政府的统治权聚焦于英国人担任的高级专员，在全马来亚形成一个中央政府后，实际上就是英国高级专员当政。此前分属海峡殖民地、马来联邦、马来属邦、沙捞越与北婆罗洲特许公司的时候，政治权力还相对分散，苏丹等本土统治者至少还有宗教习俗与传统文化方面的部分权力，统治者会议作为一种咨议机构也还存在。在新的一体化政治下，联盟的政治权力完全集中于英国高级专员手中。联邦以各邦持有一定自治权的形式，便于政治权力从殖民者手中，向本土统治者与 20 世纪三四十年代成长起来的民族主义精英转移。

从这个角度看，在与《马来亚白皮书》对抗的初期，马来上层民族主义者出卖了殖民时期为马来亚经济发展做出重要贡献的华、印移民的利益，秘密地换取了自己种族在政治权力上的优势；从另一个角度看，它在客观上保持了马来亚去殖民化道路的稳定性、渐进性与一定程度的民主性，对马来亚政治体制进行一体化的整合，也为后来的马来西亚国家建构奠定了基础。但是，它造成了以华人为主的马来亚共产党等左翼党派及其军队被取缔、被杀害和被歼灭的后果。1948 年 6 月，英国殖民政府开始进入紧急状态，其后英军对共产党的游击队进行残酷镇压。

英—马工作委员会成立后，根特敦促伦敦政府迅速解决问题。1946 年 12 月 5 日，内阁批准英—马工作委员会的报告。这样，英国政府要使马来亚走上团结和宪政道路的目标没有改变，变化的只是可以集中于英国高级专员手中的权力，被以联邦政体的形式分散化地转移到马来中上层民族主义者手中。也就是说，通过把 1946 年 1 月 22 日颁布的《马来亚白皮书》，变为 1946 年 12 月颁布的《马来亚蓝皮书》，一年内就实现了政治权力的部分让渡。其主要变化是：马来亚的国家政体最终以联邦形式取代联盟；保留各邦统治者即苏丹的若干权力；英属海峡殖民地总督更名为高级专员；建立统治者会议以便听取和批准马来亚联邦政府的主要政策；设置由英国高级专员任主席的联邦行政会议与立法会议；保护马来人的特殊地位。这个以牺牲华、印种族居民的利益为代价的《马来亚蓝皮书》，基本上是通过和平谈判获取的，但其负面影响显而易见：第一、它使1948年颁布的《紧急状态法》成为必然，及其后对马来亚共产党与原抗日军为首的左翼组织进行的残酷镇压合法化，因为除此之外英国殖民者与马来人上层无法面对华、印中下层移民，在英属马来亚经济建设与反法西斯战争中做出的贡献，无法面对1947年冷战开始时东南亚普遍出现骚乱的可能性。这样，马来亚共产党及其他左翼组织在英—马合作过程中，实际上成为马来人中上层迫使英国殖民者让步的政治压力，客观上推动了英国政府放弃《马来亚白皮书》的进程。

总而言之，在战后东南亚去殖民化时代，缅甸对英国来说最重要的是政治示范意义，地缘政治的战略地位也有一定的重要性，在经济意义上除大米输出之外，其他资源的重要性仍未得到充分显现。它与马来亚在战后英国稳定英镑区，以及赚取美元还债中的极为重要的经济作用相比，不能同日而语。英国与英帝国的崛起都与商业贸易和工业发展相关，在英国人看来，缅甸是其在东南亚其他地区不得不实施去殖民化政策的先例，应该是一个有望在英联邦内实现独立的国家。当然，缅甸的战略位置和政治作用随着冷战的兴起也越发凸显：第一，它是夹在毛泽东领导的中国与尼赫鲁领导的非暴力不合作印度之间的一堵挡风墙；第二，它是抵御共产主义向大陆东南亚传播的桥头堡；第三，如果独立后的缅甸，在英联邦内独立的殖民地国家，如印度、巴基斯坦、澳大利亚、锡兰等的共同诱劝下，成为已经义无返顾又转身回归的典范，对全球各地的英属殖民地都会产生不良的示范作用。然而，缅甸第一个冲破英联邦藩篱取得独立国家地位时，英国人不得不承认自己在缅甸的政策失败了，它损害了自己在缅甸的战略地位，也损害了英国倡导帝国主义与民族主义合作的观念，唯一可以聊以自慰的是，缅甸对英国来说经济意义不大，且从财政援助与武器援助上说，它对英国不是现在负担，也将成为未来潜在的负担。

第三节　缅甸与马来亚去殖民化不同道路

一　缅甸政局不稳与无处安放的英缅关系

在两个白皮书遭遇对抗、修改与放弃的过程中，殖民者与被殖民者行为方式及斗争结果的不同，对此后两个民族国家的发展有一定的影响。这种影响的产生，与各自殖民时期的历史，以及被殖民前的历史都有一定的关联性。当然，其结果上的相同点与不同点，如缅甸独立后试图部分地走向民主政治，并力图解决民族团结问题；马来亚独立后在多元文化背景下，继续在威权与民主之间探寻适合自己国家的道路，都显而易见。本书对去殖民化结果的考查，最晚追溯到 1958 年。缅甸军人政治家奈温于 1958 年 10 月，成为看守政府的总理兼国防部部长，吴努民选政府走向式微，单一制军人政权正在膨胀，反法西斯自由同盟处于执政党的地位被动摇，经济发展仍然严重依赖外援；① 在马来亚，1957 年英国殖民统治彻底结束，《马来亚独立宪法》颁布，共产党等左翼力量对联邦政府的威胁正在消失，紧急状态下对华人进行镇压加强造成的种族对立已经固化。但是，马来亚的经济发展仍然保持良好的势头。

从近期结果来看，自由同盟的对抗使缅甸得以在英联邦之外独立后，吴努政府度过了艰难岁月，逐步走向一定程度的类民主政治。1948 年初缅甸刚刚独立，就面临内部政局动荡不宁、外部援助不易获得的情况，出现内有克伦族等少数民族不服从，外有英联邦国家袖手旁观的局面。加上，英国政府对于独自承担这个新生共和国所需的财政与武器援助，既不热心也缺乏能力。缅甸政府内部又出现一波又一波忽隐忽现的分裂，先是副总理兼外交部部长吴顶图被暗杀，后是自打小算盘的奈温将军暗中崛起。内外压力的交织，构成缅甸独立后短时期内政局动荡的因素。在冷战兴起的背景下，英缅关系难以维系，这也成为缅甸政府寻求外援受阻的一个重要因素。

从英国的角度来看，缅甸的独立是英国试图在亚非树立去殖民化范例，试图使帝国主义与本土民族主义理念对接，以及建构东南亚地区主义之理想的破产。从缅甸的角度出发，独立后昂山等七位临时政府要员被杀害，政府与克伦人等少数民族的关系没来得及依据《彬龙协议》得到改善，反而酿成局部武装冲突，成为民族国家建构中的痼疾。从东南亚的角度出发，缅甸第一个冲破英联邦藩篱而独立，在彻底摆脱殖民主义与帝国主义上起

---

① 贺圣达、孔鹏、李堂英编著：《缅甸》，社会科学文献出版社 2018 年版，第 128、140 页。

了表率作用。但是，战前英、法、荷、美在东南亚殖民主义实践的差异，被殖民地在政治、经济与文化环境方面的差异，以及去殖民化时期的民族主义范式的多样化，都造成缅甸的先锋作用很难显现。

在处理独立后的缅英关系上，吴努政府多次表示：如果英国放弃大不列颠一词，从而更改英联邦名称和放弃强制性效忠英王，缅甸可能会重新考虑加入英联邦；为了政治稳定缅甸政府会处理好缅族与克伦人等少数民族的关系；为改善不稳定的政治局面，希望得到英国在财政与武器方面的援助。但是，在战后英国自身在金融与军事的力量方面处于困境，借助英联邦国家澳大利亚、印度、锡兰、巴基斯坦，在科伦坡商讨援缅资源分摊又很难成功。这使缅甸新政权迟迟得不到外援，吴努政府的威信很难树立，英缅关系也更趋复杂。当然，独立后缅甸政府内部的情况也不容乐观，斗争、分裂、暗杀屡见不鲜，在吴顶图被暗杀前一个月，奈温领导的人民党离开吴努联邦政府而自立门户。

此间，英国政府在1947年2月宣布，要在1948年6月之前撤离印度，1947年8月新任印度总督蒙巴顿建议提前撤离。尼赫鲁于1947年3月在新德里召开亚洲国家关系会议，设立了由尼赫鲁领导的临时委员会，由此尼赫鲁加强了对东南亚去殖民化运动的领导。出于冷战开始的考虑，美国加强了介入东南亚事务的积极性与纵深度。由于战后英美的特殊关系，英国外交部部长贝文表示，在美国支持蒋介石政权失败后，希望美国提升对东南亚事务的参与程度。1949年4月4日，《北大西洋公约》签署后，印度进一步显现出要在南亚东南亚的去殖民化运动中充当老大的迹象。另外，在伦敦政府中独立后的缅甸事务，已经从过去的多部门协作转变为主归外交部。外交部采取组织英联邦国家，拖延迂回而不给正面回答的费边战术。在这个过程中，奈温将军的军事与政治力量不断壮大，吴努政府内出现人民党—共产党反对派，在受援武器的使用去向上奈温与吴努的意见也不一致。这些都使英国政府对吴努政府可能向左翼倾斜产生了恐惧，缅族与克伦人关系的改善也迟迟不见起色，使缅甸政局及英缅关系在1949年越来越复杂化。

1949年2月，英国外交部官穆雷在新德里说，英国在缅甸的利益主要是政治上的，因为英国想要一个稳定的缅甸；有一部分利益是经济上的，因为缅甸能够提供粮食和其他原材料，使英国无需花费更多美元去购买；

还有一部分是心理上的，因为缅甸政府的挫折将使英国，在东南亚其他地方建立自治政府的希望更加渺茫。① 1949 年初，吴努政府与共产党和克伦人发生冲突，提到要向联合国寻求军事援助的打算。② 英国内阁认为，在这种情况下，向任何一方提供援助都不恰当，它希望通过向缅甸政府施加压力以达成和解方案。③ 这样，英国是否提出军事与财政援助，越来越依赖于缅人与克伦人冲突能否解决。然而，新任副总理兼外交部部长、社会党人吴觉迎告诉英国驻缅大使鲍克，调解的提议只会增加克伦人的信心，并激发缅人的民族主义情绪。④

在 1949 年年初，尼赫鲁同意在新德里举办英联邦国家会议，东南亚特别专员麦克唐纳将出席会议，缅甸政府也表示愿意接受英联邦国家帮助，稳定缅甸政局这个烫手山芋被传到始于新德里的缅甸问题英联邦联合战线手中。到 1949 年 3 月底，缅甸政府关于财政援助要求的仍然迟迟不得答复，更不要说军事援助了。1949 年 4 月底，英国外交部部长贝文说，武器提供和财政援助都与民族和解相关，如果英联邦国家的总理们原则上同意提供武器和财政援助，那么产生的具体政策工作将交给仰光的英联邦官员工作组完成。⑤

首相艾德礼、外交部大臣贝文、不管部大臣亚历山大、财政部大臣克里普斯都同意，把问题交给 1949 年 4 月 28 日召开的英联邦国家总理会议。他们认为，缅甸局势在迅速恶化，需要采取紧急措施。尼赫鲁说，他已经敦促吴努与克伦人达成协议，印度已经对缅甸提供少量的武器援助。巴基斯坦的总理亚卡特·阿里·汗说，如果留下吴努跟随英联邦国家政府的调子在跳舞的印象很致命，他还说，"如果我是吴努，让我先恢复法律和秩

---

① New Delhi Conference of Commonwealth Governments to Discuss the Deteriorating Position of Burma and to Afford Assistance, 1949, The National Archives, Kew, Reference: FO 371/75688.

② Possibility of United Nations intervention in Burma, 1949, The National Archives, Kew, Reference: FO 371/75676A.

③ Conclusion Former Reference: CM: 5. Burma, The National Archives, Kew, Reference: CAB 128/15/15.

④ New Delhi Conference of Commonwealth Governments to Discuss the Deteriorating Position of Burma and to Afford Assistance, 1949, Reference: FO 371/75686.

⑤ China and South East Asia Committee: Meetings, 1949, The National Archives, Kew, Reference: CAB 134/669.

序，我会去和共产党相处，先恢复法律和秩序只是不想给予帮忙的托词。"① 不在场的澳大利亚总理齐夫利表示，自己支持这项政策但不参与行动，他还强调了自己对缅甸政府印象不好，同时反对出售武器，② 强调向缅甸提供武器，只会得到美国对中国国民党抱有期望的同样下场。新德里总理会议上，英联邦国家的首脑各持己见，英国外交部的费边战术并不成功。但是，这次会议使巴基斯坦、锡兰、印度做出了对缅甸承担短期财政援助的承诺。

在缅甸，吴努及其外交部长得到这些信息后非常愤怒，他们认为在缅甸举行圆桌会议意在表达克伦人的愿望，英国会不会提供武器援助值得怀疑。在武器使用的去向上奈温倾向于装备缅人营，并拒绝英国军事服务团入缅指导，吴努提议装备新的边境营。这时，奈温在英国的影响急速上升。1949 年 7 月，奈温受邀访问英国，他在与贝文谈话时指出，英国仍然以缅甸政府与克伦人和解为前提才提供帮助，自己认为要把缅甸问题放在更广泛基础上，采取英联邦方式而不是英国单独行动可能会更好。贝文否定了奈温的援助先决条件论。但是，在讨论对付中国威胁上贝文与奈温也达成了一致，并表示"英国将尽己所能帮助缅甸。"③ 在和不管部大臣亚历山大谈话时，奈温表达了对英国贷款提议和军事服务团使命的怀疑。他指出英国军官和克伦人过往甚密，在参谋学院克伦人的待遇比缅人的更好，克伦人在缅甸国家部队中的占比已经超出蒙巴顿批准的 1/3 的标准。帝国参谋部副总参谋长坦普尔将军向奈温表示，希望英国服务团的 66 名军官在缅甸得到充分利用，并指出吴努与奈温在缅甸军队组建方面存在分歧。④ 此外，奈温还会见了国王和伊丽莎白公主。美国国务院也认为，奈温会成为缅甸最有权势的人，缅甸局势对整个东南亚会产生重大影响，如果缅甸变成了共产主义的地盘，暹罗将不可避免地被共产主义包围，因此，美国国务院

---

① Financial Aid to Burma. 1949, The National Archives, Kew, Reference: FO 371/75698, p. 6325.

② Financial Aid to Burma. 1949, The National Archives, Kew, Reference: FO 371/75700, p. 7280.

③ Anglo-Burmese Relations. Visit of General Ne Win to Britain, 1949, The National Archives, Kew, Reference: FO 371/75683, pp. 10027.

④ Anglo-Burmese Relations. Visit of General Ne Win to Britain, 1949, The National Archives, Kew, Reference: FO 371/75683, pp. 10470.

赞同英联邦国家帮助缅甸政府站起来的做法。可见，到1949年中期，缅甸政府内部并非团结一致，奈温作为强权势力代表人物的形象在西方基本形成。

1949年中华人民共和国的成立与冷战局势开始加剧，迫使英国开始重新考虑对缅财政援助，把发放短期而有限的财政贷款与保持缅甸反共联系起来。11月，英国外交部和英联邦关系办公室都指出，并不是发放贷款就会带来好处，而是拒绝贷款会带来严重后果，向缅甸提供适量贷款以争取时间，使它有恢复国内法律和秩序的最后机会。① 值此关键时刻，英国在缅甸的经济和战略利益都在上升：缅甸是东南亚最大的粮食出口国；缅甸自治的实验及英国在缅甸的威望，与英国能否在冷战初期获得成功息息相关；道义上承诺援助缅甸是南亚、东南亚的英联邦国家合作的建设性行动。美国正在关注缅甸局势，但是它满足于把改变缅甸局势的主动权留给英国。

在这种复杂的国际局势下，英国政府同意向缅甸拨发750万英镑的贷款，其中一半由包括澳大利亚在内的英联邦国家提供。艾德礼准备呼吁已经进入半隐居状态的吴努，就缅甸政府与克伦人达成和解协议做出努力。② 1949年12月，艾德礼再次出访缅甸时对缅甸驻英大使说，要注意共产党向中国云南的推进和中国国民党在中缅边境寻求庇护的可能，以及共产党追击国民党军队在缅甸造成的风险。因此，缅甸政府要明智地团结一切支持政府结束动乱的力量。③ 但是，缅甸政府对此没做任何表示。在科伦坡，锡兰、印度、巴基斯坦和澳大利亚政府同意为750万英镑的缅甸贷款进行捐助。贝文在1950年2月对缅甸驻英大使说，经过自己的最大努力，印度、巴基斯坦、锡兰、澳大利亚和英国，最终同意向缅甸政府贷款600万英镑。④ 这

---

① Overseas Negotiations Committee, 1949, The National Archives, Kew, Reference：CAB 134/567, P. 368. Economic Policy Committee, 1949, The National Archives, Kew, Reference：CAB 134/223, p. 132.

② Economic Policy Committee, 1949, The National Archives, Kew, Reference：CAB 134/220.

③ Anglo-Burmese Relations. Visit of General Ne Win to Britain, 1949, The National Archives, Kew, Reference：FO 371/75685, p. 18136.

④ Anglo-Burmese Relations. Visit of Mr Macdonald, Commissioner General, Singapore, to Burma, 1950, The National Archives, Kew, Reference：FO 371/83128, pp. 2-3.

与吴努政府 1949 年初寻求的 3200 万英镑相距甚远。① 可见，尽管在各种内外不利环境的重压之下，但在 1948—1950 年缅甸仍然坚持独立自主的民族国家发展道路。与此同时，缅甸政府感到亲西方的外交政策岌岌可危，逐渐走上采取中立外交与广为结盟的政策，尤其是与中国保持友好关系。缅甸政府于 1949 年 12 月很快承认中国共产党领导的新中国，于 1950 年 6 月与中国正式建立外交关系。② 1953 年缅甸不再就《英缅防御条约》续约。这是缅甸去殖民化最重要的成果之一。

成果之二是，在 1948—1958 年以及 1960—1962 年，缅甸走上多党制与选举制并行的道路。去殖民化后，缅甸既没有回归殖民前的专制制度，也没有遵循殖民政府规划的代议制，而是在内外交困中蹒跚地走过了十二年的准民主政治阶段：在 1947 年《缅甸联邦宪法》框架下，1951—1952 年、1956 年和 1960 年，在缅甸一共进行了三次民主选举。参选党派的成员在发生变化，但是选举结果都以吴努领导的自由同盟获胜。即便在自由同盟分裂为"廉洁派"与"巩固派"后，吴努-德钦丁领导的"廉洁派"（也称"努丁派"）仍然获得胜利。民主政治中的议会反对党派也逐渐显现：1947—1950 年缅甸议会中还不存在正式的反对派；1950—1956 年缅甸执政党的反对派仍然是新闻界；1956 年选举后，由民族团结阵线（NUF）和阿拉干民族统一组织（ANUO）组成的反对党派正式出现；1958 年，自由同盟分裂后，上述两个组织转而支持政府，巩固派占有反对党派的席位；1958—1960 年奈温看守政府期间，反对派的作用发生变化，自由同盟的两翼都承诺过支持奈温政府，因而无法发挥议会反对派的作用，但在十八个月中他们一直集中进行议会外的批评；1960—1962 年，奈温政变使自由同盟的两翼共同组成了执政党的反对派。这样看来，作为议会选举制度的一个因素，在缅甸执政党的反对派是存在的。它为缅甸重返适合自己民族国家道路的民主政治奠定了一定基础。③

---

① Proposed Visit of Mr MacDonald, Commissioner-General in South East Asia, to Rangoon, 1949, The National Archives, Kew, Reference：FO 371/75678, p. 867. 另一说是吴努要求 1700 万英镑，见梁志：《缅甸中立外交的缘起（1948—1955）》，《世界历史》2018 年第 2 期。

② 梁志：《缅甸中立外交的缘起（1948—1955）》，《世界历史》2018 年第 2 期。

③ Taslima Aktar, "Politics of Myanmar: Experiment with Democracy, 1948-1962" *Asian Profile*, Vol. 46, No. 4, Dec. 2018, pp. 381-390.

英国与殖民时期的马来亚和缅甸

成果之三是，在 1950—1951 财政年度到 1960—1961 财政年度，缅甸的国内生产总值平均增长率为 5.8%，GDI/GDP 平均比率为 18.9%，远高于 1961—1962 财政年度到 1989—1990 财政年度这三十年的比率。[①] 在第二次世界大战中缅甸经济遭到空前浩劫，英国学者安德鲁斯认为，就国内运输与对外贸易而言，战争使缅甸经济发展倒退了一个世纪，1944 年缅甸的大米出口只达战前的 2%。[②] 独立后缅甸政治不稳定使其经济恢复成为难题。但是，随着吴努政府走上中立主义外交政策的道路，以及不断地进行民主政治改革，在 1948—1962 年的多党制议会政治时期，颁布了在缅甸本部实施的三个土地国有化法案。而且，缅甸与中国、苏联、印度、德国、澳大利亚等国签订了经济合作协议，并先后得到美国一亿多美元、日本两亿多美元的援助或赔款。这样，截至 1960 年，缅甸一共获得约 5 亿美元的贷款与援助。其间，生产关系发生了较大改变、民族资本主导了国民经济重要部门。尽管缅甸经济发展水平远远落后于泰国和马来西亚，[③] 但是，它在自己的经济增长率方面，高出了此后三十年的经济增长率。

总之，从 1948 年 1 月 4 日缅甸独立后，寻求国内政局稳定与国外经济援助，一直是吴努政府追求但收获不大的作为。这种局面的形成与缅甸民族主义者在去殖民化道路上与英国《缅甸白皮书》对峙时间太长，缅甸民族主义者与殖民主义和帝国主义彻底决裂有关。吴努政府同时没有处理好自己阵营内部的矛盾，昂山等七位领导人在行政会议成为民族国家政府担任政府要职时被杀害，致使缅甸主体民族与少数族群的关系没能按照《彬龙协议》得到妥善处理，都对这种局面的产生密不可分。当然，冷战的开始以及英国对缅甸的忽视也起了很大的负面作用。它正好说明战后英国对缅甸的政策，从《缅甸白皮书》开始就处于无可挽回的败局。英国在缅甸退出政策的失败，影响了它在东南亚的战略地位。

二 去殖民化后马来亚经济

《马来亚白皮书》被《马来亚蓝皮书》取代后，到 1946 年年底，英国

---

① 周荆展：《缅甸 1948 年以来经济发展的进程、特点及启示》，《云南社会主义学院学报》2014 年第 1 期。
② 贺圣达、孔鹏、李堂英：《缅甸》，第 149 页。
③ 贺圣达、孔鹏、李堂英：《缅甸》，第 150—151 页。

已经与马来人达成协议,此后的问题是将这些协议的条款,交由其他种族社区共同实施。这样,放弃马来亚联盟、承认马来人特权在公民权条款上收紧,以让步为代价建立了统一的中央政府。这是马来亚殖民化时期走上去和平道路的成果之一。马来亚在英国与英帝国经济发展中的作用,凸显了这种和平让步换取经济利益的好处:马来亚联邦于1948年2月1日宣布成立,这是自1946年7月以来,英国官员、各邦统治者、巫统领导人对国体形式和权力分配进行讨价还价的结果,英国殖民政府向马来人上层转移政治权力的过程就此展开。

马来亚去殖民化的第二个成果是,马来亚基本上保持了社会稳定与经济增长:英国殖民者在马来人上层的要求下,以寻求马来亚的社会稳定和经济发展为核心利益,迅速改变建立联盟的政策为走向建立联邦的政策。同时,将这种变化纳入英帝国主义与马来人民族主义合作的尝试中,尽管这种民族主义只是马来人的民族主义,而不是英国人计划培养的全马来亚的国家民族主义(Malayan nationalism)。1948年英国殖民者与马来人上层共同应对共产党及其武装力量表明,直至那时一种全马来亚的民族主义也未必出现,只存在一种马来亚式的做法,即在强化马来人特权的同时尽量拉拢华印上层。紧急状态中,除了镇压华人中下层外,在一定程度上促进了所谓的马来亚民族主义的建构,如东南亚特别专员麦克唐纳鼓吹设立种族社区联络办公室(Communities Liaison Office)。由于社会稳定,马来亚经济增长速度很快。到1949年,马来亚在英国殖民地经济发展中具有压倒性的优势:当年,锡兰为英国赚取了2300万美元,黄金海岸赚取了47.5万美元,冈比亚赚取了24.5万美元,马来亚为英国赚取了高达1.72亿美元。[①]

第三个结果是,殖民者与马来上层联合并把橄榄枝抛向华、印上层时,无法承认广大华人与印度人的贡献,只好对马来亚共产党与抗日军为首的左翼势力进行残酷镇压,顺势武装消除马来亚左翼激进派所谓的红色威胁。在1948年6月马来亚政府宣布进入紧急状态,并立即颁布《紧急条例》。1948年7月23日,马来亚共产党、抗日军退役军人同志会(Anti-Japanese Army Ex-Service Comrades' Association)和新民主青年团(New Democratic

---

[①] Contribution of Malaya towards United Kingdom Dollar-earning Capacity, 1949, The National Archives, Kew, Reference: FO 371/76049, p.5704.

Youth League）被宣布为非法组织，① 泛马联合行动委员会—人民权力中心被迫转入地下，继而很快被取缔，马来民主联盟和马来民族党只好自动解散。② 到1949年年底，在马来亚已经有5362人被拘留，1950年达到8508人。③

上述的结果都与马来亚共产党及华人对这个民族国家的统一、独立、自治与发展，做出巨大的贡献与牺牲密切相关。1952年初，马来亚高级专员格尔尼爵士被暗杀，英国在马来亚建立军事管制政权。1955年年底，拉赫曼政府与共产党领袖陈平在巴陵会谈，陈平打出自己的王牌，即他扬言如果在1956年2月在伦敦举行的马—英谈判中，拉赫曼政府能从英国获得安全和防卫的权力，共产党就停止活动和放下武器。④ 这种做法在客观上抬高了拉赫曼政府在英—马谈判中的地位，促使英国政府同意在1957年8月31日前就安全与防卫做出让步，并同意马来亚独立。拉赫曼在1974年写到，"巴陵会议直通马来亚的独立"。1983年，他又在《我们不能忘记：更坦诚的回忆》中承认，共产党人单独开展了争取国家独立的武装斗争，"他们进行了一场颠覆性和真枪实弹的战争，有许多人为此失去生命"⑤，这样，马来亚的独立才最终获得。

当然，在马来亚白皮书的处理上，英国之所以在一年之内很快发生转变，此后立刻与马来亚上层和谈并整合马华印中上层精英，对马来亚社会下层凭借《紧急条例》对马来亚共产党等左翼力量大肆挞伐，以求稳定与发展的局面，核心因素仍然是英国一直依赖马来亚的经济发展成果及其资源储备。1949年4月初，英国的美洲事务部大臣麦克尼尔写信说，印度尼

---

① Anthony Short, *The Communist Insurrection in Malaya 1948-1960*, New York: Crane, Russak & Co., 1975. p. 94.

② Cheah Boon Kheng, "The Communist Insurgency in Malaysia, 1948-90: Contesting the Nation-State and Social Change" *New Zealand Journal of Asian Studies*, Vol. 11, No. 1, June 2009, pp. 132-152.

③ Cheah Boon Kheng, "The Communist Insurgency in Malaysia, 1948-90: Contesting the Nation-State and Social Change" *New Zealand Journal of Asian Studies*, Vol. 11, No. 1, June 2009, pp. 132-152.

④ Cheah Boon Kheng, "The Communist Insurgency in Malaysia, 1948-90: Contesting the Nation-State and Social Change" *New Zealand Journal of Asian Studies*, Vol. 11, No. 1, June 2009, pp. 132-152.

⑤ Abdul Rahman, *Lest We Forget: Further Candid Reminiscences*, Singapore: Eastern Universities Press 1983, pp. 94-100.

西亚及其资源可能落到共产党手中,如果马来亚与缅甸遭遇同样的命运,西方世界的形势将非常严峻,英国和美国的经济发展将会因为失去重要的原材料产地而遭受严重损失。也有人认为,马来亚问题的解决与英国政府即将承认中国共产党的政权有一定关系,承认新中国会推动缅甸社会党人靠拢共产主义,还挖了越南保大政权的墙角,但不会影响英国殖民地华人的态度,因为华人已经默认了祖国的共产主义政权。①

总之,缅甸的去殖民化进程十分艰难,存在许多复杂因素在对待昂山及其国防军的问题上,蒙巴顿与史密斯持有不同意见;加尔各答印缅事务部、伦敦政府的内阁及其各部门——殖民地事务部、作战部、外交部,财政部,都参与了第二次世界大战中与战后缅甸政策的制定,加上缅甸局势的多重因素——反法西斯自由同盟的成立及其广泛性,昂山国防军反复倒戈的经历;1935年印缅分治及《缅甸政府组织法》颁布后,才开始逐渐建构的文官政府不成熟;巴莫日伪政权及部分民众尚存反英亲日的心态遗迹;第二次世界大战中在东南亚缅甸遭受到最可怕的摧残,冷战酝酿和开始时它被看作西方世界对抗共产主义的地缘政治带,缅甸独立会成为东南亚甚至亚非地区英国殖民地人民效仿的对象。如此等等,使得人们从政治学与国际关系学角度看到的是:第一,缅甸在第二次世界大战中与战后的状况都比马来亚要复杂得多;第二,缅甸被殖民时期在政党制度与代议制政府的建设方面,与民主思想在知识分子中的传播方面,以及选择走向联邦制共和国的艰巨性方面,在成熟程度上都与马来亚无法相比;第三,缅甸最大的问题是英国殖民者,一直未能取得占人口绝大多数的缅族的信任。反之,它将历史上与主体民族有矛盾的山区少数民族作为依赖对象,使克伦人、克钦人等在宗教信仰、文化教育、职业归属上与主体民族大相径庭,英国人甚至利用他们作为殖民政府的军队与警察的兵源。这样,去殖民化时期英国把缅甸作为政治上退却之实验的场地,直到冷战初期缅甸在扼制共产主义的地缘政治重要性才显现,这与一直作为英帝国商业贸易、海运枢纽与经济创收之地的马来亚是有区别的。

两者的不同与两国殖民时期,甚至前殖民时期的历史发展有着千丝万

---

① Record Type: Memorandum Former Reference: CP (49) 244: South East Asia and the Far East, 26 Nov. 1949, The National Archives, Kew, Reference: CAB 129/37/44.

缕的联系：在缅甸，英国通过三次战争才灭绝了一个王朝与一个一体化的帝国，在废墟之上并没有成功地建成现代缅甸，只是把它看作英属印度帝国版图的稻米、石油、矿产与柚木等原材料基地，以及一个无法理解也不受重视的异端社会。尽管在缅甸与马来亚，应对英国白皮书的对抗力量存在差异，我们仍然应该看到，从战后去殖民化时期的全局来看，对英国来说欧洲的重要性始终在东南亚之上，这里才是英国本土安全的根基，也牵动着英帝国向英联邦的转变。我们还应该看到的是，英国从世界其他地区而不仅是从英帝国获得生计，当英国还是欧洲强国，而欧洲在世界享有至高地位时，英国很少需要在对欧洲的和对东南亚的政策之间做出选择。但是，第二次世界大战后英国不得不平衡自己的利益，它渴望与西欧邻国和美国建立密切关系，这影响了英国对东南亚殖民地的各种政策制定。面对这种不得已的转变以及在转变中的得失，马来亚与缅甸正好提供了两种不同的案例。尽管如此，英国在缅甸与马来亚去殖民化时代的政策，较之于法国在越南挑起印度支那战争更少暴力性，荷兰对东印度群岛民族国家建构的处理也汲取了英国人的建议。英国在马来亚的去殖民化对策及其实施，相对而言要比在缅甸的平稳得多，其短期成果也显著得多。当然，英国的帝国主义观念在本质上并未改变，变化的只是在新形势下能伸能屈的适应性，以及在两个前殖民地应对民族主义与去殖民化运动的不同方式。

附　录

附录一　英属缅甸最高专员、副总督与总督（1862—1948）*

履职时间	英文名	中文译名
最高专员（首席专员）		
1862—1867	Arthur Phayre	阿瑟·费尔
1867—1871	Albert Fytche	阿尔伯特·菲奇
1871—1875	Ashley Eden	阿什利·艾登
1875—1878	A. Rivers Thompson	A. 里弗斯·汤普逊
1878—1880	Charles Atchison	查尔斯·艾奇逊
1880—1887	Charles Bernard	查尔斯·伯纳德
1887—1890	Charles Crosthwaite	查尔斯·克罗斯威特
1890—1895	Alexander Mackenzie	亚历山大·麦肯齐
1895—1897	Frederick Fryer	弗雷德里克·弗伊
副总督		
1897—1903	Frederick Fryer	弗雷德里克·费伊
1903—1905	A. H. Barnes	A. H. 巴恩斯
1905—1910	Herbert White	赫伯特·怀特
1910—1915	Harvey Adamson	哈维·亚当逊
1915—1917	Spensor Bulter	斯宾塞·巴特勒

· 253 ·

续表

履职时间	英文名	中文译名
1918—1922	Reginal H. Craddock	雷金纳·克莱多克
总督		
1923—1927	Spensor Bulter	斯宾塞·巴特勒
1927—1932	Charles Innes	查尔斯·英尼斯
1930—1931（代理）	Joseph Maung Gyi	约瑟夫·茂基（貌基）
1933—1935	Hugh Stephenson	休·斯蒂芬森
(1935?) 1941—1946	Reginald Dormant-Smith	多尔曼—史密斯
1946—1948	Hubert Rance	休伯特·兰斯

注：关于缅甸总督史密斯的任职时间，《东南亚历史词典》中为"1935—1946"，但是根据英文原著及《不列颠百科全书》应该是"1941—1946"，这里只好保持两者。笔者在文中取用后者。

附录二　英属海峡殖民地总督（1819—1946）

履职时间	英文名	中文译名
1819—1823	William Farquhar	威廉·法夸尔
1823—1826	John Crawfurd	约翰·克劳福德
1826—1830	Robert Fullerton	罗伯特·富勒顿
1830—1833	Robert Ibbetson	罗伯特·伊贝特森
1833—1837	Kenneth Murchison	肯尼斯·默奇森
1837—1843	George Bonham	乔治·伯纳姆
1843—1855	W. J. Butterworth	W. J. 巴特沃斯
1855—1861	E. A. Blundell	E. A. 布伦德尔
1861—1867	Orfeur Cavanagh	奥夫·加文纳
1867—1873	George Ord	乔治·奥德
1873—1875	Andrew Clarke	安德鲁·克拉克

续表

履职时间	英文名	中文译名
1875—1877	William Jervois	威廉·杰沃伊斯
1877—1879	William Robinson	威廉·罗宾逊
1880—1887	Frederick Weld	弗雷德里克·韦尔德
1887—1893	Clementi Smith	克莱门特·史密斯
1893—1894	William Maxwell	威廉·麦克斯韦尔
1894—1899	Charles Mitchell	查尔斯·米彻尔
1899—1901	James Swettenham	詹姆斯·瑞天咸
1901—1903	Frank Swettenham	弗兰克·瑞天咸
1904—1911	John Anderson	约翰·安德森
1911—1919	Arthur Young	阿瑟·扬
1920—1927	Lawrence Guillemard	劳伦斯·吉尔马德
1927—1929	Hugh Clifford	休·克利福德
1930—1934	Cecil Clementine	西塞尔·克里门蒂
1934—1946	Whitelegge Thomas	怀特莱格·托马斯

两附录资料来源：参考《东南亚历史词典》，第518—519页；履职不到一年的代理者本表忽略不计；且中文译名与任职时间以本书作者在文中的叙述为准。

参考书目

中文著作

［澳］芭芭拉·沃森·安达娅、［澳］伦纳德·安达娅:《马来西亚史》,黄秋迪译,中国大百科全书出版社 2010 年版。

［澳］米尔顿·奥斯本:《东南亚史》,郭继光译,商务印书馆 2012 年版。

陈晓律等:《马来西亚——多元文化中的民主与权威》,四川人民出版社 2000 年版。

贺圣达:《缅甸史》,云南人民出版社、云南大学出版社 2015 年版。

贺圣达、孔鹏、李堂英编著:《缅甸》,社会科学文献出版社 2018 年版。

林承节:《殖民统治时期的印度史》,北京大学出版社 2004 年版。

任美锷:《东南亚地理》,中国青年出版社 1954 年版。

［新］尼古拉斯·塔林主编:《剑桥东南亚史》第一卷,贺圣达等译,云南人民出版社 2003 版。

［新］尼古拉斯·塔林主编:《剑桥东南亚史》第二卷,贺圣达等译,云南人民出版社 2003 版。

［英］安东尼·D. 史密斯著,《民族认同》,王娟译,译林出版社 2018 年版。

［英］安东尼·吉登斯著:《民族—国家与暴力》,胡宗泽、赵力涛译,生活·读书·新知三联书店 1998 年版。

祝湘辉:《山区少数民族与现代缅甸联邦的建立》,广东世界图书出版公司 2010 年版。

中文论文

陈真波：《英国殖民统治时期下缅甸的外来移民与民族关系》，《世界民族》2007 年第 5 期。

陈真波：《缅甸独立运动中缅、孟两族关系演变研究》，《东南亚研究》2013 年第 1 期。

何平：《缅甸殖民时期的地主土地私有制》，《世界历史》2007 年第 4 期。

何跃：《太平洋战争期间英国对缅政策出台始末》，《东南亚纵横》2005 年第 2 期。

何跃：《战后缅甸脱离英联邦探析》，《东南亚研究》2005 年第 4 期。

贺圣达：《1824—1948 年缅甸的宗教和教育》，《东南亚研究》1991 年第 4 期。

李一平：《英国对缅甸殖民政策》，《世界历史》1994 年第 4 期。

李晨阳：《缅甸的克伦人与克伦人分离运动》，《世界民族》2004 年第 1 期。

梁志：《缅甸中立外交的缘起（1948—1955）》，《世界历史》2018 年第 2 期。

刘利民：《试论英国殖民统治对缅甸教育的影响》，《云南师范大学学报》2007 年第 7 期。

刘明周：《迟到的非殖民化与缅甸对英联邦的突破》，《湖南科技大学学报》（社会科学版）2008 年第 6 期。

刘务、朱立、祝湘辉：《缅甸未来国家结构形式：联邦制、单一制还是其他?》，《南亚研究》2015 年第 1 期。

罗圣荣、赵鹏：《1957—1980 年马来西亚民族关系》，《东南亚纵横》2008 年第 3 期。

罗圣荣、汪爱萍：《马来亚现代马来民族形成初探》，《广西师范大学学报》（哲学社会科学版）2009 年第 1 期。

罗圣荣：《英属时期印度人移居马来亚的原因及其影响》，《东南亚研究》2012 年第 3 期。

梅雪惠：《缅甸民族问题探析》，《云南师范大学学报》2003 年第 5 期。

薛君度：《英国在马来亚的统治 1919—1939》，《东南亚》1984 年第 4 期。

王成：《从西方化到本土化：英国的殖民统治与马来西亚的政治发展》，《史学月刊》2003 年第 8 期。

[英] D.K. 巴西特：《英属马来亚的商贸与农业》，廖文辉译，《南洋资料译丛》2013 年第 3 期。

张旭东：《试论英国在缅甸的早期殖民政策》，《南洋问题研究》2003 年第 2 期。

钟贵峰：《论缅甸民族国家构建》，《红河学院学报》2012 年第 6 期。

钟贵峰、陈艳萍：《缅甸民族国家建设的多维向度——从族际关系治理角度考察》，《赣南师范学院学报》2016 年第 4 期。

周燕平：《驻扎官与马来亚——〈弗兰克·瑞天咸爵士的马来亚日记（1874—1876）〉研究》，《东南亚研究》2008 年第 3 期。

周荆展：《缅甸 1948 年以来经济发展的进程、特点及启示》，《云南社会主义学院学报》2014 年第 1 期。

祝湘辉：《试论英国殖民时期缅甸掸邦统治制度的变迁》，《南洋问题研究》2009 年第 4 期。

祝湘辉：《英国殖民初期缅甸山区行政制度研究》，《东南亚南亚研究》2010 年第 1 期。

曾少聪：《东南亚国家的民族问题——以菲律宾、印度尼西亚、泰国和缅甸为例》，《世界民族》2008 年第 5 期。

词典

《东南亚历史词典》，上海辞书出版社 1995 年版。

英文著作

Abdul Rahman, *Lest We Forget: further candid reminiscences*, Singapore: Eastern Universities Press, 1983.

A. J. Stockwell, *British Policy and Malay Politics during the Malayan Union Experiment, 1942-1948*, Kuala Lumpur: The Malaysian Branch of the Royal Asiatic Society (MBRAS), 1979.

Albert D. Moscotti, *British Policy and the Nationalist Movement in Burma 1917-1937*, Honolulu: The University Press of Hawaii, 1974.

Albert Lau, *The Malayan Union Controversy, 1942 - 1948*, Singapore: Oxford University Press, 1991.

Anthony Short, *The Communist Insurrection in Malaya, 1948-1960*, New York: Crane, Russak & Co., 1975.

C. M. Turnbull, *The Strait Settlement, 1819-1869*, Kuala Lumpur: Pelanduk Publications, 1997.

Chee Beng Tan, *The Baba of Melaka: culture and identity of a Chinese peranakan community in Malaysia*, Kuala Lumpur: Pelanduk Publications, 1988.

Cheah Boon Kheng, *The Masked Comrades: A study of the communist united front in Malaya, 1945-1948*, Singapore: Times Books International, 1979.

Cheng Siok Hwa, *The Rice Industry of Burma, 1852-1940*, Kuala Lumpur: University of Malaya Press, 1968.

Emily Sadka, *The Protected Malay States, 1874-1895*, Kuala Lumpur: University of Malaya Press, 1968.

Christina Fink, *Living Silence: Burma under military rule*, London: Zed Books Ltd., 2001.

Frank N. Trager, *Burma from Kingdom to Republic*, New York: Praeger, 1966.

Henry G. Bell, *A Narrative of the Late Military and Political Operations in the Burmese Empire*, Calcutta: D' Rozario and Co., 1852.

Hua Wu Yin, *Class and Communalism in Malaysia: politics in a dependent capitalist state*, London: Zed Books, 1984.

John Bastin and R. Roovink eds., *Malayan and Indonesia Studies: essays presented to Sir Richard Winstedt on his eighty-fifth birthday*, Oxford: Oxford University Press, 1964,

J. J. Snodgrass, *A Narrative of the Burmese War*, London: John Murray, 1827.

J. M. Gullick, *A History of Selangor, 1766-1939*, Kuala Lumpur: The Malaysian Branch of the Royal Asiatic Society (MBRAS), 1998.

J. S. Furnivall, *Colonial Policy and Practice: a comparative study of Burma and Netherlands India*, Cambridge: Cambridge University Press, 1948.

John G Butcher, *The British in Malaya 1880-1941: The social history of European Community in colonial Southeast Asia*, New York: Oxford University Press, 1979.

John Crawfurd, *Journal of an Embassy to the Courts of Siam and Cochin China*. Oxford: Oxford University Press, 1967.

J. W. Grant, *The Rice Crop in Burma*, Rangoon: Superintendent Government Printing and Stationery, 1939.

George D. Bearce, *British Attitudes towards India, 1784-1858*, London: Oxford University Press, 1961.

Joerg Baten ed., *A History of the Global Economy: from 1500 to the present*, Cambridge: Cambridge University Press. 2016.

Kernial Singh Sandhu, *Indians in Malaya: some aspects of their immigration and settlement, 1789-1957*, London: Cambridge University Press, 2010.

Martin Smith, *Burma: insurgency and the politics of ethnicity*, London: Zed Books Ltd, 1998.

Max and Bertha Ferrars, *Burma by Max and Bertha Ferrars*, New York: E. P. Dutton, 1901.

Michael Adas, *The Burma Delta: economic development and social change on an Asian rice frontier, 1852-1941*, Wisconsin: The University of Wisconsin Press, 2011.

M. G. Smith, *Plural Society in the West Indies*, Berkeley and los Angeles: University of California Press, 1965.

N. Ganesan, Kyaw Yin Hlaing eds., *Myanmar: state, society and ethnicity*, Singapore: ISEAS-Yusof Ishak Institute, 2007.

Nicholas Tarling, *Britain, Southeast Asia and the Onset of the Cold War, 1945-1950*, New York: Cambridge University Press, 1998.

Nicholas Tarling, *The Fall of Imperial Britain in Southeast-Asia*, New York: Oxford University Press, 1993.

Ooi Keat Gin, ed. *Southeast Asia: A historical encyclopedia from Angkor Wat to East Timor*, California: 2004.

P. J. Cain, *Economic Foundations of British Overseas Expansion 1815-1914*, London: The MacMillan Press Ltd, 1980.

Robert Jackson, *The Malayan Emergency & Indonesian Confrontation: The Commonwealth's wars, 1948 - 1966*, South Yorkshire: Pen and Sword Aviation, 2011.

Frank Swettenham, *British Malaya: An account of the origin and progress of British influence in Malaya*, London: Allen and Unwin, 1955.

Tanl Liok Ee, *The Policies of Chinese Education in Malaya, 1945-1961*, Kuala Lumpur: Pelanduk Publications, 1997.

Tun Ahmad Sarji bin Abdul Hamid, *The Encyclopedia of Malaysia*, Kuala Lumpur: Archipelago Press, 2011.

V. Purcell, *Malaya: communist or free?* London: Victor Gollancz, 1954.

Victor Lieberman, *Strange Parallels, Volume 1: Integration of the Mainland Southeast Asia in Global Context, c. 800 - 1830*, Cambridge: Cambridge University Press, 2003.

William Wilson Hunter, *The Marquess of Dalhousie*, Oxford: University of Michigan Library, 1890.

William Griffith and John McClelland, *Journals of Travels in Assam, Burma, Bootan, Afghanistan and the Neighbouring Countries*, Calcutta: Bishop's College Press, 1847.

英文论文

Alexander Campbell, "Education in Burma", *Journal of the Royal Society of Arts*, Vol. 94, No. 4, June 1946.

Amarjit Kuar, "International Migration and Governance in Malaysia: Policy and Performance", *UNEAC Asia Papers: Journal of the UNE Asia Centre*, 2008.

Cheah Boon Kheng, "The Communist Insurgency in Malaysia, 1948-90: Contesting the Nation-State and Social Change", *New Zealand Journal of Asian Studies*, Vol. 11, No. 1, June 2009.

C. B. Tipton, "The Beginnings of English Education in Colonial Burma: Provision and Response, 1830-1880", *Journal of Educational Administration and History*, Vol. 8, No. 2, July 1976.

C. M. Turnbull, "British Planning for Post-war Malaya", *Journal of South East Asia Studies (JSEAS)*, Vol. 5, No. 2, 1974.

Eunice Thio, "British Policy toward Johor: from Advice to Council", *Journal of the Malaysian Branch of the Royal Asiatic Society (JMBRAS)*, Vol 40, No. 1, 1967.

Frank N. Trager, "Burma's Foreign Policy, 1948-56: Neutralism, Third Force, and Rice", *The Journal of Asian Studies*, Vol. 16, No. 1, Nov., 1956.

Herman Kulke, " 'Kadātuan Śrīvijaya' – Empire or Kraton of Śrīvijaya? A Reassessment of the Epigraphical Evidence", *Bulletin de l'Ecole Francais d'Extreme-Orent (BEFFEO)*, Vol. 80, No. 1, 1993.

J. S. Furnivall, "The Political Economy of the Tropical Far East" *Journal of the Royal Central Asian Society*, Vol. 29, Issue 3-4, 1942.

J. S. Furnivall, "Industrial Agriculture", *Journal of the Burma Research Society*, Vol. 48, No. 1, 1965.

Owen Hillman, "Education in Burma", *Journal of Negro Education*, Vol. 15, No. 3, 1946.

J. de Vere Allen, "The Elephant and the Mousedeer-A New Version: Anglo-Kedah Relations, 1905-1915", *Journal of the Malaysian Branch of the Royal Asiatic Society (JMBRAS)*, Vol. 41, No. 1, 1968.

Keith Sinclair, "The British Advance in Johore, 1885 – 1914" *JMBRAS*, Vol. 40, No. 1, 1965.

Keith Sinclair, "Financial Policies in Post-war Malaya", *Journal of Imperial and Commonwealth History*, Vol. 3, No. 3, 1975.

Mark Dion, "Sumatra through Portuguese Eyes: Excepts from the João de Barros' 'Decadas da Asia' " *Indonesia*, Vol. 9, No. 1, 1970.

Martin Rudner, "Rubber Strategy for Post-war Malaya, *1945-48*", *Journal of Southeast Asian Studies*, Vol. 1, No. 1, Mar. 1970.

Martin Rudner, "Financial Policies in Post – war Malaya", *Journal of*

Imperial and Commonwealth History, Vol. 3, No. 3, May 1975.

Nicholas Tarling, "Britain and Sarawak in the Twentieth Century", *JMBRAS*, Vol. 43, No. 2, 1970.

Nick Cheesman, "School, State and Sangha in Burma", *Comparative Education*, Vol. 39, No. 1, Feb. 2003.

P. J. Drake, "The Economic Development of British Malaya to 1914: An Essay on Historiography with Some Questions for Historians", *JSEAS*, Vol. 10, No. 2, 1979.

Syed Hussein Alatas, "Feudalism in Malaysian Society: A Study in Historical Continuity", *Civilization*, Vol. 8, No. 4, 1968.

So Kee-Long, "Dissolving Hegemony or Changing Trade Pattern? Images of Srivijaya in the Chinese Sources of the Twelfth and Thirteenth Centuries", *Journal of Southeast Asian Studies*. Vol. 29, No. 2, 1998.

Taslima Aktar, "Politics of Myanmar: Experiment with Democracy, 1948-1962", *Asian Profile*, Vol. 46, No. 4, Dec. 2018.

Trevor Ling, "Buddhism and Education in Burma and Thailand", *Religion*, Vol. 14, Issue 1, 1984.

报刊文章

Dennis McCornac, "Income Inequality in Burma", *Democratic Voice of Burma*, 22 October 2013, https://web.archive.org/web/20140915230920/https://www.dvb.no/analysis/income-inequality-in-burma/33726.

Eleven Media, "Income Gap: World's Widest", *The Nation*, 15 September 2014, https://web.archive.org/web/20140915230853/http://www.nationmultimedia.com/aec/Income-gap-worlds-widest-30214106.html.

Jomo Kwame Sundaram, "The New Economic Policy and Inter-ethnic Relations in Malaysia." *UNRISD*, 1 September, 2004, https://www.files.ethz.ch/isn/45937/7.pdf.

Nang Mya Nadi, "Displayed by Fighting: Villagers Take Shelter in Hpakant", *Democratic Voice of Burma*, 25 September 2012, https://reliefweb.int/report/myanmar/displaced-fighting-villagers-take-shelter-hpakant.

Robin Brant, "Malaysia's Lingering Ethnic Divide", *BBC News*, 4 March 2008, http: //news. bbc. co. uk/2/hi/asia-pacific/7121534. stm.

Thomas Fuller, "Ethnic Rifts Strain Myanmar as it Moves toward Democracy", *The New York Times*, 4 April 2013, http: //www. nytimes. com/2013/04/05/world/asia/ethnic-rifts-strain-myanmar-as-it-moves-toward-democracy

报告

Rosita Dellios, "Mandala: from sacred origins to sovereign affairs in traditional Southeast Asia", *The Centre for East-West Cultural and Economic Studies*, 1st January 2003.

Barbara Leitch Lepoer, *Singapore, Shonan: Light of the South*, Library of Congress Country Studies, Washington, D. C. : Government Printing Office, 1989.

政府文件

Burma Government Reports and Manuals, *Settlement Reports - Thongwa* (1889-90); *Settlement Reports - Thaton* (1894-95); *Settlement Reports - Myaungmya* (1897-98); *Settlement Reports - Hanthawaddy* (1898-99); *Settlement Reports Myaungmya - Thongwa* (1902-3); *Settlement Reports - Myaungmya* (1903-4); *Settlement Reports - Hanthawaddy* (1907-1910), *Settlement Reports - Insein* (1910-1912); *Settlement Reports - Toungoo* (1910-1913); *Settlement of Pegu* (1911-1913); *Settlement of Pegu* (1913-1914); *Settlement of Myaungmya* (1916-1919); Settlement of *Pyapon* (1921-22), *Maubin* (1925-28), Burma (Rangoon): Superintendent, Government Printing, 1891-1929.

East Indies (Census), *General Report of the Census of India, 1891, Imperial Series*, London: Printed for Her Majesty's Stationery Office, 1893.

H. O. Reynolds, Land records and agricultural statistics, *Agriculture in Burma: A Collection of Papers Written by Government Officials for the Royal Commission on Agriculture 1926-1928*, Rangoon: Superintendent of Government Printing & Stationery, 1929.

Thomas Braddell, *Statistics of the British Possessions in the Straits of Malacca*, Pinang: Pinang Gazette Printing Office, 1861.

U. Khln Win, *A Century of Rice Improvement in Burma*, Manila: IRRI (International Rice Research Institute), 1991.

Burma. Ministry of Education Supdt., *Octennial Report on Education in Burma, 1947-48 to 1954-55*, Rangoon: Supdt., Government Printing and Staty, Union of Burma, 1956.

档案文件

New Delhi Conference of Commonwealth Governments to Discuss the Deteriorating Position of Burma and to Afford Assistance, 1949, The National Archives, Kew, Reference: FO 371/75688.

Possibility of United Nations Intervention in Burma, 1949, The National Archives, Kew, Reference: FO 371/75676A.

Conclusion Former Reference: CM: 5. Burma, The National Archives, Kew, Reference: CAB 128/15/15.

New Delhi Conference of Commonwealth Governments to Discuss the Deteriorating Position of Burma and to Afford Assistance, 1949, Reference: FO 371/75686.

China and South East Asia Committee: Meetings, 1949, The National Archives, Kew, Reference: CAB 134/669.

Financial Aid to Burma. 1949, The National Archives, Kew, Reference: FO 371/75698.

Financial Aid to Burma. 1949, The National Archives, Kew, Reference: FO 371/75700.

Anglo-Burmese Relations. Visit of General Ne Win to Britain, 1949, The National Archives, Kew, Reference: FO 371/75683.

Overseas Negotiations Committee, 1949, The National Archives, Kew, Reference: CAB 134/567.

Economic Policy Committee, 1949, The National Archives, Kew, Reference: CAB 134/223.

Economic Policy Committee, 1949, The National Archives, Kew, Reference: CAB 134/220.

Anglo-Burmese Relations. Visit of General Ne Win to Britain, 1949, The National Archives, Kew, Reference: FO 371/75685.

Anglo-Burmese Relations. Visit of Mr Macdonald, Commissioner General, Singapore, to Burma, 1950, The National Archives, Kew, Reference: FO 371/83128

Proposed Visit of Mr MacDonald, Commissioner-General in South East Asia, to Rangoon, 1949, The National Archives, Kew, Reference: FO 371/75678.

Contribution of Malaya towards United Kingdom Dollar-earning Capacity, 1949, The National Archives, Kew, Reference: FO 371/76049.

Record Type: Memorandum Former Reference: CP (49) 244: South East Asia and the Far East, 26 Nov. 1949, The National Archives, Kew, Reference: CAB 129/37/44.

Conclusion, War Cabinet and Cabinet: Minutes: 3. Burma - Future Policy, 14 Apr. 1943, The National Archives, Kew - Cabinet Office, Reference: WM (43) 54, CAB 65/34/8.

Australian Representative in UK, IMPERIAL (77a-Burma), 01 Sep. 1941 - 31 Oct. 1941, The National Archives, Kew-Cabinet Office, Reference: PREM 4/50/5.

Conclusion, War Cabinet and Cabinet: Minutes: 9. Burma, 04 Dec. 1944, The National Archives, Kew-Cabinet Office, Reference: WM (44) 161, CAB 65/44/32.

Conclusion, War Cabinet and Cabinet: Minutes: 5. Burma, 04 May 1945, The National Archives, Kew-Cabinet Office, Reference: WM (45) 58, CAB 65/50/21.

Policy in Malaya and Borneo, 1944-1945, The National Archives, Kew-Cabinet Office, Reference: CMA (44), CAB 98/41,

Appointment of Lord Killearn as Special Commissioner in South East Asia, Code 61 File 333 (papers 4649-6994), 1946, The National Archives, Kew, Reference: FO 371/54020.

Conclusion, Cabinet: Minutes, 18 Feb. 1946, The National Archives, Kew-Cabinet Office, Reference: CM (46) 16, CAB 128/5/16.

Letters and Telegrams, Secretary of State for Burma 1945-47, 1945, British Library: Asian and African Studies, Reference: Mss Eur E215/7.

Copies of Letters and Telegrams, 1945, British Library: Asian and African Studies, Reference: Mss Eur E215/8.

B/P& G 3539/46, Strike by Police and Other Government Servants, 11 Aug - 27 Nov 1946, British Library: Asian and African Studies, Reference: IOR/M/4/1805.

Private Papers, Recollections of Events in Burma 1941-48, *1945-1948*, British Library: Asian and African Studies, Reference: Mss Eur E362/10.

Private Papers, Recollections of Events in Burma 1941-48, *1945-1948*, British Library: Asian and African Studies, Reference: Mss Eur E362/4.

B/C 244/46 Executive Council: demands for further constitutional advance, 28 Oct 1946-20 May 1947, British Library: Asian and African Studies, Reference: IOR/M/4/2621.

学位论文

Jacques L. Fuqua, *A Comparison of Japanese and British Colonial Policy in Asia and Their Effect on Indigenous Educational Systems through* 1930, M. A. Thesis, Indiana University, 1992.

E. H. Vadja, *Burmese Urban Characteristics*, Ph. D. dissertation, University of Chicago, 1960.

Halinah Bamadhaj, *The Impact of the Japanese Occupation of Malaya on Malay Society and Politics (1941 - 1945)*, M. A. thesis, University of Auckland, 1975.

Khammai Dhammasami, *Between Idealism and Pragmatism: A Study of Monastic Education in Burma and Thailand from the Seventeenth Century to the Present*, Ph. D. dissertation, University of Oxford, 2004.

后　　记

本书第一作者（以下简称笔者）与缅甸结缘开始于 1969—1978 年。1969—1974 年笔者在中缅交界的盈江县弄璋公社蛮线大队插队，每每看着虎跳石盖住奔腾咆哮流入伊洛瓦底江的大盈江，就不免遐想顺江而下被冲到缅甸是何等神奇。在那个物质匮乏的时代逢集都有缅甸人跨境售卖，从柴米油盐到衣着服饰改善着知青的生活，使笔者对同饮一江水的缅甸人充满好奇；1975—1978 年笔者被分配到县第三中学（盏西公社）教英语，那里仍然与缅甸接壤。青春十年的汗水与泪水让笔者对缅甸这个东南亚大陆国家充满怀念。1988—1990 年笔者在英国格拉斯哥大学深造，与马来人同窗来往较多：他告诉笔者马来西亚经济腾飞并与中国友好，但华人经济实力强大而政治参与受限，又勾起笔者对东南亚海岛国家马来亚的好奇。在云南，对缅甸的思念有机会释怀：笔者于 1994 年乘滇西抗战嵩山战役百年庆典，随中国大陆与中国台湾的学者与老兵跨越边境来到缅北；2006 年只身返回盈江看望旧时亲朋好友并重游虎跳石，眺望伊洛瓦底江；2013 年携先生探访中缅边境贸易重镇瑞丽与畹町，与餐馆打工的缅甸人有少许交集。在 1996—2022 年频繁参加以东南亚研究为主的云南各高校硕/博答辩中，深藏的心结与汲取的知识得到链接；凡是涉及缅甸与马来亚的议题，除了读论文外，有时顺带读点著作以补充知识库存，更加增添了笔者要在英国与东南亚研究间搭座新桥的愿望。可是，真正要释怀莫如写一本书。不幸的是，其间笔者于 2007、2014 年接受结肠癌、甲状腺癌切除手术，6 个周期的残酷化疗使笔者除了继续带研究生，完成已经签订的出版合同外，对于申报课题连想都不敢想，因为笔者是在欧盟课题的奔忙中倒下的。

第二作者王云裳也曾在英国留学与工作三年，有着到东南亚国家出访

后 记

的经历。她于 2017 年成为主攻东南亚国际关系的博士生。在共同完成 2019 年出版的《英国贵族文化史》后，成为第一作者心愿未了又力不从心时苦苦寻找的助手；2018 年在昆明召开英国史学会成为重要推力：本书绪言虽以该年会大会发言的急就章，但获得第一作者导师中国英国史首席专家钱乘旦先生、第二作者导师中国东南亚史著名专家何平教授的肯定，在小组讨论中我们认真听取各种诘问、充分汲取各种建议，本书写作自此开始。天赐良机的是经过云南大学党委书记林文勋教授、副校长李晨阳研究员等的多年努力，云南大学成为中国"双一流"大学，作者才有机会得到"云南大学'双一流'世界史学科建设经费"和"云南大学区域国别历史文化研究创新团队建设经费"的支持，使本书得以付梓。

我们对英国都有切身感受，对与云南山水相连的两个东南亚国家更有感情。我们是作者、更是学人。在写作过程中，除了大量书籍与论文的帮助外，我们真实地感受到做就是学的道理。尤其是中国社会科学出版社的责任编辑张湉在多次校改过程中言简意赅的指点、细致入微的引导、严谨务实的要求，使作者增长不少新知识。

本书的议题之新颖在于它既从殖民者英国的角度，更从被殖民地马来亚与缅甸的角度出发，并把即时即景在东南亚本土及在欧美列强中的国际关系作为背景分析，贯穿于按历史时间安排的章节中，这在国内外都尚属新创作品。由于中文资料很少，使用大量英文资料与一些不太成熟的译著，带来语言表述的难度。即便这样，我们表达了中国人自己在这个议题上的立场与感受。书中的谬误之处概由笔者负责。

在此本书付梓之际，我们除了对上述提及的各位表示感谢外，同时感谢历史与档案学院院长罗群教授与负责组织本套书籍出版的钱金飞教授。感谢已故中国缅甸史著名专家贺圣达教授，以及 Nicholas Tarling, Andaya, B. W. 等著名专家。他们对缅甸史、马来亚史及东南亚国际关系的著述，一直是笔者案头学习、写作与查阅的必备。谢谢家人与朋友。所有这一切，才使本书在"穿越"疫情后仍然有机会在校阅过程中得到完善。

许洁明、王云裳 2023 年 2 月于云南大学东陆学区